Inhaltsverzeichnis

Einführung

Obwohl sich alle kämpfenden Armeen zu Beginn des 1. Weltkriegs hauptsächlich auf Pferde verließen (viele taten dies auch zu Beginn des 2. Weltkriegs und später noch), waren die Vorteile einer relativ neuen Erfindung – des Verbrennungsmotors – schon in den ersten Kriegstagen offensichtlich. Die britische Admiralität beschlagnahmte früh kommerziell genutzte motorisierte Fahrzeuge wie Lanchester und Rolls-Royce, die als bewaffnete Einheiten zu Beginn des Jahres 1915 von der britischen Armee übernommen wurden. Ihre gut verarbeitete Aufhängung musste kaum verstärkt werden, und so erwiesen sich diese mit einem Maschinengewehr und zusätzlicher Panzerung versehenen Fahrzeuge als wendig und nützlich für die Aufklärung, wenn auch nicht für direkte Attacken auf feindliche Stellungen. Besonders geschätzt wurden sie in den Wüstenfeldzügen des 1. Weltkriegs, in Afrika und im Nahen Osten, wo sie sich auf schwierigem Terrain bewährten.

Rechte Seite: Der leistungsfähigste Panzer der Welt: der amerikanische M1 Abrams.

Durch gut verteidigte Schützengräben konnten selbst diese gepanzerten Fahrzeuge nicht effektiv operieren. So trieb der mörderische Stellungskrieg der Westfront die ernsthafte Entwicklung gepanzerter Kampffahrzeuge voran. Als die Schützengräben dann jedoch eine ununterbrochene Linie zwischen dem Ärmelkanal und der Schweizer Front bildeten, wurde deutlich, dass Stacheldraht und Maschinengewehr den aktiven Einsatz von Pferden an der Front unmöglich machten. Eine neue Form einer mobilen Angriffstruppe war also erforderlich.

Der »Tank« – ein zunächst von den Briten geheim gehaltener Vorläufer des Panzers – wurde als Möglichkeit angesehen, aus dieser Pattsituation auszubrechen. Gut gepanzert und voll bewaffnet sollte er mit den Allroundketten früherer Modelle (wie z. B. beim *Mk V)* spielend Gräben und feindlichen Widerstand überwinden.

Frühe Modelle waren unzuverlässig und wurden – taktisch unwirksam – nur zur Unterstützung von Infanterieangriffen eingesetzt. Zur Zeit ihres ersten bedeutenden Einsatzes 1917 in Cambrai waren sie allerdings wesentlich verbessert worden. Deutsche

Anstrengungen, in Form des *Sturmpanzerwagens A7V* mit den Alliierten mitzuhalten, waren nicht erfolgreich, und so wurden bei Kriegsende Panzer zumeist nur von den Alliierten gebaut und eingesetzt. Es wäre aber unangemessen zu behaupten, der Panzer habe zum Gewinn des Krieges beigetragen. Angriffe deutscher Sturmtruppen während der Märzoffensiven von 1918 führten das Patt des Stellungskriegs wirksamer als Panzer herbei.

Wenn Deutschland am Ende des 1. Weltkriegs in der Panzerkriegführung noch hinter den Alliierten zurückblieb, so machte es diesen Nachteil in den Folgejahren bald wieder wett. Trotz der Einschränkungen des Versailler Vertrages baute Deutschland in der Zwischenkriegszeit eine Panzerstreitmacht auf. Es war weniger die Qualität der Panzerfahrzeuge – z. B. der französische *Char B1* war bis Mai 1940 den meisten deutschen Panzern überlegen – als vielmehr die Einsatzweise, die den Wert bewaffneter Panzerfahrzeuge bewies. Während Franzosen und zum Teil auch Briten mit einer geringen Zahl von Panzern, wie schon im 1. Weltkrieg, durch kleinere Aufgaben die Infanterie unterstützten, erkannte die deutsche Armee den Wert großer Panzerformierungen. Die ersten deutschen Panzer waren im 2. Weltkrieg für die Alliierten in der Tat eine ernste Bedrohung, wenngleich auch die Deutschen hohe Verluste hinnehmen mussten. Allen Seiten wurde klar, dass die Zukunft der Panzerkriegführung in größeren, besser bewaffneten und gepanzerten Fahrzeugen lag.

SCHWERERE UND BESSER BEWAFFNETE PANZER

Als Antwort auf die Herausforderung des russischen *T-34* entwickelten die Deutschen den *Panzer V Panther,* den *Tiger* und den *Königstiger* und behaupteten damit trotz ausgezeichneter Qualitäten alliierter Panzer (z. B. des *M4 Sherman)* während des ganzen Kriegs ihren leichten Vorteil in diesem Bereich. Beweise dafür finden sich in den Kampfberichten über die Normandiekampagne von 1944 über den Einsatz der *Tiger.* Dieser war ein imponierendes, von den Alliierten respektiertes und gefürchtetes Fahrzeug auf dem Schlachtfeld. War ein Fahrzeug aber, wie mächtig und unverwundbar es sein mochte, nicht mechanisch zuverlässig und in großer Zahl verfügbar, so war sein Wert beschränkt. Der deutsche Gegenangriff in den Ardennen Ende 1944 wurde durch Mangel an Treibstoff behindert, was die Panzerdivisionen zu Ohnmacht und Unbeweglichkeit verurteilte.

Oben: Einer der russischen T-62-Panzer, mit denen während des Kalten Kriegs ein Großteil der Streitkräfte des Warschauer Pakts ausgerüstet war.

Die zunehmende Verwendung von Panzern führte zur Entwicklung spezieller Jagdpanzer, die billiger und leichter als Panzer zu bauen waren. So war z. B. der deutsche *Marder* eine so ausgezeichnete Kombination aus Waffe und Fahrzeug, dass er trotz fehlender Eignung mehr und mehr als Panzer eingesetzt und mobilen Panzerdivisionen zugeteilt wurde. Die daraus resultierende hohe Abnutzung machte den *Marder* zum Opfer des eigenen Erfolgs. Das Konzept mobiler Feuerkraft führte zum Bau von Selbstfahrlafetten – jede nur annähernd nützliche Artilleriewaffe wurde auf ein mobiles Kettenchassis montiert. Im 2. Weltkrieg war vermutlich das *StuG III* das berühmteste und der amerikanische *M7 Priest* das verbreitetste Gefährt dieser Art. Wie der Jagdpanzer sollte die Selbstfahrlafette kein Allzweckkampffahrzeug sein, sondern sich an einen Ort bewegen, schießen und, falls erforderlich, weiterfahren. Selbstfahrlafetten wie auch Jagdpanzer waren, obwohl Panzern oberflächlich ähnlich, den eigentlichen Panzern bezüglich ihrer Beweglichkeit und Panzerung unterlegen.

VARIANTEN DES SCHWEREN KAMPFPANZERS

Ein erstaunlicher Aspekt bei der Entwicklung von Panzerfahrzeugen ist die große Anzahl hergestellter Varianten. Seit dem 2. Weltkrieg werden die meisten schweren Panzer für eine Vielzahl verschiedener Aufgaben eingesetzt. Daher wurde z. B. der

Centurion so angepasst, dass Raupenschaufeln, Minenräumgerät, Abschussrohre für Explosionsladungen, Kräne oder Ausrüstung zum Auslegen von Faschinen befestigt werden konnten. Die meisten moderneren Typen können zu Amphibienfahrzeugen unterschiedlich hohen Entwicklungsstands umgerüstet werden. Der im 2. Weltkrieg verwendete *Sherman BARV* wurde u .a. als Schlepper bei amphibischen Landungen eingesetzt und musste daher in der Lage sein, in offenem Wasser zu operieren. Das Fahrzeug war vollständig versiegelt und mit Periskopen und Sauerstoffgeräten für die Mannschaft ausgerüstet. Andere Fahrzeuge hatten Schwimmkissen und weniger gute amphibische Fähigkeiten, einige besaßen Propeller oder Wasserdüsen. Zu den echten Amphibienfahrzeugen gehörte das allgemein als »Ente« (Duck) bekannte, berühmte amerikanische *DUKW.* Dieses Fahrzeug operierte gut zu Wasser und zu Land und erwies sich als ausgezeichneter Transporter für Amerikaner und Briten.

Rechte Seite: Die richtige Mischung aus Panzerung, Motorisierung, Design und Bewaffnung brachte den britischen Centurion *hervor.*

Für den Personen- oder Lastentransport in schwierigem Terrain hat sich das im 2. Weltkrieg in größerem Ausmaß erstmals von der deutschen Armee verwendete, bald aber von allen Armeen übernommene Halbkettenfahrzeug als ausgezeichnete und dauerhafte Innovation erwiesen. Moderne Mannschaftswagen mit Ketten wie der *Bradley M2 Infantry Fighting Vehicle* haben als Ahnen den amerikanischen *M3* und das deutsche *SdKfz 251.* Interessanterweise haben moderne Entwicklungen wie die Reifendruckregulierung das Beweglichkeitsdefizit der Radfahrzeuge auf unebenem Gelände verringert. Größere Geschwindigkeit und einfachere Wartung des Radfahrzeugs können sehr wohl das Ende von Kettenfahrzeugen als Personentransporter auf dem modernen Schlachtfeld bedeuten.

Die meisten Panzerfahrzeuge des 20. Jahrhunderts waren Improvisationen, die alle Mängel aufwiesen, für die solche Fahrzeuge anfällig sind. Andererseits waren einige Fahrzeuge so dominierend, dass sie zu Synonymen ihres Einsatzgebietes wurden: so der im 1. Weltkrieg durch den Stacheldraht der Westfront brechende klobige *Mk V;* der *Königstiger* während der Ardennenoffensive 1944; oder der 1991 bei der Operation »Desert Storm« durch die Wüste jagende *Abrams.* Eine der wenigen Konstanten im Panzerkrieg ist, dass Taktik gewisse Mängel an Qualität oder Quantität der Ausrüstung kompensieren kann, 1940 von Deutschland beim Aufreiben britischer und anderer alliierter Armeen und von Israel während der 60er- und 70er-Jahre im Kampf gegen eine überlegene Zahl arabischer Panzer bewie-

sen. Die Komplexität moderner Panzer wie des *Leclerc,* des *M1 Abrams* und des *Challenger* macht immer erfahrenere und spezialisiertere Mannschaften erforderlich. Die Gefahren für unzureichend geübte Mannschaften mit minderwertiger Ausrüstung im Kampf gegen solche Spezialisten waren vor allem im Golfkrieg von 1991 deutlich erkennbar. Die zweite Konstante ist, dass – unabhängig davon, wie groß ein Panzer, wie vernichtend seine Feuerkraft ist und wie unzerstörbar er erscheint – die Gegenseite dennoch innerhalb kurzer Zeit im Stande ist, gleichzuziehen und ihn wahrscheinlich noch zu übertreffen. Die Erfahrungen an der Ostfront des 2. Weltkriegs zeigen dies, als beide Seiten erbittert um den Vorteil kämpften und stetig Rüstung und Bewaffnung verstärkten.

Kampffahrzeuge können nicht unabhängig operieren. Auch der beste Panzer wird mit Sicherheit versagen, wenn keine LKWs zur logistischen Unterstützung da sind, und wenn nicht gepanzerte Mannschaftswagen zur Unterstützung und Sicherung von Durchbrüchen stetig für Nachschub sorgen. Umgekehrt kann kein Mannschaftswagen ohne den Schutz und die Prüfung des Geländes durch Aufklärungsfahrzeuge operieren. Ein Vormarsch gerät ins Stocken, wenn Brückenleger- und Pionierfahrzeuge fehlen. Das Konzept des gegenseitigen Schutzes ist daher für den Erfolg einer Panzerkampftruppe unerlässlich.

DAS VOLL BEWAFFNETE SCHLACHTFELD

Der Panzerkrieg machte den Krieg schneller und auf den ersten Blick zerstörerischer. Die Probleme der frühen Tage des Panzerkriegs gibt es noch heute. Die ersten Panzer waren nur wirkungsvoll, wenn sie in großer Zahl auf offenem Terrain eingesetzt und durch gute Logistik unterstützt wurden. Diese Regeln gelten immer noch. Die gewaltigen Ressourcen der sowjetischen Armee konnten nicht zum Sieg über die kleine Zahl von Mudschaheddin in Afghanistan beitragen. Das Terrain und die äußeren Bedingungen verhinderten – ähnlich wie im Vietnamkrieg – den wirkungsvollen Einsatz der Panzerstreitmacht. Kampffahrzeuge sind nützlich, aber nicht allmächtig.

Die in diesem Buch aufgeführten Fahrzeuge sind die bedeutendsten und wichtigsten Kampfmaschinen, die seit dem 1. Weltkrieg am Landkrieg teilgenommen haben. LKWs wurden aufgenommen, weil sie im Panzerkrieg eine wesentliche Rolle spielten und spielen. Obwohl die meisten nicht mit Ketten und Bewaffnung ausgerüstet sind, transportieren sie Munition und Mannschaften vom und zum Schlachtfeld. Wie die ebenfalls aufgeführten leichten Fahrzeuge sind sie für Armeen unentbehrlich. Viele dieser leichten Fahrzeuge sind bewaffnet und gepanzert, damit sie – wie die umgewandelten britischen *Special Air Service Jeeps,* die im 2. Weltkrieg in Nordafrika hinter den Linien der Achsenmächte operierten – in Blitzangriffen eingesetzt werden können. Der moderne amerikanische *M998 »Hummer«* kann zum Beispiel mit zahlreichen Waffen, von Maschinengewehren bis zu Panzerabwehrraketen, ausgerüstet werden. Auf diese Weise wird er zu einem Kampffahrzeug, das viele der gegenwärtig eingesetzten Panzer ausschalten kann.

Unten: Das schnelle und verlässliche Bradley Infantry Fighting Vehicle *hat die Aufgabe, Infanteristen nahe an den Feind zu bringen und mit dem* Abrams *zu kooperieren.*

Wie man dieses Buch benutzt

Dieser Band beschreibt detailliert die wichtigsten militärischen Fahrzeuge vom 1. Weltkrieg bis heute und gewährt einen Einblick in deren vielseitige Verwendungsmöglichkeiten. Der übersichtlich gestaltete Führer bietet einen repräsentativen Überblick über die aufgelisteten Fahrzeuge. Mit mehr als 320 Fahrzeugtypen ist dieser Band sowohl informativ als auch leicht nutzbar.

Visitenkarte
In tabellarischer Übersicht werden hier die wichtigsten technischen Daten der Fahrzeuge aufgelistet: Motorleistung, Bewaffnung, Verwendungszweck und Besatzung. Durch die verschiedenen Farben der Visitenkarte kann man die Fahrzeuge schnell und einfach ihrer Verwendungsgruppe zuordnen. Von einigen der beschriebenen Fahrzeugtypen gibt es jedoch mehrere Ausführungen; in diesen Fällen bezieht sich die Farbe der Visitenkarten auf die im Eintrag beschriebene bzw. abgebildete Version. Bei den in Bild und Text ausgewählten Fahrzeugen handelt es sich um die meistgebaute Version. Jeder Eintrag ist mit einer Farbabbildung im Profil oder Halbprofil versehen. Die allgemeine Beschreibung geht auf die Bauzeit der Fahrzeuge ein.

Ein umfangreicher alphabetischer Index ergänzt dieses Handbuch und macht es zu einem praktischen Nachschlagewerk.

PANZER	Stark gepanzerte und bewaffnete Vollkettenfahrzeuge; mittlere und schwere Kampffahrzeuge.
LEICHTE PANZER	Leicht gepanzerte und leicht bewaffnete Kettenfahrzeuge.
SELBSTFAHR-LAFETTEN	Leicht gepanzerte Waffenträger oder Rad- bzw. Vollkettenfahrzeuge.
MEHRFACH-RAKETENWERFER	Salvenwerfer für die Bekämpfung von Flächenzielen, montiert auf ungepanzerten Räderfahrzeugen oder leicht gepanzerten Kettenfahrzeugen.

JAGDPANZER

Leichte und wendige Kampffahrzeuge mit Rad- oder Kettenantrieb zur hauptsächlichen Bekämpfung von Panzern. Bewaffnung Rohr- oder Lenkwaffen.

GEPANZERTE FAHRZEUGE

Meist Räderfahrzeuge für Aufklärungsaufgaben, leicht gepanzert und bewaffnet.

AMPHIBIEN-FAHRZEUGE

Alle schwimmfähigen bzw. tiefwatfähigen Fahrzeuge, ob mit Rad- oder Kettenantrieb, gepanzert oder ungepanzert.

INFANTERIE-FAHRZEUGE AUF KETTEN

Schützenpanzer, Aufklärungspanzer, bewaffnete Kampffahrzeuge mit Halb- bzw. Vollkettenantrieb zum Transport von Grenadieren und Mannschaft.

INFANTERIE-FAHRZEUGE AUF RÄDERN

Bewaffnete, leicht gepanzerte Räderfahrzeuge zum Transport von Mannschaften.

PIONIER-FAHRZEUGE

Gepanzerte Kettenfahrzeuge mit spezieller Ausrüstung zum Räumen oder Verlegen von Minen bzw. Räumen und Überwinden von Hindernissen.

FLUGABWEHR-KANONEN

Leicht gepanzerte Ketten- und Räderfahrzeuge, mit Maschinenkanonen oder Fliegerabwehrlenkwaffen ausgerüstet.

LEICHTE FAHRZEUGE

Ungepanzerte geländegängige Räderfahrzeuge zur Verwendung als Kommandofahrzeuge, Mannschaftstransporter oder für spezielle Aufgaben (z. B. ABC-Spürtrupp). Können leicht bewaffnet sein.

LKWs UND ZUGFAHRZEUGE

Geländegängige Räderfahrzeuge für den Transport von Mannschaften und Gütern und zum Ziehen schwerer Lasten.

Visitenkarte

Herkunftsland
Großbritannien
Besatzung
3 oder 4
Gewicht
14.300 kg
Maße
Länge 6,10 m
Breite 2,62 m
Höhe 2,74 m
Reichweite
257 km
Panzerung
5–14 mm
Bewaffnung
zwei Hotchkiss MGs
Motorisierung
zwei 4-Zylinder-Benzinmotoren Tylor mit je 45 PS (33,6 kW)
Leistung
Höchstgeschw. (Straße) 13,4 km/h

Medium Tank Mk A

Der von William Tritton im 1. Weltkrieg gestaltete leichte Panzer Medium Tank Mk A, auch als »Whippet« bekannt, diente weniger zum Überqueren von Hindernissen. Er sollte vielmehr die von schwereren Panzern geschaffenen Durchbrüche ausnutzen. Geschwindigkeit und Beweglichkeit waren daher sehr wichtig. Der von Londoner Busmotoren angetriebene Prototyp war im Februar 1917 fertig, die Produktionsreihe lief Ende 1917 an. Seinen ersten Kampfeinsatz hatte der Whippet im März 1918. Anfangs wurde er dazu eingesetzt, Lücken in den Linien zu schließen. Sein Wert zeigte sich bei Konterangriffen, bei denen er weit in die feindlichen Linien einbrach. Nach dem Krieg wurde der Mk A in Irland eingesetzt. Eine Anzahl Panzer wurde in den 20er-Jahren auch nach Japan exportiert.

Visitenkarte

Herkunftsland
Großbritannien
Besatzung
8
Gewicht
29.600 kg
Maße
Länge 8,05 m
Breite mit Kettenschürzen 4,11 m
Höhe 2,64 m
Reichweite
72 km
Panzerung
6–14 mm
Bewaffnung
zwei 6-Pfund Rohre, vier Hotchkiss MGs
Motorisierung
ein Ricardo-Benzinmotor mit 150 PS (112 kW)
Leistung
Höchstgeschw. (Straße) 7,4 km/h

Tank Mk V

Der Tank Mk V war der letzte rhombenförmige Panzer, der in größerer Zahl in Dienst gestellt wurde. Er sollte an den für 1919 geplanten massiven Panzerangriffen teilnehmen. Zu den Verbesserungen gegenüber früheren Modellen gehörten ein epizyklisches Getriebe von Wilson, das die Steuerung des Panzers durch einen Fahrer (vorher waren zwei nötig) ermöglichte, eine Kuppel für den Kommandanten und Semarphorantennen, die erstmals Kommunikation per Funk ermöglichten. Die Tank Mk V*-Variante hatte einen 1,83 m langen Ausschnitt in der Hülle, um die Überquerung von Gräben zu verbessern und zusätzlichen Innenraum zu schaffen. Ab Mitte 1918 wurde der Panzer von Briten und Amerikanern eingesetzt. Zu den Nachkriegsvarianten gehörten Brückenleger und Minenräumer. Bei den Kanadiern war er bis in die frühen 30er-Jahre im Dienst.

Char d'Assaut Schneider

Der Char d'Assaut Schneider basierte auf dem amerikanischen Holt-Schlepper. Das als Panzerschlepper entwickelte Fahrzeug stand ab Mitte 1917 zur Verfügung und sollte an der Westfront gepanzerte Truppenschlitten über deutsche Schützengräben ziehen. Seine Benzintanks waren bei feindlichem Feuer leicht verwundbar und brannten schnell. Hauptsächlich zur Infanterieunterstützung und weniger als Mannschaftstransporter verwendet, war er infolge seiner kurzen Ketten und seiner Länge sehr eingeschränkt in seiner Querfeldeinbeweglichkeit, besonders beim Überqueren von Hindernissen. Die Produktion der Kanonenversion wurde im Mai 1917 eingestellt, da sie durch den als Lagertransporter eingesetzten Char de Ravitaillement ersetzt wurde. Materialermüdung und geringe Zuverlässigkeit führten dazu, dass bei Kriegsende weniger als 100 Fahrzeuge noch in Gebrauch waren.

Visitenkarte

Herkunftsland
Frankreich
Besatzung
7
Gewicht
14.800 kg
Maße
Länge 6,0 m
Breite 2,0 m
Höhe 2,39 m
Reichweite
48 km
Panzerung
11,5 mm
Bewaffnung
eine 75-mm-Kanone, zwei MGs
Motorisierung
ein 4-Zylinder-Benzinmotor Schneider mit 55 PS (41 kW)
Leistung
Höchstgeschw. (Straße) 6 km/h

Char d'Assaut St. Chamond

Der St. Chamond war eine Eigenentwicklung der französischen Armee. Der erste Prototyp erschien 1916. Ein Jahr später wurde das Fahrzeug in Dienst gestellt. Wie der Schneider basierte der St. Chamond auf dem Holt-Schlepper. Ein ungewöhnliches, von einem Benzinmotor mit Strom versorgtes elektrisches Getriebe erhöhte das Gewicht um weitere 5 Tonnen. Die Hülle ragte sowohl vorn als auch hinten über die Ketten, was in Kombination mit dem hohen Gewicht dazu führte, dass der St. Chamond in rauem Terrain oder Gräben leicht stecken blieb. Seine schwache Querfeldeinleistung schränkte seine Aktionsmöglichkeiten ein. Sein letzter größerer Einsatz war beim Konterangriff nahe Reims im Juli 1918. Viele dieser Panzer wurden in Char de Ravitaillement-Nachschubtransporter umgewandelt. Bei Kriegsende waren nur 72 von 400 produzierten Fahrzeugen noch im Dienst.

Visitenkarte

Herkunftsland
Frankreich
Besatzung
9
Gewicht
23.400 kg
Maße
Länge mit Kanone 8,83 m
Chassislänge 7,91 m
Höhe 2,34 m
Reichweite
59 km
Panzerung
17 mm
Bewaffnung
eine 75-mm-Kanone (Modell 1897), bis zu 4 MGs
Motorisierung
ein 4-Zylinder-Benzinmotor Panhard mit 90 PS (67 kW), der ein elektrisches Crochard-Collardeau-Getriebe versorgt
Leistung
Höchstgeschw. (Straße) 8,5 km/h

Visitenkarte

Herkunftsland
Frankreich
Besatzung
2
Gewicht
6.600 kg
Maße
Länge mit Schwanz 5,0 m
Breite 1,71 m
Höhe 2,13 m
Reichweite
35,4 km
Panzerung
16 mm
Bewaffnung
eine 37-mm-Kanone oder ein MG
Motorisierung
ein 4-Zylinder-Benzinmotor Renault mit 35 PS (26 kW)
Leistung
Höchstgeschw. (Straße) 7,7 km/h

Renault FT 17

Der FT 17 war einer der erfolgreichsten Panzer des 1. Weltkriegs. Es war der erste klassische Panzerentwurf, bei dem Gerätschaften direkt auf der Hülle und dem um 360° drehbaren Turm montiert wurden. Die FT 17 wurden in großer Zahl (über 3.000 im 1. Weltkrieg) bestellt, was auch erforderlich war, da sie oft außer Betrieb waren. Eine Selbstfahrlafette und eine mit Funk ausgerüstete Version waren unter den produzierten Varianten. Im Kriegsfall wurden größere Stückzahlen gebraucht, wie beim Konterangriff von Soissons im Juli 1918, bei dem allein 480 Exemplare eingesetzt wurden. Sie blieben bis 1944 in Gebrauch, als die Deutschen eroberte FT 17-Panzer für die Straßenkämpfe in Paris verwendeten. Zu dieser Zeit waren sie natürlich bereits hoffnungslos veraltet.

Visitenkarte

Herkunftsland
Deutschland
Besatzung
18
Gewicht
33.500 kg
Maße
Länge 8,0 m
Breite 3,06 m
Höhe 3,30 m
Reichweite
40 km
Panzerung
10–30 mm
Bewaffnung
eine 57-mm-Kanone, sechs MGs
Motorisierung
zwei Daimler-Benzinmotoren mit je 100 PS (74,6 kW)
Leistung
Höchstgeschw. (Straße) 12,9 km/h

Sturmpanzerwagen A7V

Der Sturmpanzerwagen A7V war ein eilig gestaltetes, gewaltiges Fahrzeug, das äußerlich den britischen Panzern von 1916 ähnelte und nur 40 mm Bodenfreiheit hatte. Die Länge der Kette auf dem Boden war zu kurz für ein Fahrzeug seiner Größe, daher war der Panzerwagen instabil und versagte querfeldein. Im Dezember 1917 wurden 100 A7Vs bestellt, aber die deutsche Kriegsmaschinerie war bereits geschwächt, und so wurden nur etwa 20 produziert. Die Mängel des Panzers bei unebenem Boden zeigten sich bei ihrem ersten Einsatz im März 1918. Oft blieben die Panzer hinter der Infanterie zurück, zu deren Unterstützung sie eigentlich entworfen worden waren. Als Varianten existierte ein Überlandwagen, ein oben offener, ungepanzerter Nachschubtransporter und der A7V/U mit Allround-Ketten. In der Nachkriegszeit wurden sie einige Jahre von der polnischen Armee verwendet.

PzKpfw 38(t)

Der Panzerkampfwagen (PzKpfw) 38(t) beruhte auf Plänen des tschechischen LT Vz 38, von denen vor der deutschen Besetzung der Tschechoslowakei 1938 keiner in den Dienst der tschechischen Armee gestellt wurde. Zwischen 1939 und 1942 wurden mehr als 1.400 dieser Panzer für die Achsenmächte gebaut. Nach seiner Außerdienststellung als leichter Panzer wurde er häufig als Aufklärungsfahrzeug verwendet. Sein Chassis bildete die Grundlage für eine große Anzahl von Fahrzeugen wie den Marder-Panzerzerstörer, selbst angetriebene Flugabwehrkanonen, einen Waffentransporter und den Hetzer-Panzerzerstörer, der bei der Schweizer Armee bis in die späten 60er-Jahre eingesetzt wurde. Während seiner Kampfkarriere wurde seine Panzerung stetig verstärkt, sodass er ab der Ausführung E mit 50 mm gepanzert war.

Visitenkarte

Herkunftsland
Deutschland

Besatzung
4

Gewicht
9.700 kg

Maße
Länge 4,55 m
Breite 2,13 m
Höhe 2,31 m

Reichweite
200 km

Panzerung
10–25 mm, von der Ausf. E an 50 mm

Bewaffnung
eine Skoda A7 37,2-mm-Kanone, zwei 7,92- mm-MGs

Motorisierung
ein wassergekühlter 6-Zylinder-Benzinmotor Praga EPA mit 150 PS (112 kW)

Leistung
Höchstgeschw. (Straße) 42 km/h; Furttiefe 0,9 m; Kletterfähigkeit 0,79 m; Grabenüberschreitfähigkeit 1,88 m

PzKpfw I

Der Panzer I war der erste deutsche Panzer, der in Massenproduktion ging. Im Juli 1934 lagen bereits fast 600 Bestellungen vor. Bewusst wurden aus Geheimhaltungsgründen drei verschiedene Firmen am Bau des Panzers beteiligt. Bis zur Einstellung der Produktion im Juni 1936 wurden über 800 Stück produziert. Um nicht den Eindruck zu erwecken, den Versailler Vertrag zu brechen, der den Deutschen den Bau von Panzern verbot, wurde das Modell als »landwirtschaftlicher Schlepper« bezeichnet. Der Panzer I Ausf. A fand sich in unterschiedlicher Anzahl in allen Panzereinheiten und wurde während der frühen Feldzüge des 2. Weltkriegs sehr häufig eingesetzt. Die Begrenztheit seiner Panzerung und Bewaffnung wurde jedoch bald offensichtlich, und so wurde er 1941 vom Dienst an der Front abgezogen.

Visitenkarte

Herkunftsland
Deutschland

Besatzung
2

Gewicht
5.500 kg

Maße
Länge 4,02 m
Breite 2,06 m
Höhe 1,72 m

Reichweite
145 km

Panzerung
6–13 mm

Bewaffnung
zwei 7,92-mm MG13

Motorisierung
ein Krupp-M305-Benzinmotor mit 60 PS (45 kW)

Leistung
Höchstgeschw. (Straße) 47 km/h; Furttiefe 0,85 m; Kletterfähigkeit 0,42 m; Grabenüberschreitfähigkeit 1,75 m

PzKpfw II Leichtpanzer

Visitenkarte

Herkunftsland
Deutschland
Besatzung
3
Gewicht
10.000 kg
Maße
Länge 4,64 m
Breite 2,30 m
Höhe 2,02 m
Reichweite
200 km
Panzerung
(Ausf. F) 20–35 mm
Bewaffnung
eine 20-mm-Kanone, ein 7,92-mm-MG
Motorisierung
ein 6-Zylinder-Benzinmotor Maybach mit 140 PS (104 kW)
Leistung
Höchstgeschw. (Straße) 55 km/h; Furttiefe 0,85 m; Kletterfähigkeit 0,42 m; Grabenüberschreitfähigkeit 1,75 m

Das – zur Umgehung der Wiederbewaffnungsbestimmungen des Versailler Vertrags als Schlepper bezeichnete – erste Produktionsmodell des PzKpfw II Ausf. A erschien 1935. Die ersten Panzer waren das Ergebnis der Zusammenarbeit der Firmen MAN und Daimler-Benz. Die Ausführungen B, C, D, E und F, deren Hauptverbesserungen in der Dicke der Panzerung lagen, wurden bis 1941 gebaut. Mit etwa 1.000 Exemplaren bildete der Panzer das Rückgrat der Polen- und Frankreichinvasion. Bei der Invasion Russlands 1941 war der Panzer bereits nicht mehr gebräuchlich, er wurde aber als Basis für den Aufklärungspanzer Luchs verwendet. Andere Varianten sind die für die Invasion Großbritanniens gebaute Amphibienversion, der PzKpfw IV Ausf. A mit kurzer Kanone und der Flammpanzer II.

PzKpfw III Mittlerer Panzer

Visitenkarte

Herkunftsland
Deutschland
Besatzung
5
Gewicht
22.300 kg
Maße
Länge 6,41 m
Breite 2,95 m
Höhe 2,50 m
Reichweite
175 km
Panzerung
30 mm
Bewaffnung
(Ausf. M) eine 75-mm-L/24-Kanone, ein 7,92-mm-MG
Motorisierung
ein 12-Zylinder-Benzinmotor Maybach HL 120 TRM mit 300 PS (224 kW)
Leistung
Höchstgeschw. (Straße) 40 km/h; Furttiefe 0,8 m; Kletterfähigkeit 0,6 m; Grabenüberschreitfähigkeit 2,59 m

Als die deutsche Heeresführung 1935 einen mittelschweren Panzer forderte, begann Daimler-Benz im September 1939 die Massenproduktion des Pzkpfw III. Die frühen Ausf. A, B und C wurden in Polen eingesetzt. 1940 ging die Ausf. F mit schwererer Panzerung und einem stärkeren Motor in Produktion. Bei Auslaufen der letzten Produktionsreihe, der Ausf. N, im Jahr 1943 hatte der Panzer eine doppelt so große Kanone und wog auch doppelt so viel wie der ursprüngliche Prototyp. Zu den verschiedenen Varianten gehörten ein Amphienfahrzeug, ein Befehlsfahrzeug, ein Bergepanzer, ein Beobachtungsfahrzeug und eine für den Wüstenkrieg angepasste Version. Zudem wurde das Chassis bis zum Ende des 2. Weltkriegs 1945 als Grundlage für eine Reihe selbst angetriebener Waffen verwendet.

PzKpfw IV Mittlerer Panzer

Der PzKpfw IV wurde auf Anforderung der Waffenabteilung der deutschen Wehrmacht von 1934 gebaut und sollte später das Rückgrat der Panzerabteilung der Wehrmacht werden. Der Panzer wurde während des ganzen Kriegs produziert. Seine letzte Version, die Ausf. J, erschien im März 1944. Insgesamt wurden fast 9.000 Fahrzeuge von Krupp gebaut. Das Grundchassis war bei allen Modellen gleich, aber der Panzer bekam, um den Erfordernissen gerecht zu werden, eine dickere Panzerung und eine schwerere Bewaffnung. Trotz des zusätzlichen Gewichts behielt der PzKpfw IV während der ganzen Produktionszeit ein gutes Leistungsgewicht, wodurch er beweglich blieb. Wie schon beim Panzer III wurde das Chassis als Basis für verschiedene andere Fahrzeuge, wie Selbstfahrlafetten, Bergepanzer, Brückenleger und den Jagdpanzer IV verwendet.

Visitenkarte

Herkunftsland
Deutschland

Besatzung
5

Gewicht
25.000 kg

Maße
Länge 7,02 m
Breite 3,29 m
Höhe 2,68 m

Reichweite
200 km

Panzerung
50–60 mm

Bewaffnung
(Ausf. H) eine 75-mm-Kanone, zwei 7,92-mm-MG 34

Motorisierung
ein 12-Zylinder-Benzinmotor Maybach HL 120 TRM mit 300 PS (224 kW)

Leistung
Höchstgeschw. (Straße) 38 km/h; Furttiefe 1,0 m; Kletterfähigkeit 0,6 m; Grabenüberschreitfähigkeit 2,20 m

PzKpfw V Panther

Allgemein hält man den Panther für einen der besten Panzer des 2. Weltkriegs. Er wurde dafür entworfen, den sowjetischen Panzer T-34 zu bekämpfen, der den PzKpfw IV an der Ostfront seit Anfang 1942 deklassierte. Der Panther erfüllte die Anforderungen an einen Panzer mit einer starken Waffe, guter Beweglichkeit und gutem Schutz. Die ersten Produktionsmodelle, die von MAN ab September 1942 gefertigt wurden, litten – besonders beim Kampf von Kursk im Juli 1943 bemerkbar – aus Mangel an genügend Testläufen an mechanischen Problemen. Sobald jedoch die Probleme ausgebügelt waren, wurde der Panther sehr wirksam an allen Schlachtplätzen eingesetzt. Bis zum Frühjahr 1945 wurden über 4.500 Exemplare gebaut, die noch in der unmittelbaren Nachkriegszeit in der französischen Armee im Dienst waren.

Visitenkarte

Herkunftsland
Deutschland

Besatzung
4

Gewicht
45.500 kg

Maße
Länge 8,86 m
Breite 3,43 m
Höhe 3,10 m

Reichweite
177 km

Panzerung
30–110 mm

Bewaffnung
eine 75-mm-Kanone, drei 7,92-mm-MG 34 (eines koaxial, eines zur Flugabwehr und eines vorn auf der Hülle)

Motorisierung
ein 12-Zylinder-Diesel Maybach HL 230 mit 700 PS (522 kW)

Leistung
Höchstgeschw. (Straße) 46 km/h; Furttiefe 1,70 m; Kletterfähigkeit 0,91 m; Grabenüberschreitfähigkeit 1,91 m

PzKpfw VI Tiger

Visitenkarte

Herkunftsland
Deutschland
Besatzung
5
Gewicht
55.000 kg
Maße
Länge 8,24 m
Breite 3,73 m
Höhe 2,86 m
Reichweite
100 km
Panzerung
25–100 mm
Bewaffnung
eine 88-mm-Kanone KwK 36, ein koaxiales 7,92-mm-MG 34
Motorisierung
ein 12-Zylinder-Benzinmotor Maybach HL 230 P45 mit 700 PS (522 kW)
Leistung
Höchstgeschw. (Straße) 38 km/h; Furttiefe 1,20 m; Kletterfähigkeit 0,79 m; Grabenüberschreitfähigkeit 1,8 m

Der schwere Panzer Tiger wurde von Henschel nach Plänen von 1941 ab August 1942 produziert. Bevor er im Jahr 1944 durch den Königstiger ersetzt wurde, wurden insgesamt 1.350 Exemplare gebaut. Es gab drei Hauptvarianten: einen Befehlspanzer, einen mit einer Winde ausgestatteten Bergepanzer und den Sturmtiger, der mit einem Raketenwerfer bestückt war. Der Tiger war zwar ein ausgezeichneter Panzer, hatte aber den Nachteil, dass seine Herstellung sehr aufwändig war. Es war daher schwierig, ihn in großen Zahlen zu produzieren und zu warten. Die überlappende Radaufhängung setzte sich schnell mit Schlamm und Steinen zu, was unter den eisigen Bedingungen des russischen Winters dazu führte, dass das Fahrzeug einfror. Erstmals eingesetzt wurde der Tiger 1942 in Tunesien gegen die Briten, wonach er an allen Fronten zu sehen war.

PzKpfw VI Tiger II

Visitenkarte

Herkunftsland
Deutschland
Besatzung
5
Gewicht
69.700 kg
Maße
Länge 10,26 m
Breite 3,75 m
Höhe 3,09 m
Reichweite
110 km
Panzerung
100–150 mm
Bewaffnung
eine 88-mm-Kanone KwK 43, zwei 7,92- mm-MG 34 (koaxial und vorn)
Motorisierung
ein 12-Zylinder-Benzinmotor Maybach HL 230 P30 mit 700 PS (522 kW)
Leistung
Höchstgeschw. (Straße) 38 km/h; Furttiefe 1,60 m; Kletterfähigkeit 0,85 m; Grabenüberschreitfähigkeit 2,5 m

Der Entwurf von Henschel für den Tiger II (Königstiger) war im Oktober 1943 fertig. Die ersten Modelle hatten einen Turm von Porsche, aber nach der Fertigstellung der ersten 50 Exemplare wurde der dem Panther ähnliche und mit dem gleichen Motor ausgestattete Panzer vollständig von Henschel produziert. Seine für die meisten Waffen der Alliierten undurchdringliche, schwerere Panzerung führte zu einem schlechteren Leistungsgewicht und als Konsequenz daraus zu einem Verlust an Geschwindigkeit und Beweglichkeit. Das Hauptproblem beim Tiger II war seine Unzuverlässigkeit. Panzer mit Pannen oder Treibstoffmangel wurden oft von ihren Mannschaften aufgegeben, da sie wegen ihrer Größe schwierig zu bewegen oder zu verstecken waren. Der Tiger II wurde im Mai 1944 erstmals an der Ostfront und in den Kämpfen in der Normandie im Herbst desselben Jahres eingesetzt.

Fiat L6/40 Leichtpanzer

Der Fiat L6/40 beruhte auf einem Entwurf der britischen Carden-Loyd Mark VI Tankette aus den 30er-Jahren. Die ersten der 283, hauptsächlich für den Export bestimmten Exemplare wurden 1939 fertig gestellt. Bei seiner Einführung war der L6/40 grob dem deutschen PzKpfw II ähnlich, war aber nie wirklich für den Dienst an der Front geeignet. In Italien, Nordafrika und Russland wurde er von Aufklärungs- und Kavallerieeinheiten eingesetzt. Zu den verschiedenen Varianten gehörten ein Flammenwerfer und ein Befehlspanzer, der mit zusätzlicher Fernmeldeausrüstung und einem oben offenen Turm ausgestattet war. Außerdem wurde eine Anzahl der L6/40 in Semovente L40-Selbstfahrlafetten umgewandelt. Wie die meisten italienischen Panzer im 2. Weltkrieg war er hoffnungslos unterlegen, als er gegen alliierte Panzer antreten musste.

Visitenkarte

Herkunftsland
Italien
Besatzung
2
Gewicht
6.800 kg
Maße
Länge 3,78 m
Breite 1,92 m
Höhe 2,03 m
Reichweite
200 km
Panzerung
6–40 mm
Bewaffnung
eine 20-mm-Kanone Modell Breda 35, ein 8-mm-MG Modell Breda 38 (koaxial)
Motorisierung
ein 4-Zylinder-Benzinmotor SPA 18D mit 70 PS (52 kW)
Leistung
Höchstgeschw. (Straße) 42 km/h; Furttiefe 0,8 m; Kletterfähigkeit 0,7 m; Grabenüberschreitfähigkeit 1,7 m

Fiat M 13/40 Mittlerer Panzer

Der M 13/40 basierte auf einem früheren Entwurf, dem M 11/39, der nur in geringer Zahl produziert wurde, da er schon bei seiner Einführung als veraltet galt. Der M 13/40 verwendete das gleiche Chassis, seine Hülle war aber umgestaltet und besser gepanzert. Insgesamt wurden beinahe 800 Stück produziert. Der Panzer wurde in Nordafrika häufig bei den Versuchen Italiens eingesetzt, die Armeen der Briten und der Commonwealthstaaten aus dieser Region zu vertreiben. Im Kampf zeigten sich die Mängel des M 13/40 deutlich: er war ein enges, unzuverlässiges Fahrzeug, das leicht Feuer fing, wenn es von Panzerabwehrgeschossen getroffen wurde. Viele verlassene und eroberte M 13/40 wurden in den Dienst der britischen und australischen Armeen genommen, um einen Mangel an Panzern 1941 bei den Alliierten auszugleichen, verblieben dort allerdings nicht sehr lang.

Visitenkarte

Herkunftsland
Italien
Besatzung
4
Gewicht
14.000 kg
Maße
Länge 4,92 m
Breite 2,2 m
Höhe 2,38 m
Reichweite
200 km
Panzerung
6–42 mm
Bewaffnung
eine 47-mm-Kanone, zwei 8-mm-MGs Modello 38 (eines koaxial, eines zur Flugabwehr)
Motorisierung
ein 8-Zylinder-Diesel SPA TM40 mit 125 PS (93 kW)
Leistung
Höchstgeschw. (Straße) 32 km/h; Furttiefe 1,0 m; Kletterfähigkeit 0,8 m; Grabenüberschreitfähigkeit 2,1 m

Visitenkarte

Herkunftsland
Japan
Besatzung
4
Gewicht
7.400 kg
Maße
Länge 4,38 m
Breite 2,06 m
Höhe 2,18 m
Reichweite
250 km
Panzerung
6–14 mm
Bewaffnung
eine 37-mm-Kanone, zwei 7,7-mm-MGs
Motorisierung
ein luftgekühlter 6-Zylinder-Diesel Mitsubishi NVD 6120 mit 120 PS (89 kW)
Leistung
Höchstgeschw. (Straße) 45 km/h; Furttiefe 1,0 m; Kletterfähigkeit 0,81 m; Grabenüberschreitfähigkeit 2,0 m

Type 95 Leichtpanzer

Der Typ 95, auch bekannt als KE-GO, wurde in den frühen 30er-Jahren entwickelt, um den Erfordernissen der japanischen Armee zu dieser Zeit zu entsprechen. Bei Produktionsende 1943 waren über 1.100 gebaut worden. Der größte Nachteil des Fahrzeugs war, dass der Kommandant die Waffe zusätzlich zu seinen normalen Pflichten bedienen musste, was die Kampfeffektivität verringerte. Während dies noch akzeptabel war, als man der Infanterie in der Mandschurei gegenüberstand, erwies es sich in den späteren Kriegsjahren als katastrophal. Trotz späterer Aufrüstung der Kanone zeigten seine schwache Panzerung und sein Mangel an Feuerkraft, dass der Panzer eigentlich völlig unzulänglich war. Der Typ 95 diente auch als die Basis für den Typ 2 KA-MI Amphibienpanzer, der in den frühen Pazifik-Kampagnen des 2. Weltkriegs häufig verwendet wurde.

Visitenkarte

Herkunftsland
USA
Besatzung
4
Gewicht
12.927 kg
Maße
Länge 4,54 m
Breite 2,24m
Höhe 2,30 m
Reichweite
112,6 km
Panzerung
15–43 mm
Bewaffnung
eine 37-mm-Kanone, zwei 7,7-mm-MGs
Motorisierung
ein radialer 6-Zylinder-Benzinmotor Continental W-970-9A mit 250 PS (186,5 kW)
Leistung
Höchstgeschw. (Straße) 58 km/h; Furttiefe 0,91 m; Kletterfähigkeit 0,61 m; Grabenüberschreitfähigkeit 1,83 m

Light Tank M3

Nachdem das amerikanische Militär 1940 die Kämpfe auf dem europäischen Festland aufmerksam verfolgt hatte, stellten sie fest, dass ihr hauptsächlich genutzter leichter Panzer, der M2, veraltet und eine schwerer gepanzerte Version erforderlich war. Das Ergebnis war der M3, dessen Vollproduktion 1941 anlief und von dem fast 6.000 gebaut wurden. Viele wurden an die Rote Armee oder die Briten weitergegeben, wo sie als Stuarts bekannt waren. Ihre Zuverlässigkeit und Beweglichkeit waren beeindruckend, und sie waren bei ihren Besatzungen beliebt. Sie wurden daher an allen Kriegsschauplätzen eingesetzt. 1944 wurden viele der als Kampfpanzer veralteten Fahrzeuge zu Kommando- und Aufklärungsfahrzeugen umgewandelt, wobei der Turm entfernt wurde und stattdessen zusätzliche MGs hinzukamen. Zu den Varianten dieses Modells gehörten Minenräumer, Flammenwerfer und Flugabwehrpanzer.

Light Tank M24 Chaffee

Im Jahr 1942 war es offensichtlich, dass die 37-mm-Kanone für die Bedürfnisse von Amerikas leichten Panzern – und überhaupt als Hauptbewaffnung eines Panzers – unzulänglich war. Versuche, größere Waffen in M5-Panzer zu installieren, schlugen fehl, und so wurde von Cadillac ein neuer Panzer entworfen, von dem das erste Exemplar Ende 1943 bereit war. Der als Chaffee bekannte M24 wurde 1944 voll in den Dienst der US-Armee gestellt, kam jedoch für einen Einsatz im 2. Weltkrieg zu spät. Erst in Korea zeigte der M24 seinen vollen Kampfwert: Beweglichkeit bei der Aufklärung und gute Bewaffnung für den Kampf. Sein größter Beitrag lag jedoch in seinem Konzept. Er wurde als Teil einer Familie von Kampffahrzeugen entworfen, die alle das gleiche Chassis verwendeten, und zu der Selbstfahrlafetten ebenso wie Flugabwehrpanzer gehörten. In einigen Ländern wird der Panzer auch heute noch eingesetzt.

Visitenkarte

Herkunftsland
USA
Besatzung
5
Gewicht
18.370 kg
Maße
Länge 5,49 m
Breite 2,95 m
Höhe 2,48 m
Reichweite
161 km
Panzerung
12–38 mm
Bewaffnung
eine 75-mm-Kanone, zwei 7,6-mm-MGs, ein 12,7-mm-Gewehr auf dem Turm, ein 51-mm-Nebelmörser
Motorisierung
zwei Benzinmotoren Cadillac Modell 44T24 V-8 mit je 110 PS (82 kW)
Leistung
Höchstgeschw. (Straße) 56 km/h; Furttiefe 1,02 m; Kletterfähigkeit 0,91 m; Grabenüberschreitfähigkeit 2,44 m

Medium Tank M3

Der M3 wurde von den Amerikanern nach der auf der Beobachtung der Panzerkämpfe in Frankreich von 1940 beruhenden Feststellung entwickelt. Sie brauchten eine stärkere Bewaffnung als die auf dem sich in der Entwicklung befindlichen M2 montierte. Der M3 wurde mit geringfügigen Änderungen an die Briten ausgeliefert und war bei ihnen allgemein bekannt als General Grant. Der Panzer erwies sich bei seinen ersten Aktionen im Mai 1942 gegen das Afrikakorps als sehr effektiv und war bei den Panzerbesatzungen der schwer bedrängten britischen Armee sehr beliebt. Die von der US-Armee eingesetzte Originalversion war bekannt als General Lee. Der einzige Nachteil des zuverlässigen und widerstandsfähigen Panzers war die beschränkte Drehmöglichkeit der auf der Hülle befestigten Hauptkanone. Der M3 wurde an jeder Front eingesetzt und nach dem Krieg häufig exportiert.

Visitenkarte

Herkunftsland
USA
Besatzung
6
Gewicht
27.240 kg
Maße
Länge 5,64 m
Breite 2,72 m
Höhe 3,12 m
Reichweite
193 km
Panzerung
12–38 mm
Bewaffnung
eine an der Hülle befestigte 75-mm-Kanone, eine 35-mm-Kanone auf dem Turm, vier 7,6-mm-MGs
Motorisierung
ein radialer Benzinmotor Continental R975-EC2 mit 340 PS (253,5 kW)
Leistung
Höchstgeschw. (Straße) 42 km/h; Furttiefe 1,02 m; Kletterfähigkeit 0,61 m; Grabenüberschreitfähigkeit 1,91 m

Visitenkarte

Herkunftsland
USA
Besatzung
5
Gewicht
31.360 kg
Maße
Länge 5,9 m
Breite 2,6 m
Höhe 2,74 m
Reichweite
161 km
Panzerung
15–76 mm
Bewaffnung
eine 75-mm-Kanone, ein koaxiales 7,62-mm-MG, eine 12,7-mm-Flugabwehrkanone auf dem Turm
Motorisierung
zwei Dieselmotoren General Motors 6-71 mit 500 PS (373 kW)
Leistung
Höchstgeschw. (Straße) 46,4 km/h; Furttiefe 0,9 m; Kletterfähigkeit 0,61 m; Grabenüberschreitfähigkeit 2,26 m

Medium Tank M4A2

Der M4 Sherman hatte die gleiche Hülle und Radaufhängung wie der M3, die Hauptbewaffnung war jedoch auf den Geschützturm montiert. Er war leicht zu bauen und ein ausgezeichnetes Kampfgerät. Bei Auslaufen der Produktion 1945 war er mehr als 40.000 Mal gebaut worden. Es gab viele Varianten des Modells, unter ihnen Pionier- und Angriffspanzer, Raketenwerfer, Bergepanzer und Minenräumer. Die Briten setzten den Sherman ausgiebig ein, wobei besonders El Alamein im Jahr 1942 hervorzuheben ist. Obwohl seine Waffen denen deutscher Panzer unterlegen waren und seine Panzerung besonders in den letzten Kriegsphasen unzulänglich war, wurden die Panzerdivisionen des Feindes allein schon durch die hohe Anzahl überwältigt. Seine Unverwüstlichkeit sorgte dafür, dass einige südamerikanische Länder ihn bis vor kurzem einsetzten.

Visitenkarte

Herkunftsland
USA
Besatzung
5
Gewicht
32.284 kg
Maße
Länge 6,27 m (mit Kanone 7,52 m)
Breite 2,68 m
Höhe 3,43 m
Reichweite
161 km
Panzerung
15–100 mm
Bewaffnung
eine 76-mm-Kanone, ein koaxiales 7,62-mm-MG
Motorisierung
ein Benzinmotor Ford GAA V8 mit 400 oder 500 PS (335 oder 373 kW)
Leistung
Höchstgeschw. (Straße) 47 km/h; Furttiefe 0,91 m; Kletterfähigkeit 0,61 m; Grabenüberschreitfähigkeit 2,26 m

Medium Tank M4A3

Der M4A3 war während des 2. Weltkriegs eine der am weitesten entwickelten Sherman-Varianten. Er unterschied sich vom M4A2 hauptsächlich in der Form des Turms, in der Radaufhängung (durch den Gebrauch eines wirksameren waagrechten Volutenfedersystems), in der Bewaffnung (durch eine größere und stärkere 76-mm-Kanone) und in der dickeren Panzerung. Dieses Modell war der von der US-Armee favorisierte Panzer. Zwischen Juni 1942 und dem Produktionsende im September 1943 wurden von Ford 1.690 A3 gebaut. Von Februar 1944 an wurde die Herstellung von Grand Blanc übernommen. Zu den Verbesserungen gehörten eine Sichtkuppel für den Kommandanten, eine Ladeluke, der so genannte »nasse Stauraum« für die Munition und ein speziell für das Fahrzeug entwickelter Benzinmotor.

T-70 Leichtpanzer

Das sowjetische Militär hatte während der 30er-Jahre viel Zeit und Anstrengung in die Entwicklung einer Serie leichter Panzer investiert. Der T-70 war der Höhepunkt dieser Anstrengungen zur Zeit der deutschen Invasion in Russland im Juni 1941. Er war ausreichend gepanzert, aber die Bewaffnung des T-70 war nur von beschränktem Nutzen gegen schwerere Panzer. Dies lag nicht zuletzt daran, dass der Panzerkommandant die Waffe allein bedienen musste. Somit war er im Kampfgeschehen eingeschränkt. Die Aufzeichnungen über den T-70 sprechen von keinen besonderen Vorkommnissen. Seine hauptsächliche Verwendung fand er bei der Aufklärung und als Infanterieunterstützung. Bis 1943 wurden zwar über 8.000 Stück produziert, aber trotzdem war der T-70 bestenfalls ein adäquater Kampfpanzer. Er war sicher besser als der T-60, aber seine Waffen waren den deutschen Panzern 1941/42 unterlegen.

Visitenkarte

Herkunftsland
UdSSR

Besatzung
2

Gewicht
9.367 kg

Maße
Länge 4,29 m
Breite 2,32 m
Höhe 2,04 m

Reichweite
360 km

Panzerung
10–60 mm

Bewaffnung
eine 45-mm-Kanone, ein 7,62-mm-MG

Motorisierung
zwei Benzinmotoren GAZ-202 mit insgesamt 140 PS (104 kW)

Leistung
Höchstgeschw. (Straße) 45 km/h; Furttiefe unbekannt; Kletterfähigkeit 0,70 m; Grabenüberschreitfähigkeit 3,12 m

T-28 Mittlerer Panzer

Angeregt durch britische und deutsche Panzerdesigns hatte der mittlere Panzer T-28 einen zentralen Hauptturm und zwei Hilfstürme für MGs an der Vorderseite. Die Radaufhängung des Fahrzeugs wurde direkt von einem britischen Vickers übernommen. Der Prototyp war noch mit einer 45-mm-Hauptkanone ausgerüstet, aber die produzierten Modelle hatten schon eine stärkere 76,2-mm-Niedriggeschwindigkeitskanone. Es gab eine Anzahl verschiedener Modelle und Varianten, deren Produktion von den Kampferfahrungen der Soldaten profitierte. Die Panzerung des T-28C wurde beispielsweise nach der glücklosen Zeit der Roten Armee im Russisch-Finnischen Krieg vorn an der Hülle und am Turm zusätzlich verstärkt. Eine interessante Variante war der T-28(V), ein Kommandopanzer, der mit einer Funkanlage ausgerüstet war, deren Rahmenantenne rund um den Turm führte.

Visitenkarte

Herkunftsland
UdSSR

Besatzung
6

Gewicht
28.509 kg

Maße
Länge 7,44 m
Breite 2,81 m
Höhe 2,82 m

Reichweite
220 km

Panzerung
10–80 mm

Bewaffnung
eine 76,2-mm-Kanone, drei 7,62-mm-MGs

Motorisierung
ein Benzinmotor M-17 V-12 mit 500 PS (373 kW)

Leistung
Höchstgeschw. (Straße) 37 km/h; Furttiefe unbekannt; Kletterfähigkeit 1,04 m; Grabenüberschreitfähigkeit 2,90 m

Visitenkarte

Herkunftsland
UdSSR
Besatzung
4
Gewicht
26.000 kg
Maße
Länge 5,92 m
Breite 3,0 m
Höhe 2,44 m
Reichweite
186 km
Panzerung
18–60 mm
Bewaffnung
eine 76,2-mm-Kanone, zwei 7,62-mm-MGs
Motorisierung
ein Dieselmotor V-2-34 V 12 mit 500 PS (373 kW)
Leistung
Höchstgeschw. (Straße) 55 km/h; Furttiefe 1,37 m; Kletterfähigkeit 0,71 m; Grabenüberschreitfähigkeit 2,95 m

T-34/76A Mittlerer Panzer

Der T-34 war ein fortschrittlicher Panzer für seine Zeit, der ab 1940 in hoher Stückzahl nach einem exzellenten Design produziert wurde. Er war das Ergebnis zweier Jahrzehnte sowjetischen Experimentierens und der Bereitschaft, die besten ausländischen Ideen zu übernehmen. Die Produktionsgeschwindigkeit ging zwar zu Lasten der Feinheiten, aber seine Effektivität strafte das raue und einfache Äußere Lügen. Der T-34 wurde in jeder Rolle, vom Bergepanzer bis zum Mannschaftstransporter und Aufklärer, benutzt. Die Behauptung, dass der T-34 der entscheidendste Panzer des 2. Weltkriegs war, ist keine Übertreibung. Der 1944 eingeführte T-34/85 mit stärkerer Kanone wird noch heute von vielen Armeen verwendet.

Visitenkarte

Herkunftsland
UdSSR
Besatzung
5
Gewicht
43.000 kg
Maße
Länge 6,68 m
Breite 3,32 m
Höhe 2,71 m
Reichweite
150 km
Panzerung
100 mm
Bewaffnung
eine 76,2-mm-Kanone, vier 7,62-mm-MGs
Motorisierung
ein Dieselmotor V-2K V-12 mit 600 PS (448 kW)
Leistung
Höchstgeschw. (Straße) bis zu 35 km/h; Furttiefe unbekannt; Kletterfähigkeit 1,20 m; Grabenüberschreitfähigkeit 2,59 m

KV-1 Schwerer Panzer

Mit der Planung des KV-1 begann man 1938 in der Absicht, ihn zum Nachfolger des schweren Panzers T-35 zu machen. Die ersten Modelle wurden 1940 während des katastrophalen Finnlandfeldzugs der Roten Armee getestet. Dennoch setzte der KV-1 die Norm für die sowjetischen Panzerentwürfe der kommenden Jahre. Er erwies sich als formidables Fahrzeug, das als Angriffspanzer oder Speerspitze bei Durchbrüchen verwendet wurde. Der Panzer war jedoch nicht besonders mobil und litt unter Antriebsproblemen. Außerdem vergrößerte man stetig die Panzerung, ohne ihm dafür einen stärkeren Motor zu geben, was zu einem ungünstigen Gewicht-Leistungs-Verhältnis und einer abnehmenden Leistungsfähigkeit führte. Die Bedeutung des KV-1 besteht darin, dass er den Weg für spätere Generationen russischer schwerer Panzer wie den Josef Stalin ebnete.

IS-2 Schwerer Panzer

Der IS-2 (Josef Stalin) war eine Weiterentwicklung der früheren russischen KV-Panzerreihe, war jedoch leichter als die KVs, verfügte über ein verbessertes Getriebe und eine bessere Radaufhängung. Hülle und Turm waren ebenfalls umgestaltet. Die ersten Fahrzeuge erschienen 1944 und halfen, die strategische Initiative auszunutzen, welche die Rote Armee in dieser Phase des 2. Weltkriegs an der Ostfront erlangt hatte. Das massive Fahrzeug war gut bewaffnet und gepanzert. Der einzige Nachteil der ersten Modelle war, dass sie eine langsame Feuerfolge hatten, da Ladung und Geschoss getrennt waren, was bei der Produktion des IS-3 behoben wurde. Als symbolische Geste befanden sich 1945 Josef-Stalin-Panzer an der Spitze des Vormarschs auf Berlin. Auch nach dem Krieg wurden sie weiter produziert und galten mehr als ein Jahrzehnt lang als die stärksten Panzer der Welt.

Visitenkarte

Herkunftsland
UdSSR

Besatzung
4

Gewicht
46.000 kg

Maße
Länge 9,9 m
Breite 3,09 m
Höhe 2,73 m

Reichweite
240 km

Panzerung
132 mm

Bewaffnung
eine 122-mm-Kanone, ein 12,7-mm-MG, ein 7,62-mm-MG

Motorisierung
ein Dieselmotor V-2-IS (V-2K) V-12 mit 600 PS (447 kW)

Leistung
Höchstgeschw. (Straße) 37 km/h; Furttiefe unbekannt; Kletterfähigkeit 1,0 m; Grabenüberschreitfähigkeit 2,49 m

Hotchkiss H-39 Leichtpanzer

Der Hotchkiss H-39 kam 1939 heraus und war zum Gebrauch bei der französischen Kavallerie bestimmt. Trotz Produktionsproblemen, die bei allen französischen Panzern vor dem 2. Weltkrieg auftraten, wurden etwa 1.000 Exemplare gebaut. Der Panzer bewährte sich 1940 in den Kämpfen während der deutschen Invasion Frankreichs, hatte aber eine zu geringe Feuerkraft, um mit feindlichen Panzern konkurrieren zu können. Es kam hinzu, dass sich die französische Taktik dieser Zeit Panzer nur als Unterstützung der Infanterie und nicht in Massen vorstellen konnte, was die Effektivität des Panzers verringerte. Nach der Kapitulation verwendeten die Deutschen als Besatzer den H-39 für ihre Zwecke. Einige wurden auch von den Freien Französischen Armeen und dem Vichyregime im Mittleren Osten eingesetzt, wo sie später von den Israelis übernommen wurden und bis 1956 ihren Dienst taten.

Visitenkarte

Herkunftsland
Frankreich

Besatzung
2

Gewicht
12.100 kg

Maße
Länge 4,22 m
Breite 1,95 m
Höhe 2,15 m

Reichweite
120 km

Panzerung
40 mm

Bewaffnung
eine 37-mm-Kanone, ein koaxiales 7,5-mm-MG

Motorisierung
ein 6-Zylinder-Benzinmotor Hotchkiss mit 120 PS (89,5 kW)

Leistung
Höchstgeschw. (Straße) 36 km/h; Furttiefe 0,85 m; Kletterfähigkeit 0,50 m; Grabenüberschreitfähigkeit 1,80 m

Renault R-35 Leichtpanzer

Visitenkarte

Herkunftsland
Frankreich
Besatzung
2
Gewicht
10.000 kg
Maße
Länge 4,20 m
Breite 1,85 m
Höhe 2,37 m
Reichweite
140 km
Panzerung
40 mm
Bewaffnung
eine 37-mm-Kanone, ein koaxiales 7,5-mm-MG
Motorisierung
ein 4-Zylinder-Benzinmotor Renault mit 82 PS (61 kW)
Leistung
Höchstgeschw. (Straße) 20 km/h; Furttiefe 0,80 m; Kletterfähigkeit 0,50 m; Grabenüberschreitfähigkeit 1,60 m

Der Renault R-35 wurde Mitte der 30er-Jahre entworfen, um den alternden Renault FT 17 aus dem 1. Weltkrieg zu ersetzen. 1940 waren bereits 1.600 Exemplare gebaut worden, und er war damit der zahlenmäßig am häufigsten vertretene Panzer, auch wenn er nie seine Rolle als Ersatz des FT 17 erfüllen und deutschen Panzern standhalten konnte, u. a. weil er nur in geringer Anzahl gegen deren Massen von Panzern eingesetzt wurde. Die Kanone war nicht einmal in der Lage, leichte Panzerungen zu durchdringen. Während des französischen Rückzugs im Mai 1940 wurden daher viele Panzer aufgegeben. Die Deutschen verwendeten den R-35 als Garnisons- und Ausbildungspanzer und passten viele für den Gebrauch als Artillerieschlepper, Munitionstransporter und Selbstfahrlafetten an. Für letztere Aufgabe wurde der Turm entfernt und bei der Küstenverteidigung eingesetzt.

SOMUA S-35 Mittlerer Panzer

Visitenkarte

Herkunftsland
Frankreich
Besatzung
3
Gewicht
19.500 kg
Maße
Länge 5,38 m
Breite 2,12 m
Höhe 2,62 m
Reichweite
230 km
Panzerung
20–55 mm
Bewaffnung
eine 47-mm-Kanone, ein koaxiales 7,5-mm-MG
Motorisierung
ein Benzinmotor SOMUA V-8 mit 190 PS (141,7 kW)
Leistung
Höchstgeschw. (Straße) 40 km/h; Furttiefe 1,0 m; Kletterfähigkeit 0,76 m; Grabenüberschreitfähigkeit 2,13 m

Der SOMUA S-35 diente als einer der ersten Panzer Mitte der 30er-Jahre zur Mechanisierung der französischen Kavallerie. Er war für seine Zeit ein sehr fortschrittliches Fahrzeug, und viele seiner Merkmale, z. B. statt einer vernieteten eine gegossene Panzerung, wurden bei zukünftigen Panzerentwürfen zur Norm. Zur Standardausrüstung gehörte ferner eine Funkanlage. Der Panzer wurde mit einer ausreichend starken Kanone versehen, sodass er am D-Day im Juni 1944 immer noch in deutschen Diensten stand. Die Produktion war langsam, und so waren bei der deutschen Invasion 1940 nur etwa 250 im Dienst an der Front. Der größte Nachteil war, dass der Kommandant zu seinen normalen Pflichten auch die Kanone und die Funkanlage bedienen musste. Trotz dieser Mängel war der S-35 noch 1940 der beste Panzer der Alliierten.

Char B1 Schwerer Panzer

Die ersten B1 erschienen 1937. Trotz seiner an die Panzer des 1. Weltkriegs erinnernden Erscheinung war der Char B1 für seine Zeit ein starker Panzer, der eine Reihe fortschrittlicher Merkmale wie einen selbstschließenden Tank besaß. Die räumliche Trennung der Besatzungsmitglieder erschwerte die interne Kommunikation miteinander. Umso wichtiger war es daher, dass die Mannschaft gut ausgebildet war, um den B1 koordiniert führen zu können. Zudem machte die Komplexität des Panzers die Wartung schwierig, und viele hielten den Anforderungen des Kampfs nicht stand. Jene, die wirklich in das Kampfgeschehen eingriffen, waren für ihre starke Bewaffnung zu schwerfällig, als dass sie viel ausrichten konnten. Von den Deutschen wurden eroberte Char B1 als Ausbildungspanzer oder Selbstfahrlafetten verwendet.

Visitenkarte

Herkunftsland
Frankreich
Besatzung
4
Gewicht
31.500 kg
Maße
Länge 6,37 m
Breite 2,50 m
Höhe 2,79 m
Reichweite
180 km
Panzerung
14–65 mm
Bewaffnung
eine 75-mm-Kanone, eine 45-mm-Kanone
Motorisierung
ein 6-Zylinder-Benzinmotor Renault mit 307 PS (229 kW)
Leistung
Höchstgeschw. (Straße) 28 km/h; Furttiefe unbekannt; Kletterfähigkeit 0,93 m; Grabenüberschreitfähigkeit 2,74 m

Vickers Leichter Panzer

Die leichten Panzer Vickers wurden in den 30er-Jahren entwickelt und basierten ursprünglich auf der Carden-Loyd-Tankette aus den 20er-Jahren. Als mobile und schnelle Überlandfahrzeuge wurden die Vickers in den 30er-Jahren häufig zur Überwachung des britischen Empire eingesetzt. Im 2. Weltkrieg erwies sich ihr erneuter Einsatz als so gut wie nutzlos. Ihre dünne Panzerung wurde leicht durchbrochen, und ihre Bewaffnung mit Maschinengewehren war auf dem Schlachtfeld völlig unzulänglich. Mangel an Ausrüstung zwang die Briten, sie im Kampf statt für die Aufklärung zu verwenden, wofür sie ursprünglich entworfen wurden, und die Folgen waren katastrophal. Versuche, sie in Flugabwehrpanzer umzuwandeln, schlugen fehl. Den Deutschen gelang es dennoch, einige eroberte Fahrzeuge als Transporter für Flugabwehrwaffen einzusetzen.

Visitenkarte

Herkunftsland
Großbritannien
Besatzung
3
Gewicht
4.877 kg (10,729 lb)
Maße
Länge 3,96 m
Breite 2,08 m
Höhe 2,24 m
Reichweite
201 km
Panzerung
10–15 mm
Bewaffnung
ein 7,7/12,7-mm-MG
Motorisierung
ein 6-Zylinder-Benzinmotor Meadows ESTL mit 88 PS (66 kW)
Leistung
Höchstgeschw. (Straße) 51,5 km/h; Furttiefe 0,6 m; Kletterfähigkeit –; Grabenüberschreitfähigkeit –

Visitenkarte

Herkunftsland
Großbritannien
Besatzung
3
Gewicht
7.620 kg
Maße
Gesamtlänge 4,31 m
Länge der Hülle 4,12 m
Breite 2,31 m
Höhe 2,12 m
Reichweite
224 km
Panzerung
4–16 mm
Bewaffnung
eine 2-Pfünder-Kanone, ein koaxiales 7,92-mm-MG
Motorisierung
ein 12-Zylinder-Benzinmotor Meadows mit 165 PS (123 kW)
Leistung
Höchstgeschw. (Straße) 64 km/h, (Überland) 45 km/h; Furttiefe 0,91 m; Grabenüberschreitfähigkeit 1,52 m

Light Tank Mk VII Tetrarch

Als 1938 der Prototyp des Tetrarch, zu seiner Zeit als Purdah bekannt, erschien, schenkte man ihm kaum Beachtung, da er keine herausragenden Eigenschaften aufwies. Wie andere leichte Panzer machte er in den frühen Jahren des Kriegs eine schlechte Figur im Kampf, denn er war dürfig bewaffnet und gepanzert und hatte keine besondere Aufgabe. Deswegen stoppte man schon bald die Produktion des Mk VII. Zuvor verkauften die Briten einige Exemplare an die Sowjetunion, wo man den Tetrarch wenig begeistert aufnahm. Als Luftpanzer schließlich kam er zu neuen Ehren, und der Hamilcar Glider wurde dafür entworfen, ihn zu tragen. Mit einer stärkeren Bewaffnung ausgestattet landete er mit der britischen Luftwaffe am D-Day. Es zeigte sich jedoch, dass er für feindliche Panzer ein leichtes Angriffsziel war, und so wurde seine Rolle später von dem amerikanischen M22 Locust übernommen.

Visitenkarte

Herkunftsland
Großbritannien
Besatzung
3
Gewicht
20.760 kg
Maße
Länge 5,99 m
Breite 2,64 m
Höhe 2,24 m
Reichweite
204 km
Panzerung
40 mm
Bewaffnung
eine 2-Pfünder-Kanone, ein koaxiales 7,62-mm-MG
Motorisierung
ein Benzinmotor Nuffield Liberty Mk III mit 340 PS (254 kW)
Leistung
Höchstgeschw. (Straße) 43,4 km/h, (Überland) 24 km/h; Furttiefe 0,99 m; Kletterfähigkeit 0,69 m; Grabenüberschreitfähigkeit 2,59 m

Cruiser Tank MK VI Crusader

Das attraktive Design des Crusader täuschte darüber hinweg, dass er bereits bei seiner Einführung 1941 veraltet war. Um ihre Schnelligkeit und Wendigkeit zu gewährleisten (seine Radaufhängung war so hart, dass die theoretische Höchstgeschwindigkeit oft überschritten wurde), hatten sie nur eine dünne Panzerung und unzureichende Feuerkraft und stellten so kein Problem für ihre deutschen Pendants dar. Ein anderes Problem war die mangelnde Zuverlässigkeit. Trotz allmählicher Verbesserungen des Panzers konnte er sich bei den Feldzügen in Nordafrika nicht bewähren und wurde daher so schnell wie möglich durch den M4 Sherman ersetzt. Nach seinem Rückzug von der Front wurde der Crusader als Flugabwehrpanzer, Bergepanzer und Pionierpanzer mit Planierschild umfunktioniert. Viele dienten in den letzten Kriegsjahren als Artillerieschlepper und zogen 17-Pfünder-Kanonen.

Cruiser Tank Mk VIII Cromwell

Der Cromwell wurde produziert, um der Anforderung nach einem schwerer bewaffneten und gepanzerten Fahrzeug gerecht zu werden, das den Crusader ersetzen sollte. Die ersten Cromwells von 1943 waren mit einer 6-Pfünder-Kanone ausgerüstet. Man merkte jedoch bald, dass dies unzulänglich war, und so wurden die Panzer bald mit schwereren Waffen versehen, um einigermaßen mit den damaligen deutschen Panzern mithalten zu können. Man muss jedoch erwähnen, dass die meisten Einheiten mit dem M4 Sherman ausgerüstet wurden. Der Cromwell leistete dennoch einen wertvollen Dienst als Ausbildungspanzer bei der Vorbereitung auf den D-Day und wurde u. a. als mobiler Beobachtungsposten oder Bergepanzer eingesetzt. Auch wenn er nicht mit der Entwicklung deutscher Panzer mithalten konnte, war der Cromwell zumindest besser als sein Vorgänger.

Visitenkarte

Herkunftsland
Großbritannien
Besatzung
5
Gewicht
27.942 kg
Maße
Länge 6,42 m
Breite 3,05 m
Höhe 2,51 m
Reichweite
278 km
Panzerung
8–76 mm
Bewaffnung
eine 75-mm-Kanone, ein koaxiales 7,62-mm-MG
Motorisierung
ein Benzinmotor Rolls-Royce Meteor V-12 mit 570 PS (425 kW)
Leistung
Höchstgeschw. (Straße) 61 km/h; Furttiefe 1,22 m; Kletterfähigkeit 0,91 m; Grabenüberschreitfähigkeit 2,29 m

Infantry Tank Matilda

Als 1934 ein Infanteriepanzer erforderlich wurde, erfolgte die Entwicklung des Mk I Matilda. Er war ein kleiner, einfacher Panzer, der für seine Zeit gut gepanzert war. Obwohl er stabil genug war, um den Treffern der meisten deutschen Panzer in diesem frühen Stadium des 2. Weltkriegs standzuhalten, war er doch zu dürftig bewaffnet, um im Verlauf des Kriegs von großem Nutzen zu sein. Der Mk II hatte eine bessere Bewaffnung, und so hielt Matilda im Kampf relativ gut stand, besonders in Nordafrika, wo der Panzer häufig zur Vorbereitung für El Alamein 1942 eingesetzt wurde. Nach seinem Ausscheiden aus dem aktiven Dienst an der Front wurde Matilda für eine Reihe spezieller Aufgaben eingesetzt: als Minenräumer (der Baron) und Flammenwerfer (der Frog) und bei der Kanalverteidigung zur Beleuchtung nächtlicher Einsätze.

Visitenkarte

Herkunftsland
Großbritannien
Besatzung
4
Gewicht
26.926 kg
Maße
Länge 5,61 m
Breite 2,59 m
Höhe 2,51 m
Reichweite
257 km
Panzerung
20–78 mm
Bewaffnung
eine 2-Pfünder-Kanone, ein koaxiales 7,92-mm-Besa-MG
Motorisierung
zwei 6-Zylinder-Benzinmotoren Leyland mit je 95 PS (71 kW) o. 2 AEC-Dieselmotoren mit je 87 PS (65 kW)
Leistung
Höchstgeschw. (Straße) 24 km/h, (Überland) 13 km/h; Furttiefe 0,91 m; Kletterfähigkeit 0,61 m; Grabenüberschreitfähigkeit 2,13 m

Visitenkarte

Herkunftsland
Großbritannien
Besatzung
3
Gewicht
17.690 kg
Maße
Länge 5,41 m
Breite 2,63 m
Höhe 2,27 m
Reichweite
145 km
Panzerung
8–65 mm
Bewaffnung
eine 2-Pfünder-Kanone, ein 7,62-mm-MG
Motorisierung
ein AEC-Dieselmotor mit 131 PS (98 kW) im Mk III o. ein GMC-Dieselmotor mit 138 PS (103 kW) im Mk IV
Leistung
Höchstgeschw. (Straße) 24 km/h; Furttiefe 0,91 m; Kletterfähigkeit 0,84 m; Grabenüberschreitfähigkeit 2,3 m

Infantry Tank Mk III Valentine

Vickers wurde 1938 darum gebeten, einen auf ihrem A10 Cruiser basierenden Infanteriepanzer zu produzieren. Anfängliche Zweifel am 2-Mann-Turm des neuen Valentine – eine nachträgliche Aufrüstung der Bewaffnung war nur begrenzt möglich – wurden angesichts des nahenden Kriegs beseitigt. So begann man unverzüglich mit der Produktion. Der Valentine erwies sich bald als unerschütterliches und zuverlässiges, wenn auch etwas langsames Fahrzeug. Die Bewaffnung wurde mit Fortschreiten des Kriegs allmählich verbessert. Als Varianten existierten ein Brückenlege-, ein Flammenwerfer- und ein Minenräumpanzer und eine Selbstfahrlafette. Über 8.000 Valentines wurden gebaut, bevor man die Produktion 1944 einstellte, womit der Valentine zumindest zahlenmäßig zu einem der wichtigsten britischen Panzer wurde.

Visitenkarte

Herkunftsland
Großbritannien
Besatzung
5
Gewicht
40.642 kg
Maße
Länge 7,44 m
Breite 2,44 m
Höhe 3,45 m
Reichweite
144,8 km
Panzerung
16–102 mm
Bewaffnung
eine 6-Pfünder-Kanone, ein koaxiales 7,62-mm-MG
Motorisierung
ein Benzinmotor Bedford Twin-Six mit 350 PS (261 kW)
Leistung
Höchstgeschw. (Straße) 20 km/h, (Überland) ca. 13 km/h; Furttiefe 1,02 m; Kletterfähigkeit 0,76 m; Grabenüberschreitfähigkeit 3,05 m

Infantry Tank Mk IV Churchill

Der Churchill wurde 1939 entwickelt, als man daran dachte, zu den Grabenkämpfen zurückzukehren, und war daher langsam und schwer gepanzert. Der letzte Prototyp war jedoch ein viel leichteres Fahrzeug als zuerst beabsichtigt und einem Panzer des 1. Weltkriegs in der Erscheinung nicht unähnlich. Da die Briten eine nahende Invasion befürchteten, wurde der Mk IV schnell, aber nicht mit der nötigen Sorgfalt produziert. Schon in seinen ersten Kriegseinsätzen im Jahr 1942 erwies er sich daher als besonders unzuverlässig. Nach seiner vollständigen Einführung 1943 bewährte sich seine Mobilität jedoch im rauen Terrain Nordafrikas. Die Spezialmodelle des Panzers, zu denen der AVRE, der Flammpanzer Crocodile, der Brückenleger und noch viele mehr gehörten, leisteten einen ausgezeichneten Dienst. Erst in den 60er-Jahren wurde das letzte Modell des Churchill ausrangiert.

Cruiser Tank Ram Mk I

Zu Beginn des 2. Weltkriegs besaß Kanada keine Panzereinheiten. Da die Briten keinen ihrer Panzer in Nordafrika abtreten konnten, waren die Kanadier gezwungen, selbst einen Panzer zu bauen. Man traf die Entscheidung, die Grundkomponenten des amerikanischen M3 zu verwenden, aber die Hauptkanone gegen eine am Turm befestigte, leicht verfügbare 40-mm-Kanone auszutauschen. Die Produktion begann Ende 1941, aber der Panzer wurde nie eingesetzt, weil bei seinem Eintreffen in Europa schon der M4 Sherman in großer Zahl hergestellt wurde und man sich entschied, diesen als Standard für die kanadischen Einheiten zu übernehmen. Bei vielen Rams (Widdern) wurde der Turm entfernt, und sie wurden als gepanzerte Mannschaftstransporter verwendet. Der Ram lieferte außerdem die Vorlage für den Bau der Selbstfahrlafette Sexton.

Visitenkarte

Herkunftsland
Kanada

Besatzung
5

Gewicht
29.484 kg

Maße
Länge 5,79 m
Breite 2,90 m
Höhe 2,67 m

Reichweite
232 km

Panzerung
25–89 mm

Bewaffnung
eine 2-Pfünder-Kanone, zwei koaxiale 7,6-mm-MGs

Motorisierung
ein radialer Benzinmotor Continental R-975 mit 400 PS (298 kW)

Leistung
Höchstgeschw. (Straße) 40,2 km/h; Kletterfähigkeit 0,61 m; Grabenüberschreitfähigkeit 2,26 m

Sherman Crab Mine-Clearing Flail

Das Konzept, Dreschflegel zur Minenräumung zu verwenden, geht auf einen Südafrikaner zurück, wurde in Großbritannien entwickelt und fand seinen Höhepunkt in der Crab, die normalerweise an Sherman-Panzern befestigt wurde. Dafür wurden 43 Ketten an einer vom Hauptmotor des Panzers angetriebenen Walze befestigt. Weitere Fortentwicklungen hatten zusätzlich scharfe, Stacheldraht schneidende Scheiben und folgten genau der Bodenoberfläche, damit die Dreschflegel auch über unebenem Boden wirksam sein konnten. Die Krabbe hatte die Standardbewaffnung des Sherman und konnte so auch bei Bedarf im Kampf eingesetzt werden. Der Antrieb der Rolle erfolgte vom Motor über eine Kette, die durch eine Aussparung in der Hülle mit einer Kardanwelle verbunden war, zu einer weiteren Welle über ein Reduktionsgetriebe auf die Walze.

Visitenkarte

Herkunftsland
Großbritannien

Besatzung
5

Gewicht
31.818 kg

Maße
Länge 8,32 m
Breite 3,5 m
Höhe 2,7 m

Reichweite
62 km

Panzerung
15–76 mm

Bewaffnung
eine 75-mm-Kanone, ein 7,62-mm-MG

Motorisierung
ein Benzinmotor Ford GAA V-8 mit 500 PS (373 kW)

Leistung
Höchstgeschw. (Straße) 46 km/h; Furttiefe 0,9 m; Kletterfähigkeit 0,6 m; Grabenüberschreitfähigkeit 2,26 m

Churchill AVRE mit Holzteppich

Visitenkarte

Herkunftsland
Großbritannien
Besatzung
5
Gewicht
42.727 kg
Maße
Länge 7,44 m
Breite 2,44 m
Höhe 3,45 m (plus Baumstammteppich über dem Panzer)
Reichweite
145 km
Panzerung
16–102 mm
Bewaffnung
ein Mörser Petard 290 mm, ein 7,92-mm-Besa-MG
Motorisierung
ein Benzinmotor Bedford Twin-Six mit 350 PS (261 kW)
Leistung
Höchstgeschw. (Straße) 20 km/h, (Überland) 13 km/h; Furttiefe 1,02 m; Kletterfähigkeit 0,76 m; Grabenüberschreitfähigkeit 3,05 m

Mit dem Holzteppich wurden Fahrbahnen für Radfahrzeuge und Infanterie über sumpfigen Boden oder Stacheldraht ausgelegt. Die Fahrbahn aus miteinander verbundenen Stämmen fiel vorne unter die Ketten und wurde durch die Vorwärtsbewegung des AVRE von ihrem Transportrahmen gezogen. Wie der Rollenteppich des Vorgängermodells sollte auch der Holzteppich nur eine vorübergehende Maßnahme sein. Nach dem 2. Weltkrieg wurden flexible Metallfahrbahnen entwickelt, um diese Geräte zu ersetzen. Der Holzteppich selbst bestand aus 100 mit einem Stahlseil verbundenen Stämmen mit einem Durchmesser von 152 mm und einer Länge von 4,26 m. Ein abnehmbarer Stahlrahmen war dazu am Oberteil des AVRE befestigt, der die aufgerollte Matte trug, die sich durch die Explosion einer kleinen Sprengladung vorn unter Panzerketten abwickelte.

Sherman BARV

Visitenkarte

Herkunftsland
USA
Besatzung
5
Gewicht
unbekannt
Maße
Länge 6,2 m
Breite 2,68 m
Höhe 2,97 m
Reichweite
136–160 km
Panzerung
12–62 mm
Bewaffnung
keine
Motorisierung
Zwillingsmotoren General Motors 6-71
Leistung
Höchstgeschw. (Straße) 47 km/h; Furttiefe – (amphibisch); Kletterfähigkeit 0,61 m; Grabenüberschreitfähigkeit 2,26 m

Der BARV wurde während der Planung für die Landung am D-Day entwickelt, als man es für klug erachtete, Abschleppwagen zu haben, die im flachen Wasser gestrandete Fahrzeuge befreien konnten. Die Tests im Dezember 1943 waren erfolgreich, und am D-Day gab es bereits 55 einsatzfähige Fahrzeuge, die durch das raue Wetter eine Menge zu tun bekamen. Der BARV war im Grunde genommen ein normaler Sherman, dessen Turm aber durch einen hohen wasserfesten Überbau ersetzt wurde. Zur mit Schwimmwesten ausgerüsteten Mannschaft gehörte im Allgemeinen ein Taucher, der die Zugseile befestigte. Das BARV konnte entweder schleppen oder schieben, eine Winde jedoch fehlte. In seiner langen Nachkriegsdienstzeit wurde der BARV schließlich Sea Lion (Seelöwe) getauft.

Bergepanther

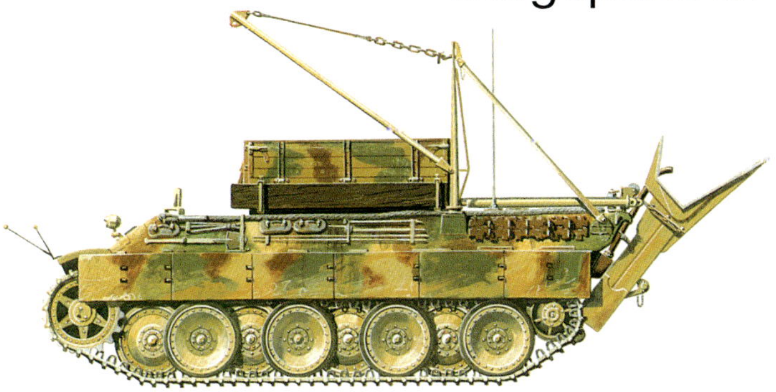

Mit dem Aufkommen schwererer Panzer wie Tiger und Panther erwiesen sich deutsche Standardabschlepper wie das SdKfz 9/1 als unzulänglich. Daher wurde der Panther als Basis für einen neuen schweren Abschleppwagen verwendet, den Bergepanther, der 1943 herauskam. Der Geschützturm des Panthers wurde von einem offenen Überbau mit einer Winde ersetzt. Ein großer Anker an der Rückseite konnte sich in den Boden graben, um dem Fahrzeug zusätzliche Stabilität beim Winden zu geben. An der Vorderseite des Fahrzeugs war zur Selbstverteidigung ein offenes Maschinengewehr montiert. Bergepanther, die bei schweren Panzerbataillonen konzentriert vorkamen, traten ab Frühjahr 1944 ihren vollen Dienst an. Bis Kriegsende wurden fast 300 dieser Fahrzeuge produziert, die sich als die besten Abschleppwagen des 2. Weltkriegs erwiesen.

Visitenkarte

Herkunftsland
Deutschland

Besatzung
5

Gewicht
42.000 kg

Maße
Länge 8,15 m
Breite 3,28 m
Höhe 2,74 m

Reichweite
169 km

Panzerung
8–40 mm

Bewaffnung
eine 20-mm-Kanone und ein 7,92-mm-MG

Motorisierung
ein Benzinmotor Maybach HL210 P.30 mit 642 PS (478,7 kW)

Leistung
Höchstgeschw. (Straße) 32 km/h; Furttiefe 1,70 m; Kletterfähigkeit 0,91 m; Grabenüberschreitfähigkeit 1,91 m

Karl-Munitionstransporter

Der Karl-Munitionstransporter wurde dafür entworfen, die massiven Karl-Belagerungshaubitzen, deren Projektile einzeln über zwei Tonnen wogen und so ein neues Fahrzeug erforderlich machten, zu versorgen. Man nahm die normale Hülle des PzKpfw IV Ausf. D, auf der eine Ladefläche für die Munition und ein Kran angebracht wurden, um die schwere Munition anzuheben. Die Transporter wurden normalerweise in Einzelteilen vom Zug befördert und nahe ihrem Einsatzort zusammengesetzt. 1941 wurden 13 PzKpfw IV Ausf. F in Munitionstransporter umgewandelt. Die Karl-Haubitzen und -Transporter dienten dazu, Befestigungen zu zerschlagen. Sie wurden selten im 2. Weltkrieg eingesetzt, wie bei der Belagerung von Sewastopol und beim Kampf um Warschau 1944, wo sie mit verheerenden Folgen gegen die Verteidiger benutzt wurden.

Visitenkarte

Herkunftsland
Deutschland

Besatzung
4

Gewicht
25.000 kg

Maße
Länge 5,41 m
Breite 2,88 m
Höhe unbekannt

Reichweite
209 km

Panzerung
60 mm

Bewaffnung
keine

Motorisierung
ein Benzinmotor Maybach HL120 TRM mit 300 PS (233,7 kW)

Leistung
Höchstgeschw. (Straße) 40 km/h; Furttiefe 1,0 m; Kletterfähigkeit 0,6 m; Grabenüberschreitfähigkeit 2,2 m

Visitenkarte

Herkunftsland
USA
Besatzung
4
Gewicht
23.600 kg
Maße
Länge 8 m
Breite 3,26 m
Höhe 2,85 m
Reichweite
160 km (Straße)
Panzerung
bis 30 mm
Bewaffnung
eine 76,2-mm-Kanone, ein koaxiales 7,62-mm-MG und ein 12,7-mm Fla-MG
Motorisierung
ein 6-Zylinder-Benzinmotor M-41A1 mit 430 PS (320 kW)
Leistung:
Höchstgeschw. (Straße) 65 km/h; Furttiefe 1,02 m; Kletterfähigkeit 0,71 m; Grabenüberschreitfähigkeit 1,85 m

M41

Der M41 war ein leicht gepanzertes, aber sehr bewegliches lufttransportfähiges Fahrzeug, das zwischen 1950 und 1958 in einer Anzahl von 5500 Einheiten gefertigt wurde. Die deutsche Bundeswehr übernahm ab 1956 etliche Einheiten, um damit ihre Aufklärungsbataillone auszustatten. Der Einsatz erfolgte mit jeweils 20 Fahrzeugen in den Panzeraufklärungskompanien. In den verschiedenen Heeresstrukturen der Bundeswehr wurden die M41 schrittweise abgebaut, bis sie nur noch den schweren Spähtrupps der Panzeraufklärungskompanien zur Verfügung standen. Bis 1969 wurden die M41 dann ausgemustert und durch den Kampfpanzer Leopard und Kanonen- und Raketenjagdpanzer ersetzt.

Visitenkarte

Herkunftsland
Deutschland
Besatzung
3
Gewicht
5.800 kg
Maße
Länge 4,45 m
Breite 2,08 m
Höhe 1,72 m
Reichweite
290 km
Panzerung
6–13 mm
Bewaffnung
ein 7,92-mm-MG
Motorisierung
ein Benzinmotor Maybach NL38TR mit 100 PS (74,6 kW)
Leistung
Höchstgeschw. (Straße) 40 km/h; Furttiefe 0,85 m; Kletterfähigkeit 0,42 m; Grabenüberschreitfähigkeit 1,75 m

SdKfz 265 Kleiner Panzerbefehlswagen

Das Konzept des Panzerbefehlswagens stammte aus der Erkenntnis, dass die Führer größerer Panzerformationen sich nicht nur selbst in Panzern bewegen mussten, sondern dass ihre Fahrzeuge zusätzliche Ausrüstung und Personal zu transportieren hatten, um den Kommandanten zu unterstützen. 1938 wurde der Ausbildungspanzer PzKpfw I umgewandelt. Die rotierende Hülle wurde durch einen Kastenaufbau ersetzt, um mehr Raum zu schaffen und Platz für Landkartenbretter und zur Schreibarbeit zu haben. Der Aufbau war nicht besonders voluminös. Sendestärkere Funkanlagen wurden installiert, und ein Funker kam zur Mannschaft hinzu. Etwa 200 Änderungen wurden gemacht, bevor der Panzer zum ersten Mal beim Polenfeldzug im September 1939 eingesetzt wurde. Später wurde er in Frankreich und Nordafrika benutzt, bevor er schließlich durch größere Neuentwicklungen abgelöst wurde.

M47

Bei Ausbruch des Koreakrieges im Jahr 1950 hatte die US Army keine mittelschweren Panzer in Produktion. In der Folge wurde eine neue, ursprünglich für den T42 entworfene 90-mm-Kanone auf die Wanne des M46, einer weiterentwickelten Variante des WWII M26 Pershing, montiert und das Ergebnis war der 1951 in Produktion gegangene M47 Patton. Dieser Panzer, der schon bald durch den M48 ersetzt werden sollte, war der letzte amerikanische Panzer mit einer Fünf-Mann-Besatzung. Über 8.000 Exemplare, die das Rückgrat der NATO-Panzereinheiten in den 50er-Jahren bildeten, waren hergestellt worden. Der M47 war der erste Panzer in der deutschen Bundeswehr und wurde auch in Belgien, Frankreich und Österreich eingesetzt. Zu den weiteren Einsatzländern zählen u. a. Griechenland, Iran, Italien, Japan, Jordanien, Niederlande, Pakistan, Portugal, Saudi-Arabien, Südkorea, Spanien, Taiwan, Türkei und Jugoslawien.

Visitenkarte

Herkunftsland
USA
Besatzung
5
Gewicht
42.130 kg
Maße
Länge 8,00 m
Breite 3,50 m
Höhe 3,32 m
Reichweite
160 km (Straße)
Panzerung
25–100 mm
Bewaffnung
eine 90-mm-Kanone, ein koaxiales 7,62-mm-MG, ein 7,62-mm-Bug-MG und ein 12,7-mm Fla-MG
Motorisierung
ein 12-Zylinder-Benzinmotor AV-1790-5 Continental mit 810 PS (604 kW)
Leistung:
Höchstgeschw. (Straße) 48 km/h; Furttiefe 1,22 m; Kletterfähigkeit 0,91 m; Grabenüberschreitfähigkeit 2,59 m

M48 A3

Zu Beginn des Koreakriegs hatte das US-Militär keine mittleren Panzer in Produktion. Als Übergangsmodell erschien daher der M47, aber man begann sofort, am M48 zu arbeiten. Die ersten Patton-Panzer wurden im Juli 1952 fertig gestellt. Die Schnelligkeit der Entwicklung führte zu zahlreichen Anfangsschwierigkeiten der ersten Produktionsreihe, darunter Unzuverlässigkeit und eine geringe Reichweite. Der A3 war eine stark veränderte Version, die dafür entworfen wurde, diese Schwächen zu korrigieren. Der M48 leistete erfolgreich in Vietnam, Indien und bei den Israelis im Nahen Osten seinen Dienst. Er diente auch als Basis für einen Flammenwerfer, Abschleppwagen und ein AVLB. Der A5 war eine Mitte der 70er-Jahre produzierte verbesserte Version, die die Lagerfähigkeit des M48 beträchtlich ausweitete. Er wird heute immer noch in vielen Ländern benutzt.

Visitenkarte

Herkunftsland
USA
Besatzung
4
Gewicht
47.040 kg
Maße
Länge 8,6 m
Breite 3,6 m
Höhe 3,2 m
Reichweite
463 km
Panzerung
12,7–120 mm
Bewaffnung
eine 90-mm-Kanone, ein koaxiales 7,62-mm-MG, ein 12,7-mm-MG in der Kommandokuppel
Motorisierung
ein 12-Zylinder-Dieselmotor Continental AVDS-1790-2A mit 750 PS (560 kW)
Leistung
Höchstgeschw. (Straße) 48,2 km/h; Furttiefe 1,22 m; Kletterfähigkeit 0,92 m; Grabenüberschreitfähigkeit 2,59 m

M103 Schwerer Panzer

Visitenkarte

Herkunftsland
USA
Besatzung
5
Gewicht
56.610 kg
Maße
Länge 11,3 m
Breite 3,8 m
Höhe 2,9 m
Reichweite
130 km
Panzerung
12,7–178 mm
Bewaffnung
eine 120-mm-Kanone, ein koaxiales 7,62-mm-MG, ein 12,7-mm-Fla-MG
Motorisierung
ein Benzinmotor Continental AV-1790-5B oder 7C V-12 mit 810 PS (604 kW)
Leistung
Höchstgeschw. (Straße) 34 km/h; Kletterfähigkeit 0,91 m; Grabenüberschreitfähigkeit 2,29 m

Zu Beginn des Kalten Kriegs fingen die Amerikaner an, an einem neuen Panzer zu arbeiten, der zum direkten Angriff auf sowjetische Panzer fähig sein und Langstreckenunterstützung für mittlere Panzer bieten sollte. Die Prototypen des späteren M103 zeigten Mängel beim Geschützturm und der Waffenkontrolle. Trotz Änderungen waren die 200 von Chrysler für den Einsatz in Europa gebauten Panzer wegen ihrer Größe (die die Tarnung erschwerte), ihres Gewichts, ihrer geringen Reichweite und ihrer Unzuverlässigkeit schwierig einzusetzen. Man ließ die Produktion daher in den 60er-Jahren auslaufen. Ihre Größe machte einen spezialisierten, auf dem Chassis des M103 aufgebauten Abschleppwagen erforderlich, den man M51 nannte. Insgesamt gesehen war der M103 Teil des Trends zu größeren und schwerer bewaffneten Panzern an den NATO-Außengrenzen.

Conqueror Schwerer Panzer

Visitenkarte

Herkunftsland
Großbritannien
Besatzung
4
Gewicht
64.858 kg
Maße
Länge (mit Kanone) 11,58 m
Chassislänge 7,72 m
Breite 3,99 m
Höhe 3,35 m
Reichweite
155 km
Panzerung
17–178 mm
Bewaffnung
eine 120-mm-Kanone, ein koaxiales 7,62-mm-MG
Motorisierung
ein 12-Zylinder-Benzinmotor mit 810 PS (604 kW)
Leistung
Höchstgeschw. (Straße) 34 km/h; Kletterfähigkeit 0,91 m; Grabenüberschreitfähigkeit 3,35 m

Der auf dem Centurion basierende FV214 Conqueror war der von der britischen Armee in der Nachkriegszeit angeforderte schwere Panzer, der bei dem erwarteten Aufeinandertreffen mit den Panzern des Warschauer Pakts im ebenen Zentraleuropa eingesetzt werden sollte. Die Briten waren entschlossen, die Erfahrung von 1940 nicht zu wiederholen, als ihre Panzer den deutschen Panzern waffenmäßig unterlegen waren. So wurden zwischen 1955 und 1958 beinahe 200 Conqueror gebaut, die meist zur Unterstützung der Centurion-Geschwader der britischen Rheinarmee eingesetzt wurden. Leider erwies sich der Conqueror bei der Wartung als zu aufwändig und schwierig. Sein Vorteil gegenüber dem Centurion beschränkte sich auf die längere Reichweite der Kanone. Nach der Aufrüstung des Centurion war der Conqueror nicht länger notwendig, und man ließ ihn daher in den 60er-Jahren auslaufen.

Centurion

Die Ursprünge des als Kreuzerpanzer entwickelten schweren Kampfpanzers Centurion liegen im 2. Weltkrieg. Der erste Prototyp erschien 1945, und kurze Zeit später ging der Panzer in Produktion. Der Centurion wurde in Korea, Vietnam, Pakistan und dem Nahen Osten eingesetzt. Vor Einstellung der Produktion und Ersetzung durch den Chieftain 1962 wurden beinahe 4.500 Exemplare gebaut. Seine ausgezeichneten Aufrüstungsmöglichkeiten stellten jedoch sicher, dass er bei anderen Armeen auch nach den 60er-Jahren eingesetzt wurde. Zu den vielen Varianten des in der Kriegsgeschichte als eines der erfolgreichsten Designs angesehenen Panzers gehören ein gepanzertes Abschleppfahrzeug, dessen amphibische Version im Falklandkrieg 1982 eingesetzt wurde, ebenso wie ein Brückenleger und ein AVRE.

Visitenkarte

Herkunftsland
Großbritannien

Besatzung
4

Gewicht
51.723 kg

Maße
Länge 9,85 m
Breite 3,39 m
Höhe 3,01 m

Reichweite
205 km

Panzerung
51–152 mm

Bewaffnung
eine 105-mm-Kanone, zwei 7,62-mm-MGs, ein 12,7-mm-MG

Motorisierung
ein Benzinmotor Rolls-Royce Meteor Mk IVB V-12 mit 650 PS (485 kW)

Leistung
Höchstgeschw. (Straße) 43 km/h; Furttiefe 1,45 m; Kletterfähigkeit 0,91 m; Grabenüberschreitfähigkeit 3,35 m

T-10 Schwerer Panzer

Der T-10 wurde nach dem Ende des 2. Weltkriegs in der UdSSR entwickelt, um das von den USA und Großbritannien geteilte Bedürfnis nach einem Panzer zu erfüllen. Mindestens 2.500 Exemplare wurden von dem rein für den Inlandsmarkt entworfenen Panzer bis in die späten 50er-Jahre gebaut. Er sollte den T-54/55 Langstreckenfeuerunterstützung geben und bei Angriffen auf gut verteidigte Bereiche die Speerspitze sein. Seine begrenzte Räumlichkeit erforderte die Verwendung getrennt geladener Munition, da er nicht genügend Raum für ganze Patronen bot. Nach seinem aktiven Frontdienst wurde er wie alle sowjetischen Panzer viele Jahre in Reserve gehalten. Die im Vergleich zu dem früheren T-34 geringere Geschwindigkeit überraschte, da die Rote Armee während des 2. Weltkriegs und danach großen Wert auf Geschwindigkeit und Masse legte.

Visitenkarte

Herkunftsland
UdSSR

Besatzung
4

Gewicht
49.890 kg

Maße
Länge (mit Kanone) 9,88 m
Chassislänge 7,04 m
Breite 3,57 m
Höhe 2,25 m

Reichweite
250 km

Panzerung
20–250 mm

Bewaffnung
eine 122-mm-Kanone, ein koaxiales 12,7-mm-MG, ein 12,7-mm-Fla-MG

Motorisierung
ein V-12 Dieselmotor mit 700 PS (522 kW)

Leistung
Höchstgeschw. (Straße) 42 km/h; Kletterfähigkeit 0,9 m; Grabenüberschreitfähigkeit 3,0 m

Visitenkarte

Herkunftsland
UdSSR
Besatzung
4
Gewicht
35.909 kg
Maße
Länge 9 m
Breite 3,27 m
Höhe 2,4 m
Reichweite
400 km
Panzerung
20–250 mm
Bewaffnung
eine 100-mm-Kanone, zwei 7,62-mm-MGs (eines koaxial, eines im Bug), ein 12,7-mm-Fla-MG
Motorisierung
ein V-12-Dieselmotor mit 520 PS (388 kW)
Leistung
Höchstgeschw. (Straße) 48 km/h; Furttiefe 1,4 m; Kletterfähigkeit 0,8 m; Grabenüberschreitfähigkeit 2,7 m

T-54

Der Prototyp des T-54 wurde 1946 fertig gestellt, die Produktion begann einige Jahre später. Der T-54 und seine Varianten wurden in größerer Zahl (etwa 50.000) als jeder andere sowjetische Panzer nach dem 2. Weltkrieg u. a. in der Tschechoslowakei, in Polen und China produziert. Vor der Ankunft des T-55 wurde der T-54 mit Waffenstabilisatoren und Infrarotfähigkeit modernisiert. Zu den Varianten gehörten ein Flammenwerfer, Planierraupen, Brückenleger, Minenräumer, Abschleppwagen und Pionierfahrzeuge. Der Panzer hatte schwere Kampfeinsätze in Angola, Nordafrika, dem Fernen Osten und vor allem dem Nahen Osten, wo er im Vergleich mit israelischen Centurion- und M48-Panzern während der arabisch-israelischen Kriege schlecht abschnitt.

Visitenkarte

Herkunftsland
Schweden
Besatzung
3
Gewicht
38.894 kg
Maße
Länge (mit Kanone) 8,99 m
Chassislänge 7,04 m
Breite 3,26 m
(Gesamt-)Höhe 2,5 m
Reichweite
390 km
Panzerung
90–100 mm
Bewaffnung
eine 105-mm-Kanone, drei 7,62-mm-MGs
Motorisierung
ein Dieselmotor mit 240 PS (119 kW) und eine Gasturbine Boeing 553 mit 490 PS (366 kW)
Leistung
Höchstgeschw. (Straße) 50 km/h; Furttiefe 1,5 m; Kletterfähigkeit 0,9 m; Grabenüberschreitfähigkeit 2,3 m

Stridsvagn 103 (S-Panzer)

Unmittelbar nach dem 2. Weltkrieg bestand Schwedens Panzermacht hauptsächlich aus leichten Panzern. Um dem Mangel an schweren Panzern abzuhelfen, begann man, ein eigenes Fahrzeug zu bauen, bei dem die Kanone am Chassis statt am Turm befestigt war. Gezielt wurde – ein völlig neues Konzept beim Panzerentwurf – durch Drehen des Fahrzeugs und Heben oder Senken der Radaufhängung. Sein einziger Nachteil war, dass er beim Fahren nicht schießen konnte, was nicht weiter problematisch war, da Schweden vermutlich nur in defensive Kampfhandlungen verwickelt werden würde. Bofors begann 1966 mit der Produktion und stellte bis zur Produktionseinstellung 1971 300 Exemplare her. Zum Panzer gehörten ein Planierschild und eine Tiefenanzeige für amphibische Einsätze. Der radikale Panzer erregte beträchtliches ausländisches Interesse, wurde aber kaum im Ausland verkauft.

AMX-30

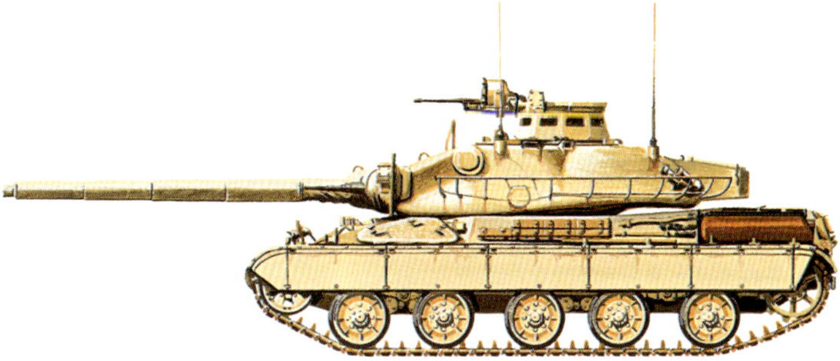

Bis in die Mitte der 50er-Jahre verließ man sich in Frankreich und Deutschland hauptsächlich auf den amerikanischen M47, obwohl Frankreich auch eine Anzahl der ausgezeichneten deutschen Panther besaß. Beide Länder wollten gemeinsam einen schweren Kampfpanzer bauen, der leichter und besser bewaffnet war als der M47. Jedes Land übernahm jedoch seinen eigenen Entwurf. So produzierten die Franzosen den AMX-30, der 1966 erschien. Die Hälfte der Produktion war für den Export bestimmt. Das Chassis des AMX-30 wurde für eine Anzahl anderer Fahrzeuge – einschließlich des taktischen Kernraketenwerfers Pluton und eines selbst angetriebenen Flugabwehrgeschützes – verwendet, zu denen ein Abschleppwagen, ein Brückenleger und Pionierfahrzeuge gehören. Neben der französischen Armee wurde der Panzer auch von der irakischen, der saudi-arabischen und der spanischen Armee eingesetzt.

Visitenkarte

Herkunftsland
Frankreich
Besatzung
4
Gewicht
35.941 kg
Maße
Länge 9,48 m
Breite 3,1 m
Höhe 2,86 m
Reichweite
600 km
Panzerung
15–80 mm
Bewaffnung
eine 105-mm-Kanone, eine koaxiale 20-mm-Kanone, ein 7,62-mm-MG
Motorisierung
ein 12-Zylinder-Dieselmotor Hispano-Suiza mit 720 PS (537 kW)
Leistung
Höchstgeschw. (Straße) 65 km/h; Kletterfähigkeit 0,93 m; Grabenüberschreitfähigkeit 2,9 m

Chieftain Mk 5

Der Chieftain, dessen Produktion 1963 begann, wurde in den späten 50ern als Nachfolger des Centurion entwickelt. Über 900 wurden von der britischen Armee übernommen. Eine beträchtliche Anzahl wurden nach Kuwait und dem Iran verkauft, um im Iranisch-Irakischen Krieg zum Einsatz zu kommen. Er bildete das Rückgrat der britischen Panzerdivisionen an der NATO-Grenze in der Bundesrepublik Deutschland und erfuhr häufig technologische Aufrüstungen, u. a. einen Laser-Entfernungsmesser und Wärmebildkameras. In den späten 80ern wurde er allmählich durch den Challenger ersetzt. Zu den Varianten gehörten ein Brückenleger, ein Pionierpanzer und ein Abschleppwagen. Die Chieftain-Panzer der britischen Armee sind jetzt in der Reserve.

Visitenkarte

Herkunftsland
Großbritannien
Besatzung
4
Gewicht
54.880 kg
Maße
Länge 10,8 m
Breite 3,66 m
Höhe 2,9 m
Reichweite
500 km
Panzerung
geheim
Bewaffnung
eine 120-mm-Kanone, ein koaxiales 7,62-mm-MG, sechs Nebelwerfer
Motorisierung
ein 6-Zylinder-Mehrstoffmotor Leyland mit 750 PS (560 kW)
Leistung
Höchstgeschw. (Straße) 48 km/h; Furttiefe 1,07 m; Kletterfähigkeit 0,91 m; Grabenüberschreitfähigkeit 3,15 m

Visitenkarte

Herkunftsland
BR Deutschland
Besatzung
4
Gewicht
39.912 kg
Maße
Länge 9,54 m
Breite 3,25 m
Höhe 2,70 m
Reichweite
600 km
Panzerung
geheim
Bewaffnung
eine 105-mm-Kanone, ein koaxiales 7,62-mm-MG, ein 7,62-mm-Fla-MG, vier Nebelwerfer
Motorisierung
ein 10-Zylinder-Dieselmotor MTU mit 830 PS (610 kW)
Leistung
Höchstgeschw. (Straße) 65 km/h; Furttiefe 2,25 m; Kletterfähigkeit 1,15 m; Grabenüberschreitfähigkeit 3 m

Leopard 1

Deutschlands Entwurf für das in den 60ern beabsichtigte deutsch-französische Joint-Venture war der Leopard 1. Dieses Fahrzeug bauten die Deutschen schließlich unabhängig von den Franzosen. Von Krauss-Maffei wurden von 1965 bis 1979 für die deutsche Armee, aber hauptsächlich für den Export 2.237 Fahrzeuge produziert. Es gab vier Grundversionen, die sich in Rüstung, Turmart und Feuerkontrollsystem unterschieden. Der Panzer bildete die Basis einer kompletten Fahrzeugreihe, die dafür entworfen wurde, das Fahrzeug auf dem Schlachtfeld zu unterstützen. Mögliches Zubehör für den Panzer umfasst einen Schnorchel für vorbereitetes Tiefwaten (bzw. Unterwasserfahrten) und einen an der Vorderseite befestigten hydraulischen Planierschild. Der Leopard 1 gehört zweifellos zu den besten europäischen Panzermodellen.

Visitenkarte

Herkunftsland
BR Deutschland
Besatzung
4
Gewicht
54.981 kg
Maße
Länge 9,67 m
Breite 3,70 m
Höhe 2,97 m
Reichweite
550 km
Panzerung
klassifiziert
Bewaffnung
eine 120-mm-Kanone, ein koaxiales 7,62-mm-MG, ein 7,62-mm-Fla-MG, acht Nebelwerfer
Motorisierung
ein 12-Zylinder-Mehrstoffmotor MTU mit 1500 PS (1119 kW)
Leistung
Höchstgeschw. (Straße) 72 km/h; Furttiefe 1 m; Kletterfähigkeit 1,1 m; Grabenüberschreitfähigkeit 3,1 m

Leopard 2

Der Leopard 2 war das Ergebnis eines in den späten 60ern abgebrochenen Joint-Venture zwischen den USA und Westdeutschland, das den Projektnamen MBT-70 trug. Die Deutschen arbeiteten weiter an dem Projekt, die ersten Fahrzeuge wurden jedoch erst 1977 ausgeliefert, u. a. an die niederländische Armee. Der Leopard 2 ist mit einem Laser-Entfernungsmesser, Wärmebildkameras, einem atomaren, biologischen und chemischen (ABC) Verteidigungssystem und amphibischer Fähigkeit ausgerüstet. Sein Feuersystem ist in der Hinsicht ungewöhnlich, dass die Patronenhülsen brennbar sind. Wenn die Ladung abgefeuert wird, bleibt von der Hülse nur noch die Basis übrig, was zusätzlichen Platz schafft. Der Panzer hat ein um 30 Prozent besseres Leistungsgewicht als der Leopard 1. Dies führt zu einer gesteigerten Querfeldeinbeweglichkeit und damit zu besseren Überlebenschancen.

Leopard 2A5

Der Kampfpanzer Leopard 2 ging als Nachfolger des Leopard 1 erstmals 1979 in Produktion. Im Verlauf der letzten zehn Jahre wurden eine Reihe von Verbesserungen am Leopard 2 vorgenommen. So verfügt der Leopard 2A5 über austauschbare Zusatzpanzerungen, die eine verbesserte Panzerung des Turms ermöglichen, und auch die Wanne und die seitlichen Schürzen wurden entsprechend verstärkt. Des Weiteren wurde die Kanone stabilisiert, die Aufhängung verändert und die Navigation sowie die Feuerleitsysteme auf den neuesten Stand gebracht. Der Leopard 2E ist eine Variante des A5 und wurde von Spanien und Deutschland entwickelt. Der schwedische Strv 122 basiert ebenfalls auf dem deutschen Leopard 2A5, wurde technisch jedoch in vielerlei Hinsicht verbessert. Die neueste Version, der Leopard 2A6, verfügt zudem über eine neue, von der Rheinmetall GmbH entwickelte 120-mm-Glattrohrwaffenanlage L55, die die kürzere 120-mm-Anlage L44 der früheren Modelle des Leopard 2 ersetzen soll.

Visitenkarte

Herkunftsland
Deutschland

Besatzung
4

Gewicht
62.000 kg

Maße
Länge 7,77 m
Breite 3,70 m
Höhe 3 m

Reichweite
500 km (Straße)

Panzerung
Mehrschichtpanzerung mit austauschbaren Zusatzpanzerungen

Bewaffnung
120-mm-Glattrohrwaffenanlage L55 von Rheinmetall; ein 7,62 mm Koaxial-MG und ein am Turm montiertes 7,62-mm-Fla-MG

Motorisierung
ein MTU MB 873 Mehrstoffmotor mit 1500 PS (1119 kW)

Leistung
Höchstgeschw. (Straße) 72 km/h; Furttiefe 1,20 m; Kletterfähigkeit 1,1 m; Grabenüberschreitfähigkeit 3 m

M60A3

Die Entwicklung der amerikanischen M60-Panzerserie begann 1956 auf den Entschluss hin, eine verbesserte Version des M48 zu schaffen. Der von General Dynamics gebaute M60 wurde in Dienst gestellt, aber bald von den Versionen A1 bis A3 abgelöst. Unter den verschiedenen Modifikationen ist der A3 wegen seines Laserfeuerkontrollsystems und seines Wärmesichtsystems bemerkenswert. Die zwei Hauptvarianten sind ein AVLB und ein Pionierfahrzeug, das mit einem Mörser und einem Planierschild ausgerüstet ist. Der M60A3 wurde in größerer Zahl nach Österreich, Italien (wo er in Lizenz gebaut wurde), Nordafrika und vielen Ländern des Nahen Ostens exportiert. In Afrika und im Nahen Osten, besonders in Ägypten und Israel, wird er immer noch im Frontdienst eingesetzt, während er in den USA noch von der Nationalgarde verwendet wird.

Visitenkarte

Herkunftsland
USA

Besatzung
4

Gewicht
48.872 kg

Maße
Länge 9,44 m
Breite 3,63 m
Höhe 3,27 m

Reichweite
500 km

Panzerung
25–127 mm

Bewaffnung
eine 105-mm-Kanone, ein 12,7-mm-MG, ein koaxiales 7,62-mm-MG

Motorisierung
ein 12-Zylinder-Dieselmotor Continental mit 750 PS (560 kW)

Leistung
Höchstgeschw. (Straße) 48,3 km/h; Furttiefe 1,22 m; Kletterfähigkeit 0,91 m; Grabenüberschreitfähigkeit 2,59 m

M1 Abrams

Visitenkarte

Herkunftsland
USA
Besatzung
4
Gewicht
54.260 kg
Maße
Länge 9,77 m
Breite 3,66 m
Höhe 2,9 m
Reichweite
450 km
Panzerung
klassifiziert
Bewaffnung
eine 105-mm-Kanone, zwei 7,62-mm-MGs (eines koaxial, das andere an der Ladeluke), ein 12,7-mm-MG
Motorisierung
eine Gasturbine Avco Lycoming AGT-1500 mit 1500 PS (1119 kW)
Leistung
Höchstgeschw. (Straße) 72,5 km/h; Furttiefe 1,22 m; Kletterfähigkeit 1,24 m; Grabenüberschreitfähigkeit 2,74 m

Der M1 Abrams war nach dem M60 die nächste Stufe der amerikanischen Panzerentwicklung. Nach Fertigstellung der Prototypen 1978 wurden die Panzer von Chrysler ab 1980 zu je 30 Exemplaren im Monat produziert. Seine fortschrittliche Chobham-Panzerung macht den M1 zum bestgeschützten schweren US-Kampfpanzer. Seine Gasturbine ist kleiner und leichter zu warten als ein Dieselmotor, aber das erhöhte Treibstoffvolumen beansprucht den vorher eingesparten Platz wieder. Das ist vielleicht auch der Grund, warum dieser Motor nicht für den Leopard 2 verwendet wurde. Wärmesichtgeräte, Laser-Rangefinder und Waffenstabilisatoren verleihen dem M1 bei Tag oder Nacht eine ausgezeichnete Feuerkraft.

Merkava

Visitenkarte

Herkunftsland
Israel
Besatzung
4
Gewicht
55.898 kg
Maße
Länge 8,36 m
Breite 3,72 m
Höhe 2,64 m
Reichweite
800 km
Panzerung
klassifiziert
Bewaffnung
eine 105-mm-Kanone, ein 7,62-mm-MG
Motorisierung
ein Dieselmotor Teledyne Continental AVDS-1790-6A V-12 mit 900 PS (671 kW)
Leistung
Höchstgeschw. (Straße) 46 km/h; Furttiefe unbekannt; Kletterfähigkeit 1 m; Grabenüberschreitfähigkeit 3 m

Vor dem Sechstagekrieg 1967 waren Israels Panzereinheiten mit Sherman- und Centurion-Panzern ausgerüstet. Man hegte jedoch Zweifel über die zukünftige Versorgung und war auch besorgt, dass diese Panzer nicht vollständig israelischen Erfordernissen entsprachen. Daher entwickelte man einen eigenen Panzer, der ab 1980 produziert wurde. Sein erster Einsatz war 1982 gegen syrische Armeen im Libanon. Im Vergleich zu anderen modernen schweren Kampfpanzern ist der Merkava langsam und hat ein schlechteres Leistungsgewicht. Er ist jedoch für bestimmte taktische Erfordernisse gestaltet, die sich von jenen der meisten anderen Panzerhersteller unterscheiden. Der Schwerpunkt dieser Konstruktion liegt auf dem Überleben der Mannschaft. Damit der Merkava den besten Schutz bietet, ist sein Querschnitt bewusst schmal gehalten und seine Panzerung abgewinkelt.

T-62

Der russische T-62 war eine Weiterentwicklung der T-54/55-Panzerserie, aber aufgrund hoher Produktionskosten schaffte es der von 1961 bis in die frühen 70er hergestellte Panzer nie, seinen Vorgänger zu ersetzen, dessen Produktion erst nach der des T-62 auslief. Der T-62 hatte ein ungewöhnliches integrales Hülsenausstoßsystem. Der Rückstoß der Waffe warf die Hülse aus einer Falltür im Geschützturm und verschaffte damit Platz, reduzierte so aber auch das allgemeine Feuertempo. Durch den Schnorchel über der Ladeluke war er zum Durchqueren tiefer Furten geeignet. Zusätzlich war der Panzer mit einem Infrarotnachtsichtgerät, einem Turmbelüftungssystem, ABC-Schutz und der Fähigkeit versehen, durch das Einspritzen von Diesel in den Auspuff sofort eine Rauchwolke zu schaffen. Eingesetzt wurde der Panzer zuerst während der arabisch-israelischen Kriege im Nahen Osten.

Visitenkarte

Herkunftsland
UdSSR

Besatzung
4

Gewicht
39.912 kg

Maße
Länge 9,34 m
Breite 3,3 m
Höhe 2,4 m

Reichweite
650 km

Panzerung
15–242 mm

Bewaffnung
eine 115-mm-U-5TS-Kanone, ein koaxiales 7,62-mm-MG

Motorisierung
ein flüssig gekühlter Dieselmotor V-55-5 V-12 mit 580 PS (432 kW)

Leistung
Höchstgeschw. (Straße) 60 km/h; Furttiefe 1,4 m; Kletterfähigkeit 0,8 m; Grabenüberschreitfähigkeit 2,7 m

T-72

Der T-72 wurde ab 1971 produziert und war kleiner und schneller als z. B. der Chieftain, jedoch schwächer gepanzert, weniger vielseitig und mit schwächerer Feuerkraft ausgerüstet als seine Konkurrenten. Dies wurde 1982 deutlich, als israelische Merkava-Panzer eine große Anzahl von syrischen T-72 zerstörten. Der T-72 wurde für eine Wehrpflichtigenarmee gestaltet und ist leicht zu bedienen und zu warten. Dies ist für seinen Exporterfolg in 14 verschiedene Länder verantwortlich. Der T-72 ist dennoch ziemlich vielseitig und kann im Gegensatz zu den meisten anderen Panzern innerhalb weniger Minuten für das Durchqueren tiefer Furten ausgerüstet werden. Zudem ist er vollständig atomar, biologisch und chemisch (ABC) geschützt. Zu anderen Varianten gehören ein Befehlsfahrzeug, ein Kobra-Panzerabwehrraketenwerfer und ein Bergepanzer.

Visitenkarte

Herkunftsland
UdSSR

Besatzung
3

Gewicht
38.894 kg

Maße
Länge 9,24 m
Breite 4,75 m
Höhe 2,37 m

Reichweite
550 km

Panzerung
klassifiziert

Bewaffnung
eine 125-mm-Kanone, ein 12,7-mm-Fla-MG, ein koaxiales 7,62-mm-MG

Motorisierung
ein Dieselmotor V-46 V-12 mit 840 PS (626 kW)

Leistung
Höchstgeschw. (Straße) 80 km/h; Furttiefe 1,4 m; Kletterfähigkeit 0,85 m; Grabenüberschreitfähigkeit 2,8 m

T-80

Visitenkarte

Herkunftsland
UdSSR
Besatzung
3
Gewicht
48.363 kg
Maße
Länge 9,9 m
Breite 3,4 m
Höhe 2,2 m
Reichweite
450 km
Panzerung
klassifiziert
Bewaffnung
eine 125-mm-Kanone, ein 12,7-mm-Fla-MG, ein koaxiales 7,62-mm-MG
Motorisierung
eine Mehrstoff-Gasturbine mit 1.000 PS (745 kW)
Leistung
Höchstgeschw. (Straße) 70 km/h; Furttiefe 1,5 m; Kletterfähigkeit 1 m; Grabenüberschreitfähigkeit 2,85 m

Der schwere Kampfpanzer T-80 – eine Weiterentwicklung des T-72 – begann seinen Dienst in der Roten Armee Mitte der 80er-Jahre. Wie beim T-72 wird das Hauptgeschütz des Panzers automatisch geladen, wodurch die Mannschaft auf drei begrenzt werden kann. Das Hauptgeschütz ist eine standardisierte, völlig stabilisierte 125-mm-Kanone wie beim T-72, die jedoch unterschiedlichste Arten von Munition abfeuern kann, einschließlich angereicherter Uranladungen zum besseren Durchdringen der gegnerischen Panzerung. Ein Laser-Entfernungsmesser führte zu einer verbesserten Feuerkontrolle. Wie alle sowjetischen Panzer kann der T-80 eine eigene Rauchwolke erzeugen. Auf seiner Hülle hat er zur Ablenkung feindlicher Geschosse vier Rohre zum Abfeuern von Häcksel oder Ködern. Zusätzliche Querfeldeinbeweglichkeit bekommt der Panzer durch die anpassbare Bodenräumfähigkeit.

Arjun Mk 1

Visitenkarte

Herkunftsland
Indien
Besatzung
4
Gewicht
58.000 kg
Maße
Länge 9,8 m
Breite 3,17 m
Höhe 2,44 m
Reichweite
400 km
Panzerung
klassifiziert
Bewaffnung
eine 120-mm-Kanone, ein 7,62-mm-MG
Motorisierung
ein wassergekühlter Dieselmotor MTU MB 838 Ka 501 mit 1.400 PS (1.044 kW)
Leistung
Höchstgeschw. (Straße) 72 km/h; Furttiefe 1 m; Kletterfähigkeit 1,1 m; Grabenüberschreitfähigkeit 3 m

Der Arjun ist Indiens erster eigener Entwurf eines schweren Kampfpanzers. Die Abteilung für Kampffahrzeugforschung und -entwicklung der indischen Armee stieß bei diesem Projekt auf zahlreiche Probleme, die zu bedeutenden Verzögerungen führten, sodass die Inbetriebnahme erst 1994 erfolgen konnte. Da die Inder keinen eigenen Motor produzieren konnten, setzten sie einen deutschen MTU-Dieselmotor ein. Das Hauptgeschütz ist eine vor Ort produzierte, stabilisierte, geriffelte 120-mm-Kanone, die eine Vielfalt von Munitionsarten wie HE-, HEAT- und HESH-Munition abfeuern kann. Der Panzer besitzt ein fortschrittliches Feuerkontrollsystem, in das für den Schützen kombinierte Tag-und-Nachtwärmebildkameras mit eingebautem Laser-Entfernungsmesser integriert sind. Zusätzlich gibt es ein Allwettersensorenpaket.

ENGESA EE-T1 Osorio

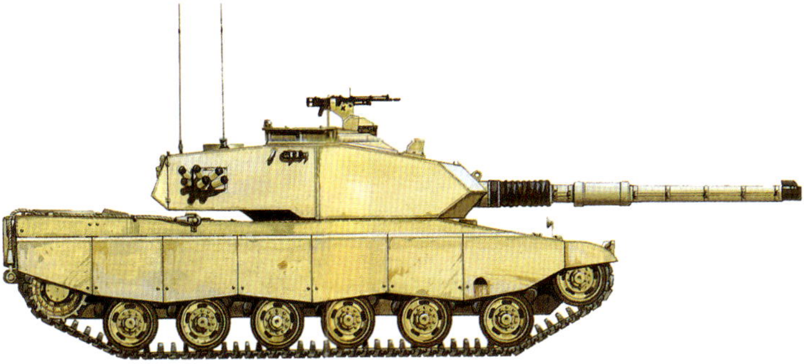

Der Osorio, dessen erster Prototyp 1985 fertig gestellt wurde, plante man so, dass er sowohl dem eigenen als auch den Exportmärkten etwas zu bieten hatte. Der Panzer verfügt über einen Laser zur Entfernungsmessung und Stabilisatoren, durch die man beim Fahren schießen kann, über Wärmebildkameras und ein vollständiges ABC-Verteidigungssystem. Der Panzer kann mit zwei verschieden großen Hauptgeschützen ausgestattet werden. Zu den Varianten gehören ein Brückenleger, ein Bergepanzer und ein Fahrzeug mit einer Flugabwehrkanone. Im konventionellen Design des Osorio gibt es im Vergleich zu den letzten Entwürfen aus Europa und den USA nur wenig Neuerungen. Der Panzer ist jedoch attraktiv für kleinere Länder, denen die Kapazität fehlt, einen eigenen schweren Kampfpanzer herzustellen und denen die europäischen und amerikanischen Panzer zu teuer und kompliziert sind.

Visitenkarte

Herkunftsland
Brasilien

Besatzung
4

Gewicht
39.000 kg

Maße
Länge 10 m
Breite 3,26 m
Höhe 2,37 m

Reichweite
550 km

Panzerung
klassifiziert

Bewaffnung
eine britische 105-mm- oder französische 120-mm-Kanone, ein 7,62-mm-MG

Motorisierung
ein 12-Zylinder-Dieselmotor mit 1000 PS (745 kW)

Leistung
Höchstgeschw. (Straße) 70 km/h; Furttiefe 1,2 m; Kletterfähigkeit 1,15 m; Grabenüberschreitfähigkeit 3,0 m

AMX-40

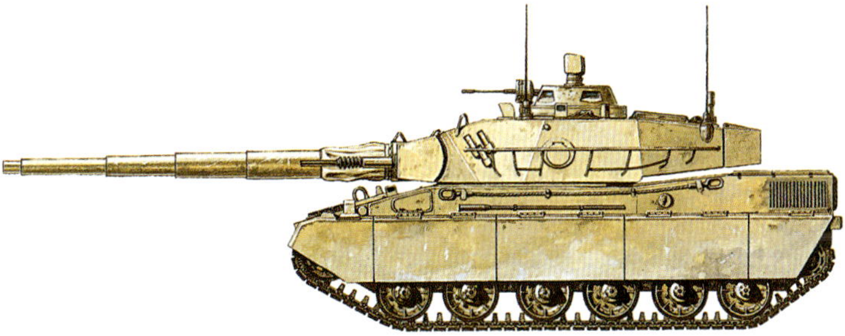

Der in den frühen 80er-Jahren in erster Linie für den Export entworfene und von GIAT gebaute AMX-40 stellte gegenüber seinem Vorgänger, dem AMX-30, in den Schlüsselbereichen Panzerung, Beweglichkeit und Feuerkraft eine bedeutende Verbesserung dar. Der Panzer hat einen Laser-Entfernungsmesser, eine Kanonenstabilisierung und eine Niedriglichtkamera für Nachtkämpfe. Ein interessantes Merkmal ist der Munitionsstauraum im Geschützturm, der von Schotten umgeben ist. Er ist so gestaltet, dass die in ihm befindliche Munition bei einem Treffer aufwärts, von der Mannschaft weg, explodiert. Da der Panzer für den Export bestimmt war, sah sich die französische Armee gezwungen, bis zur Fertigstellung des Leclerc sich weiter auf den AMX-30 zu verlassen. Der AMX-40 umfasst mit vier Mannschaftsmitgliedern die traditionelle Besatzung eines schweren Kampfpanzers: Kommandant, Artillerist, Funker und Fahrer.

Visitenkarte

Herkunftsland
Frankreich

Besatzung
4

Gewicht
43.000 kg

Maße
Länge 10,04 m
Breite 3,36 m
Höhe 3,08 m

Reichweite
600 km

Panzerung
klassifiziert

Bewaffnung
eine 120-mm-Kanone, eine 20-mm-Kanone in der Kuppel, ein 7,62-mm-MG

Motorisierung
ein 12-Zylinder-Dieselmotor Poyaud mit 1.100 PS (820 kW)

Leistung
Höchstgeschw. (Straße) 70 km/h; Furttiefe 1,3 m; Kletterfähigkeit 1,0 m; Grabenüberschreitfähigkeit 3,2 m

Leclerc

Visitenkarte

Herkunftsland
Frankreich
Besatzung
3
Gewicht
53.500 kg
Maße
Länge 9,87 m
Breite 3,71 m
Höhe 2,46 m
Reichweite
550 km
Panzerung
klassifiziert
Bewaffnung
eine 120-mm-Kanone, ein 12,7-mm-MG, ein 7,62-mm-MG, 3 x 9 Nebelwerfer
Motorisierung
ein 8-Zylinder-Dieselmotor SAEM UDU V8X 1500 T9 Hyperbar mit 1.500 PS (1.119 kW), Automatikgetriebe SESM ESM500
Leistung
Höchstgeschw. (Straße) 73 km/h; Furttiefe 1 m; Kletterfähigkeit 1,25 m; Grabenüberschreitfähigkeit 3 m

Der ab 1983 entwickelte und ab 1991 produzierte Leclerc wurde dafür entworfen, die Flotte von AMX-30-Panzern in der französischen Armee zu ersetzen. Der Leclerc ist ein ausgezeichnetes Fahrzeug mit automatischem Ladesystem für die Hauptkanone und ferngesteuerten MGs, was ihn mit einer Besatzung von nur drei Mann voll einsatzfähig macht. Die Reichweite des Panzers kann mit zusätzlichen Dieseltanks vergrößert werden. Zur Standardausrüstung gehört ein System zur Feuerentdeckung und -unterdrückung, Wärmebildkameras, Laser zur Entfernungsmessung und ein Navigationssystem. Die elektronischen Bordsysteme sind vollständig integriert, um eine automatische Neukonfiguration im Falle eines Schadens oder Ausfalls auf dem Schlachtfeld zu ermöglichen. Der Leclerc wird nicht nur in Frankreich eingesetzt, sondern es wurden etwa 390 in die Vereinigten Arabischen Emirate exportiert.

Close Combat Vehicle – Light

Visitenkarte

Herkunftsland
USA
Besatzung
3
Gewicht
19.414 kg
Maße
Länge 9,37 m
Breite 2,69 m
Höhe 2,36 m
Reichweite
483 km
Panzerung
klassifiziert
Bewaffnung
eine 105-mm-Kanone
Motorisierung
ein 6-Zylinder-Dieselmotor Detroit Modell 6V-92 TA mit 552 PS (412 kW)
Leistung
Höchstgeschw. (Straße) 70 km/h; Furttiefe 1,32 m; Kletterfähigkeit 0,76 m; Grabenüberschreitfähigkeit 2,13 m

Der CCV-L wurde als privates Projekt von der FNC Corporation entwickelt, dem Hersteller des M113 und des gepanzerten Kampffahrzeugs Bradley, und war für die Leichten Divisionen der US-Armee bestimmt. Als der Prototyp 1985 erschien, erregte er Interesse, weil er durch das automatische Ladesystem der Kanone (mit einem Feuertempo von 12 Schuss pro Minute) nur eine 3-Mann-Besatzung erforderlich machte. Die Teile des CCV-L wurden von verschiedenen anderen Fahrzeugen wie dem gepanzerten Mannschaftstransporter M113 übernommen, um die Entwicklungszeit zu reduzieren. Der CCV-L hat eine Hülle aus einer vollverschweißten Aluminiumkonstruktion mit darauf verbolztem Stahl, um den ballistischen Schutz zu verbessern. Zusätzliche Panzerung kann, wenn erforderlich, außen am Panzer angebracht werden, einschließlich einer auf Explosivstoffe reagierenden Panzerung.

TAM

Viele Jahre lang verließ sich die argentinische Armee auf Shermans aus dem 2. Weltkrieg als Basis ihrer Panzerformationen. Doch seit den frühen 70er-Jahren wurde deren Wartung zunehmend schwieriger. Die meisten ausländischen Panzer dieser Zeit waren zu schwer, und so wurde bei Thyssen Henschel in Deutschland ein neuer Panzer bestellt. Sofort nach seiner Entwicklung wurde die gegen Ende der 70er-Jahre beginnende Produktion nach Buenos Aires verlegt. Die Hülle des TAM basierte auf dem von der deutschen Bundeswehr verwendeten MICV. Im Vergleich zu anderen schweren Kampfpanzern wie dem Leopard 1 und dem AMX-30 ist die Panzerung relativ schwach, jedoch gut abgewinkelt, um so viel Schutz wie möglich zu geben. Der Panzer wurde bewusst nicht rechtzeitig produziert, um keine Auswirkung auf den Falklandkrieg von 1982 zu haben.

Visitenkarte

Herkunftsland
Argentinien
Besatzung
4
Gewicht
30.500 kg
Maße
Länge (mit Kanone) 8,23 m
Breite 3,12 m
Höhe 2,42 m
Reichweite
900 km
Panzerung
klassifiziert
Bewaffnung
eine 105-mm-Kanone, ein koaxiales 7,62-mm-MG, ein 7,62-mm-Fla-MG
Motorisierung
ein V-6-Turbodieselmotor mit 720 PS (537 kW)
Leistung
Höchstgeschw. (Straße) 75 km/h; Furttiefe 1,5 m; Kletterfähigkeit 1 m; Grabenüberschreitfähigkeit 2,5 m

Challenger 1

Der Challenger 1 wurde 1982 als Ersatz für den Chieftain eingeführt und gab die englische Auffassung eines Panzers dahingehend wider, dass er schwer bewaffnet und gepanzert war. Er war langsamer als die damaligen Fahrzeuge des Warschauer Pakts, machte das aber durch seine praktisch undurchdringliche Chobham-Panzerung aus Verbundmetall und durch die größere Genauigkeit seiner Bewaffnung wieder wett. Die NATO-Überlegungen zu einem Krieg mit den Armeen der Sowjetunion und ihrer Verbündeten in Zentraleuropa beinhalteten vor allem die Verteidigung und das Aufhalten feindlicher Armeen bis zum Eintreffen von Verstärkungen. Seine Rüstung und seine gute Manövrierfähigkeit – trotz fehlender Fahrgeschwindigkeit – gewährleisten den Besatzungsmitgliedern ausreichenden Schutz.

Visitenkarte

Herkunftsland
Großbritannien
Besatzung
4
Gewicht
62.000 kg
Maße
Länge (mit Kanone) 11,56 m
Breite 3,52 m
Höhe 2,5 m
Reichweite
400 km
Panzerung
klassifiziert
Bewaffnung
eine 120-mm-Kanone, zwei 7,62-mm-MGs, zwei Nebelwerfer
Motorisierung
ein flüssig gekühlter Dieselmotor mit 1.200 PS (895 kW)
Leistung
Höchstgeschw. (Straße) 55 km/h; Furttiefe 1 m; Kletterfähigkeit 0,9 m; Grabenüberschreitfähigkeit 2,8 m

Challenger 2

Visitenkarte

Herkunftsland
Großbritannien
Besatzung
4
Gewicht
62.500 kg
Maße
Länge (mit Kanone) 11,55 m
Breite 3,52 m
Höhe 2,49 m
Reichweite
400 km
Panzerung
klassifiziert
Bewaffnung
eine 120-mm-Kanone, zwei 7,62-mm-MGs, zwei Nebelraketenwerfer
Motorisierung
ein flüssig gekühlter Dieselmotor mit 1.200 PS (895 kW)
Leistung
Höchstgeschw. (Straße) 57 km/h; Furttiefe 1 m; Kletterfähigkeit 0,9 m; Grabenüberschreitfähigkeit 2,8 m

Der Mitte 1994 erschienene Challenger 2 ist der derzeitige schwere Kampfpanzer der britischen Armee. In Hülle wie auch Motorisierung dem Challenger 1 ähnlich, jedoch mit einem an die stärkere Bewaffnung angepassten Geschützturm, ist der Panzer in vielerlei Hinsicht ein völlig neues Fahrzeug. Er ist mit einem Laser-Entfernungsmesser, Wärmebildkameras und voll computerisierten Feuerkontrollsystemen ausgerüstet, die einen Treffer schon beim ersten Schuss wahrscheinlich machen. Zudem verfügt der Panzer über eine elektrische Turmtraversierung und eine vollständig stabilisierte Kanone. In Zukunft soll der Panzer mit dem »Battlefield Information Control System« ausgerüstet werden, um ihm eine noch größere Kampfkraft zu geben. Ein Planierschild kann vorn angebracht werden. Beinahe 400 wurden von der britischen Armee bestellt, 18 wurden nach Oman exportiert.

Typ 59

Visitenkarte

Herkunftsland
China
Besatzung
4
Gewicht
36.000 kg
Maße
Länge 9 m
Breite 3,27 m
Höhe 2,59 m
Reichweite
600 km
Panzerung
39–203 mm
Bewaffnung
eine 100-mm-Kanone, zwei 7,62-mm-MGs, ein 12,7-mm-MG
Motorisierung
ein Dieselmotor Modell 12150L V-12 mit 520 PS (388 kW)
Leistung
Höchstgeschw. (Straße) 50 km/h; Furttiefe 1,4 m; Kletterfähigkeit 0,79 m; Grabenüberschreitfähigkeit 2,7 m

Der Typ 59 war die chinesische Version des T-54, der in den frühen 50er-Jahren in großen Stückzahlen von der UdSSR geliefert wurde. Die ersten Modelle waren sehr einfach und verfügten über keine Waffenstabilisatoren oder Infrarotnachtsichtgeräte, obwohl Letztere von der britischen Gesellschaft MEL für spätere Modelle geliefert wurde. Ein Laser-Entfernungsmesser kam hinzu, wurde jedoch vorn am Turm montiert, wo er den Munitionssplittern und dem Feuer kleinerer Waffen ausgesetzt war. Der Panzer kann durch Einspritzung von Diesel in das Auspuffrohr eine Rauchwolke erzeugen. Zusätzlicher Treibstoff kann in Tonnen hinten an der Hülle befestigt werden. Der Typ 59 wurde in kleineren Mengen in folgende Länder exportiert: Albanien, Kongo, Nordkorea, Pakistan, Sudan und Vietnam. Letzteres erwies sich im Hinblick auf den Krieg von 1979 zwischen China und Vietnam als unkluge Entscheidung.

Typ 69

Der Typ 69, den man öffentlich erstmals 1982 während einer Militärparade in Peking sah, ersetzte den Typ 59 und war diesem äußerlich sehr ähnlich, jedoch mit einer neuen 105/106-mm-Kanone ausgestattet. Diese basierte vermutlich auf der des sowjetischen T-62, von denen die Chinesen bei Grenzkonflikten mit der UdSSR einige Fahrzeuge eroberten. Es gibt einige Varianten wie eine selbst angetriebene Flugabwehrkanone, einen Brückenlege- und einen Bergepanzer. Letzterer hat das Chassis des Typs 69, von dem der Turm entfernt und durch einen Überbau ersetzt wurde: vorne ist ein Planierschild und hinten ist ein Kran befestigt. Große Mengen des Typs 69 wurden in den frühen 80er-Jahren in den Irak exportiert, wobei Saudi-Arabien als Vermittler auftrat, um die Verluste während des Kriegs mit dem Irak wieder wettzumachen.

Visitenkarte

Herkunftsland
China
Besatzung
4
Gewicht
36.500 kg
Maße
Länge 8,68 m
Breite 3,3 m
Höhe 2,87 m
Reichweite
375 km
Panzerung
100 mm
Bewaffnung
eine 100-mm-Kanone, zwei 7,62-mm-MGs, ein 12,7-mm-MG, zwei Nebelraketenwerfer
Motorisierung
ein wassergekühlter Dieselmotor V-12 mit 580 PS (432 kW)
Leistung
Höchstgeschw. (Straße) 50 km/h; Furttiefe 1,4 m; Kletterfähigkeit 0,8 m; Grabenüberschreitfähigkeit 2,7 m

Typ 80

Der chinesische schwere Kampfpanzer Typ 80 ist eine Fortentwicklung der T-69-Serie. Er unterscheidet sich von Letzterem im Aussehen durch eine völlig neue Hülle, eine größere Hauptbewaffnung und ein moderneres computerisiertes Feuerkontrollsystem, zu dem ein Laser-Entfernungsmesser gehört, der je nach Version über dem Sichtfenster des Schützen oder direkt über der 105-mm-Kanone befestigt ist. Das Fahrzeug verfügt über einen Schnorchel, der zum Tiefwaten angebracht werden kann. Es hat ein eingebautes Feuerentdeckungs- und -unterdrückungssystem und kann einfach durch die Befestigung von Verbundpanzerplatten stärker gepanzert werden, um die Überlebensfähigkeit auf dem Schlachtfeld zu steigern. Die Mannschaftskonfiguration ist wie folgt: Der Fahrer sitzt vorn links mit etwas Munition, während der Ladeschütze, der Kommandant und der Richtschütze im Turm sitzen.

Visitenkarte

Herkunftsland
China
Besatzung
4
Gewicht
38.000 kg
Maße
Länge 9,33 m
Breite 3,37 m
Höhe 2,3 m
Reichweite
570 km
Panzerung
klassifiziert
Bewaffnung
eine 105-mm-Kanone, ein koaxiales 7,62-mm-MG, ein koaxiales 12,7-mm-MG
Motorisierung
ein Dieselmotor V-12 mit 730 PS (544 kW), Handgetriebe
Leistung
Höchstgeschw. (Straße) 60 km/h; Furttiefe 1,4 m; Kletterfähigkeit 0,8 m; Grabenüberschreitfähigkeit 2,7 m

Visitenkarte

Herkunftsland
China
Besatzung
3
Gewicht
41.000 kg
Maße
Länge 10,28 m
Breite 3,45 m
Höhe 2,3 m
Reichweite
500 km
Panzerung
klassifiziert
Bewaffnung
eine 125-mm-Kanone, ein koaxiales 7,62-mm-MG, ein 12,7-mm-Fla-MG, zwei Nebelgranatenwerfer
Motorisierung
ein Kompressor-Dieselmotor V-12 mit 730 PS (544 kW)
Leistung
Höchstgeschw. (Straße) 57,25 km/h; Furttiefe 1,4 m; Kletterfähigkeit 0,8 m; Grabenüberschreitfähigkeit 2,7 m

Typ 85

Der schwere Kampfpanzer Typ 85 wurde in den späten 80er-Jahren in geringen Zahlen produziert. Der Panzer besaß das Chassis des Typs 80, hatte aber – ein Novum bei chinesischen Panzern – anstelle des Gussstahltyps einen vollverschweißten Turm, wodurch die Panzerung ringsherum verstärkt wurde. Ebenso besaß er eine verbesserte Fernmeldeausrüstung. Die aufgerüstete Hauptkanone (125 mm im Gegensatz zu den 105 mm des Typs 80) wird automatisch geladen, wodurch die Mannschaft auf ein Minimum reduziert werden kann. Der Innenraum wird jedoch dadurch verkleinert, dass die Munition aus separatem Projektil und Ladung besteht. Der Typ 85 wird noch immer produziert und wurde auch nach Pakistan exportiert, wo er als Typ 85-IIM bekannt ist. Er ist amerikanischen und europäischen Panzern aber immer noch unterlegen.

Visitenkarte

Herkunftsland
Japan
Besatzung
3
Gewicht
38.000 kg
Maße
Länge 9,42 m
Breite 3,2 m
Höhe 2,48 m
Reichweite
300 km
Panzerung
klassifiziert
Bewaffnung
eine 105-mm-Kanone, ein koaxiales 7,62-mm-MG, ein 12,7-mm-Fla-MG, zwei Nebelwerfer
Motorisierung
ein flüssig gekühlter Dieselmotor 10ZF V-10 mit 720 PS (536 kW)
Leistung
Höchstgeschw. (Straße) 55 km/h; Furttiefe 1 m; Kletterfähigkeit 1 m; Grabenüberschreitfähigkeit 2,7 m

Typ 74

Der schwere Kampfpanzer Typ 74 ist der Nachfolger des Typs 61 und wurde in geringen Stückzahlen, die nie 50 Fahrzeuge im Jahr überstiegen, seit Ende 1975 produziert. Das bedeutete einen sehr hohen Preis je Einheit. Der Panzer besitzt standardmäßig einen Laser-Entfernungsmesser, eine computerisierte Feuerkontrolle und ein Verteidigungssystem gegen ABC-Waffen. Der Typ 74 hat jedoch eine ungewöhnliche, kreuzweise überlagerte hydropneumatische Radaufhängung, die es ihm gestattet, verschiedene Teile des Chassis anzuheben oder zu senken, um schwieriges Terrain zu überqueren, oder Ziele außerhalb des Erfassungsbereichs der Kanone anzupeilen. Der Innenraum ist konventionell mit einem Turm in der Mitte und rückseitigem Motor gestaltet. Dieser Typ 74 bildet die Grundlage des 35-mm-Flugabwehrpanzers Typ 84.

Typ 90

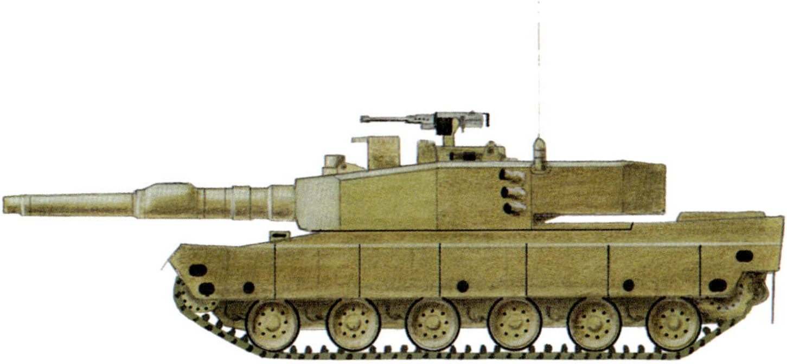

Der schwere Kampfpanzer Typ 90 wurde Mitte der 70er-Jahre entwickelt, um den Bedarf der japanischen Bodenselbstverteidigungsarmee zu decken. Seine Produktion begann 1992 in kleinen Stückzahlen. Das langsame Produktionstempo macht ihn zum teuersten Panzer der ganzen Welt. Zur Standardausrüstung des Fahrzeugs gehören Laser-Entfernungsmesser, computerisierte Feuerkontrolle, ein ABC-System, Wärmebildkameras und nächtliche Fahrtüchtigkeit. Wie der Typ 74 hat das Fahrzeug eine kreuzweise überlagerte hydropneumatische Radaufhängung, die es ihm gestattet, verschiedene Teile des Chassis anzuheben oder zu senken, um schwieriges Terrain zu überqueren, oder Ziele außerhalb des Erfassungsbereichs der Kanone anzupeilen. Zu den Varianten gehört der Typ 90 ARV mit Planierschild und Winde und der Typ 91 AVLB Brückenleger.

Visitenkarte

Herkunftsland
Japan

Besatzung
3

Gewicht
50.000 kg

Maße
Länge 9,76 m
Breite 3,4 m
Höhe 2,34 m

Reichweite
350 km

Panzerung
klassifiziert

Bewaffnung
eine 120-mm-Kanone, ein koaxiales 7,62-mm-MG, ein 12,7-mm-Fla-MG, zwei Nebelwerfer

Motorisierung
ein Einspritzer-Dieselmotor 10ZG V-10 mit 1.500 PS (1.118 kW)

Leistung
Höchstgeschw. (Straße) 70 km/h; Furttiefe 2 m; Kletterfähigkeit 1 m; Grabenüberschreitfähigkeit 2,7 m

C1 Ariete

Der schwere Kampfpanzer C1 Ariete wurde ab 1982 entwickelt, um die veralteten M47 Pattons der italienischen Armee zu ersetzen. Mit seiner speziell zusammengesetzten Panzerung bietet er das typische Erscheinungsbild eines modernen schweren Kampfpanzers. Charakteristisch ist, dass der Fahrer vorne rechts sitzt, sich der elektrisch drehbare Turm in der Mitte befindet, der Artillerist rechts, der Lader links und der Motor hinten im Fahrzeug ist. Die Hauptkanone verfügt über eine thermische Hülsen- und Rauchabsaugung und verwendet das neueste computerisierte Feuerkontrollsystem Galileo, dessen Wärmebildkameras und Laser-Entfernungsmesser schon beim ersten Schuss eine hohe Trefferwahrscheinlichkeit für bewegte oder feststehende Ziele verleihen. Es sollen noch ein Bergepanzer und ein auf dem C1-Chassis basierender AVLB produziert werden.

Visitenkarte

Herkunftsland
Italien

Besatzung
4

Gewicht
54.000 kg

Maße
Länge 9,67 m
Breite 3,6 m
Höhe 2,5 m

Reichweite
600 km

Panzerung
geheim

Bewaffnung
eine 120-mm-Kanone, ein koaxiales 7,62-mm-MG, ein 7,62-mm-Fla-MG, 2 x 4 Nebelwerfer

Motorisierung
ein Turbodieselmotor IVECO FIAT MTCA V-12 mit 1.250 PS (932 kW)

Leistung
Höchstgeschw. (Straße) 66 km/h; Furttiefe 1,2 m; Kletterfähigkeit 2,1 m; Grabenüberschreitfähigkeit 3 m

Visitenkarte

Herkunftsland
Südkorea
Besatzung
4
Gewicht
52.000 kg
Maße
Länge 9,67 m
Breite 3,59 m
Höhe 2,25 m
Reichweite
500 km
Panzerung
geheim
Bewaffnung
eine 105-mm-Kanone, ein koaxiales 7,62-mm-MG, ein 12,7-mm-Fla-MG, 2 x 6 Nebelwerfer
Motorisierung
ein flüssig gekühlter Turbodieselmotor mit 1.200 PS (895 kW)
Leistung
Höchstgeschw. (Straße) 65 km/h; Furttiefe 1,2 m; Kletterfähigkeit 1 m

Typ 88

Der auch als K1 bekannte Typ 88 wurde von General Dynamics in den frühen 80ern mit der Auflage Südkoreas entwickelt, ihn auch vor Ort bauen zu können. Die Hauptkanone verfügt über eine thermische Hülsen- und Rauchabsaugung und verwendet ein computerisiertes Feuerkontrollsystem, das auf dem ballistischen Computer des M1 basiert, und ein Sensorenpaket zur Umgebungserkennung. Das Fahrzeug besitzt ein atomares, biologisches und chemisches (ABC) Schutzsystem, um der Mannschaft besondere Sicherheit zu geben. Sein Nachfolger, der K1A1, ist schon in Entwicklung und soll mit einer größeren Waffe und verbessertem Feuerkontrollsystem ausgerüstet werden. Von der auf dem K1-Chassis basierenden und in Großbritannien hergestellten AVLB-Variante wurden bereits 56 Stück von Südkorea bestellt. Eine neue Version des Typs 88 mit einer 120-mm-Kanone ist in Entwicklung.

Visitenkarte

Herkunftsland
Südafrika
Besatzung
4
Gewicht
56.000 kg
Maße
Länge 9,83 m
Breite 3,38 m
Höhe 2,94 m
Reichweite
500 km
Panzerung
17–118 mm
Bewaffnung
eine 105-mm-Kanone, ein koaxiales 7,62-mm-MG, ein 7,62-mm-Fla-MG, 2 x 4 Nebelwerfer
Motorisierung
ein luftgekühlter Turbodieselmotor V-12 mit 750 PS (559 kW)
Leistung
Höchstgeschw. (Straße) 45 km/h; Furttiefe 1,45 m; Kletterfähigkeit 0,9 m; Grabenüberschreitfähigkeit 3,35 m

Olifant Mk 1A

Wie die Israelis bei ihrem Sho't-Programm nahmen auch die Südafrikaner das Chassis eines Centurion, rüsteten ihn mit verbesserter Feuerkraft auf und machten ihn beweglicher, um einen für ihren Bedarf besonders geeigneten eigenen schweren Kampfpanzer zu produzieren. Der Olifant (Elefant) behielt das Feuerkontrollsystem des Centurion, wurde aber zusätzlich mit einem tragbaren Laser-Entfernungsmesser für den Kommandanten und einem Bildvergrößerer für den Artilleristen ausgestattet. Die Mk 1B-Version des Olifants wurde wesentlich verändert: sie hat eine längere Hülle, einen neuen Motor und ein neues Getriebe, eine verstärkte Panzerung und ein verbessertes Feuerkontrollsystem. Als Varianten existieren ein Berge- und Reparaturpanzer. Der Olifant ist zweifellos der beste afrikanische Panzerentwurf.

M551 Sheridan

Der M551 wurde auf den Wunsch von 1959 hin entwickelt, die Luftlandeeinheiten der US-Armee mit im Flugzeug beförderten Panzern auszustatten. Zwischen 1965 und 1970 produzierte General Motors 1.700 Fahrzeuge, die in Südkorea, Europa und Vietnam eingesetzt wurden. An letzterem Einsatzort zeigten sich die Mängel des M551 in der hohen Anfälligkeit für Landminen, obwohl sich seine Fähigkeit, Kartätschen abzufeuern, als wirksam beim Zurückschlagen von Massenangriffen der Guerillas erwies. Das Fahrzeug wurde daher in den späten 70er-Jahren von den meisten Fronteinheiten abgezogen, obwohl viele vom nationalen Ausbildungszentrum umgebaut wurden, um sowjetische Fahrzeuge bei Truppenübungen darzustellen. Die Hauptbewaffnung bestand aus einer 152-mm-Kanone, die ein funkgesteuertes Shilelagh-Geschoss abfeuerte.

Visitenkarte

Herkunftsland
USA

Besatzung
4

Gewicht
15.830 kg

Maße
Länge 6,30 m
Breite 2,82 m
Gesamthöhe 2,95 m

Reichweite
600 km

Panzerung
40–50 mm

Bewaffnung
eine 152-mm-Kanone/ ein Raketenwerfer, ein koaxiales 7,62-mm-MG, ein 12,7-mm-Fla-MG

Motorisierung
ein 6-Zylinder-Dieselmotor Detroit 6V-53T mit 300 PS (224 kW)

Leistung
Höchstgeschw. (Straße) 70 km/h; Furttiefe – (amphibisch); Kletterfähigkeit 0,89 m; Grabenüberschreitfähigkeit 2,54 m

Scorpion

Der erste Prototyp des offiziell als »Kampf- und Aufklärungsfahrzeug auf Ketten« bezeichneten Alvis Skorpion wurde 1969 fertig gestellt. Nach dem Willen der britischen Armee sollte dieses Aufklärungsfahrzeug auf Ketten den Panzerwagen Saladin ersetzen. Es begann seinen Dienst 1972 und wurde in die ganze Welt exportiert, besonders nach Belgien, wo es in Lizenz produziert wurde. Das Fahrzeug wurde 1982 auf den Falklandinseln eingesetzt, wobei seine Gründungsschirme ihm die Fähigkeiten eines Amphibienfahrzeugs verliehen, was während der Landungen besonders nützlich war. Der Scorpion bewies seinen Wert sowohl in der Aufklärung als auch bei schnellen Vormärschen und stellt nach wie vor ein Schlüsselelement der britischen Panzerstreitkräfte dar. Das Chassis des Skorpion wurde für die ganze Bandbreite von Kettenfahrzeugen wie den Sultan, den Spartan und den Scimitar verwendet.

Visitenkarte

Herkunftsland
Großbritannien

Besatzung
3

Gewicht
8.073 kg

Maße
Länge 4,79 m
Breite 2,24 m
Höhe 2,1 m

Reichweite
644 km

Panzerung
12,7 mm

Bewaffnung
eine 76-mm-Kanone, ein koaxiales 7,62-mm-MG

Motorisierung
ein 4,2-Liter-Benzinmotor Jaguar mit 190 PS (142 kW)

Leistung
Höchstgeschw. (Straße) 80 km/h; Furttiefe 1,07 m; Kletterfähigkeit 0,5 m; Grabenüberschreitfähigkeit 2,06 m

Visitenkarte

Herkunftsland
Frankreich
Besatzung
3
Gewicht
15.000 kg
Maße
Länge 6,36 m
Breite 2,5 m
Höhe 2,3 m
Reichweite
400 km
Panzerung
10–40 mm
Bewaffnung
eine 75-mm-Kanone, ein 7,62-mm-MG
Motorisierung
ein 8-Zylinder-Benzinmotor SOFAM mit 250 PS (186 kW)
Leistung
Höchstgeschw. (Straße) 60 km/h; Furttiefe 0,6 m; Kletterfähigkeit 0,65 m; Grabenüberschreitfähigkeit 1,6 m

AMX-13

Die Produktion des direkt nach dem Ende des 2. Weltkriegs entworfenen AMX-13 begann 1952 und hielt bis in die 80er-Jahre an. Er hatte ein automatisches Ladeprogramm im Turm, zu dem zwei revolverähnliche Magazine gehörten, die je sechs Schuss Munition enthielten. Der Panzer wurde oft exportiert und war besonders bei Entwicklungsländern wie Chile, Djibouti und Nepal beliebt, jedoch auch in Israel, den Niederlanden und der Schweiz. Ein interessantes Merkmal ist der Drehturm, in dessen oberen Teil – der selbst wiederum drehbar im unteren Teil gelagert ist – die Kanone befestigt ist. Der AMX-13 wurde stark umgebaut und als Basis für eine komplette Fahrzeugfamilie von Selbstfahrlafetten und Haubitzen bis hin zu Pionierfahrzeugen, Bergepanzern, Brückenlegern und Infanteriekampffahrzeugen verwendet.

Visitenkarte

Herkunftsland
UdSSR
Besatzung
3
Gewicht
14.000 kg
Maße
Länge 7,63 m
Breite 3,14 m
Höhe 2,26 m
Reichweite
260 km
Panzerung
5–17 mm
Bewaffnung
eine 76-mm-Kanone, ein koaxiales 7,62-mm-MG, ein 12,7-mm-Fla-MG
Motorisierung
ein Dieselmotor V-6 mit 240 PS (179 kW)
Leistung
Höchstgeschw. (Straße) 44 km/h; Furttiefe – (amphibisch); Kletterfähigkeit 1,1 m; Grabenüberschreitfähigkeit 2,8 m

PT-76

Der PT-76 wurde unmittelbar nach dem 2. Weltkrieg entwickelt. Viele Jahre lang war er das Standardaufklärungsfahrzeug der Roten Armee, bevor er durch die schwereren T-62 ersetzt wurde. Der in mehr als 25 Länder exportierte Panzer wurde u. a. im Sechstagekrieg von 1967, in Vietnam und Angola eingesetzt. Da er ursprünglich als Amphibienpanzer geplant und sein Gewicht somit auf ein Minimum beschränkt war, reichte seine Panzerung gerade aus, um dem Beschuss von Handfeuerwaffen standzuhalten. Der Panzer wurde mit Lenzpumpen und Wasserdüsen ausgerüstet, damit er sich gut durchs Wasser bewegen konnte. Er war im Stande, auf diese Weise bis zu 65 km zurückzulegen. Das Chassis wurde für eine Anzahl anderer Fahrzeuge wie den gepanzerten Mannschaftstransporter BTR-50 und den Raketenwerfer FROG verwendet. Trotz seines Alters wird er von der russischen Armee immer noch eingesetzt.

Scimitar

Der Scimitar ist eine Variante des Kettenaufklärungsfahrzeugs Scorpion FV101, eines für die britische Armee entwickelten und zur Fahrzeugfamilie CVR(T) gehörenden leichten Panzerfahrzeugs. Nach seiner Indienststellung 1978 war er hauptsächlich dazu bestimmt, Feuerschutz zu geben. Die starke RARDEN-Kanone kann alle leichten Panzerfahrzeuge und die Seitenpanzerung der meisten schweren Kampfpanzer durchdringen. Der Schutz der eigenen Panzerung ist minimal und kaum hinreichend, dem Beschuss von Handfeuerwaffen zu widerstehen. Der Scimitar kann mit Nachtsichtgeräten, Laser-Entfernungsmesser und computerisiertem Feuerkontrollsystem ausgestattet werden. Seine amphibische Fähigkeit bekommt der Panzer durch einen zusammenklappbaren Gründungsschirm. Die Fortbewegung des Fahrzeugs im Wasser erfolgt durch seine Ketten.

Visitenkarte

Herkunftsland
Großbritannien

Besatzung
3

Gewicht
7.800 kg

Maße
Länge 4,8 m
Breite 2,24 m
Höhe 2,1 m

Reichweite
644 km

Panzerung
12,7 mm

Bewaffnung
eine 30-mm-RARDEN-Kanone, ein 12,7-mm-MG

Motorisierung
ein 4,2-Liter-Benzinmotor Jaguar mit 190 PS (142 kW)

Leistung
Höchstgeschw. (Straße) 80 km/h; Furttiefe 1,07 m; Kletterfähigkeit 0,5 m; Grabenüberschreitfähigkeit 2,06 m

Wiesel

Das Wiesel wurde entwickelt, um ein im Flugzeug transportiertes, leicht gepanzertes Kettenfahrzeug für die Luftlandetruppen zu haben. Nach erfolgreicher Präsentation der Prototypen durch Porsche erfolgten die ersten Lieferungen Ende der 80er-Jahre. Insgesamt sollen 345 Fahrzeuge an die Bundeswehr (210 sind mit einer funkgesteuerten Panzerrakete bewaffnet) geliefert werden. Es gibt zwei Hauptversionen: eine mit einer konventionellen Kanone mit 20 Schuss verwendungsbereiter Munition, die andere mit einem Raketenwerfer. Seine für den Lufttransport nötige kompakte Natur macht das Wiesel auf dem Schlachtfeld schwer wahrnehmbar. Eine ganze Anzahl von Varianten existieren, wie ein Sanitätswagen, ein mit Stinger-Boden-Luft-Raketen bestücktes Flugabwehrgeschütz, ein gepanzerter Mannschaftstransporter, ein Befehlsfahrzeug und ein Bergepanzer.

Visitenkarte

Herkunftsland
Deutschland

Besatzung
3

Gewicht
2.750 kg

Maße
Länge 3,27 m
Breite 1,82 m
Höhe 1,88 m

Reichweite
200 km

Panzerung
geheim

Bewaffnung
eine 20-mm-Kanone oder ein Hughes-Panzerraketenwerfer

Motorisierung
ein 5-Zylinder-Turbodieselmotor mit 86 PS (64 kW)

Leistung
Höchstgeschw. (Straße) 80 km/h; Kletterfähigkeit 0,4 m; Grabenüberschreitfähigkeit 1,2 m

Stingray

Visitenkarte

Herkunftsland
USA
Besatzung
4
Gewicht
19.051 kg
Maße
Länge 9,35 m
Breite 2,71 m
Höhe 2,54 m
Reichweite
483 km
Panzerung
geheim
Bewaffnung
eine geriffelte 105-mm-Kanone, ein koaxiales 7,62-mm-MG, ein 7,62-mm-Fla-MG
Motorisierung
ein Dieselmotor Modell 8V-92 TA mit 535 PS (399 kW)
Leistung
Höchstgeschw. (Straße) 69 km/h; Furttiefe 1,22 m; Kletterfähigkeit 0,76 m; Grabenüberschreitfähigkeit 1,69 m

Der Prototyp des Stingray wurde 1984 von Cadillac Gage vorgestellt, die den Bedarf für einen gut beweglichen und feuerstarken leichten Panzer vorausgesehen hatten, der einfach zu bedienen und zu warten war. Wo es möglich war, wurden erprobte Teile anderer Fahrzeuge verwendet, um Entwicklungskosten zu sparen. Der Stingray ist mit einem Laser-Entfernungsmesser, Waffenstabilisatoren, einem ABC-Waffen-Schutzsystem und der Feuerkraft eines schweren Kampfpanzers ausgerüstet. Sein Nachteil besteht in seiner leichten Panzerung, was jedoch bei der Durchschlagskraft moderner HEAT-Munition kaum noch ins Gewicht fällt. Der Stingray bringt Leistung und Stärke zu einem im Vergleich zu schweren Kampfpanzern wesentlich niedrigeren Stückpreis und steht somit im Mittelpunkt eines weltweit großen Interesses.

SIG 33

Visitenkarte

Herkunftsland
Deutschland
Besatzung
4
Gewicht
11.505 kg
Maße
Länge 4,84 m
Breite 2,15 m
Höhe 2,40 m
Reichweite
185 km
Panzerung
6–13 mm
Bewaffnung
eine 15-cm-sIG-33-Haubitze
Motorisierung
ein 6-Zylinder-Benzinmotor Praga mit 150 PS (111,9 kW)
Leistung
Höchstgeschw. (Straße) 35 km/h; Furttiefe 0,91 m; Kletterfähigkeit 0,42 m; Grabenüberschreitfähigkeit 1,75 m

Die SIG 33 war eine zum Frankreichfeldzug im Mai 1940 herausgekommene Selbstfahrhaubitze, mit der deutsche Infanteriebataillone im 2. Weltkrieg ausgerüstet wurden. Dabei wurde einfach die schwere Standardinfanteriewaffe SIG 33 auf das Chassis eines PzKpfw I montiert und mit gepanzerten Schilden versehen, um die Mannschaft zu schützen. Die SIG 33 wurde entwickelt, um der gepanzerten Infanterie durch eine Selbstfahrlafette Feuerschutz aus der Nähe zu liefern. Der Schwerpunkt lag jedoch ziemlich hoch und das Chassis war überladen. Daher wurde ab 1942 das Chassis des PzKpfw II (gefolgt von dem des PzKpfw III) verwendet, das einen besseren Panzerschutz gab. Das Fahrzeug wurde überall im Krieg eingesetzt und war 1944 immer noch in Produktion. Insgesamt wurden so mehr als 370 Fahrzeuge hergestellt.

Hummel

Die Hummel war ein Mischfahrzeug aus den Hüllen der PzKpfw III und IV mit einem leicht gepanzerten, offenen Überbau. Sie bildete ab 1942 die schwere Artillerie der deutschen Panzer- und Panzergrenadierdivisionen. Erstmals wurde die Hummel bei der Schlacht von Kursk im Juli 1943 eingesetzt. Sie war eine nützliche und beliebte Waffe und wurde an allen Fronten verwendet, weil sie ausreichend Platz für die Mannschaft von fünf Personen bot und beweglich genug war, mit den Panzerdivisionen mitzuhalten. Weit über 600 wurden bis Ende 1944 produziert. 150 wurden in Munitionstransporter umgewandelt, da sich Laster als unzulänglich für diese Aufgabe erwiesen. Andere Varianten waren die Oskette, eine Version mit breiteren Ketten für die Winterschlachten an der russischen Front. Es war üblich, 18 Schuss Munition im Fahrzeug mitzunehmen.

Visitenkarte

Herkunftsland
Deutschland

Besatzung
5

Gewicht
23.927 kg

Maße
Länge 7,17 m
Breite 2,87 m
Höhe 2,81 m

Reichweite
215 km

Panzerung
bis zu 50 mm

Bewaffnung
eine 15-cm-sIG 33-Haubitze oder eine 88-mm-Antipanzer-kanone

Motorisierung
ein Benzinmotor Maybach V-12 mit 265 PS (197,6 kW)

Leistung
Höchstgeschw. (Straße) 42 km/h; Furttiefe 1 m; Kletterfähigkeit 0,6 m; Grabenüberschreitfähigkeit 2,2 m

StuG III Ausf. F

Das StuG III Ausf. F wurde ab 1941 auf persönliche Anordnung von Adolf Hitler entwickelt, um die Überlegenheit über die sowjetischen KV-1- und T-34-Panzer an der Ostfront zurückzugewinnen. Die Panzerung der Ausf. A–E wurde verstärkt, und eine neue lange StuK40-L48-7,5-cm-Kanone wurde anstelle der kurzen 7,5-cm-Originalversion eingebaut, welche die Kampfkraft des Fahrzeugs bedeutend verbesserte. Die Hülle und der Überbau blieben gleich, es wurde jedoch ein Ventilator hinzugefügt, um den Waffenrauch abzusaugen. Der Kanonenmantel wurde ebenfalls umgestaltet, um den Rückstoß der größeren Waffe zu berücksichtigen. Die Ausf. F erwies sich gegen sowjetische KV-1 und T-34 als sehr wirksam, und das Fahrzeug blieb während des ganzen Kriegs im Dienst. Seine niedrige Silhouette gab dem Fahrzeug bei Panzerkämpfen einen weiteren Vorteil.

Visitenkarte

Herkunftsland
Deutschland

Besatzung
4

Gewicht
21.800 kg

Maße
Länge 6,31 m
Breite 2,92 m
Höhe 2,15 m

Reichweite
140 km

Panzerung
11–50 mm

Bewaffnung
eine 75-mm-StuK 40-L/48-Kanone, ein 7,92-mm-MG

Motorisierung
ein Maybach-Motor HL120TRM

Leistung
Höchstgeschw. (Straße) 40 km/h; Furttiefe 0,8 m; Kletterfähigkeit 0,6 m; Grabenüberschreitfähigkeit 2,59 m

Visitenkarte

Herkunftsland
Deutschland
Besatzung
4
Gewicht
24.100 kg
Maße
Länge 6,77 m
Breite 2,95 m
Höhe 2,16 m
Reichweite
155 km
Panzerung
16–80 mm
Bewaffnung
eine 75-mm-StuK 40-L/48-Kanone, ein 7,92-mm-MG
Motorisierung
ein Maybach-Motor HL120TRM
Leistung
Höchstgeschw. (Straße) 40 km/h; Furttiefe 0,8 m; Kletterfähigkeit 0,6 m; Grabenüberschreitfähigkeit 2,59 m

StuG III Ausf. G

Das StuG III Ausf. G war das letzte StuG, das während des 2. Weltkriegs in Produktion ging. Das Chassis basierte größtenteils auf dem des PzKpfw II, den man durch den besseren Panther ersetzte, er verfügte aber über eine dickere Panzerung als sein Vorgänger. Ein weiterer Vorteil dieses Modells war, dass es billiger und leichter zu produzieren war. Seine Unbeweglichkeit erwies sich jedoch als Belastung, da es anfällig für Antipanzergeschosse von Infanterieeinheiten war. Der zusätzliche Einbau von Schürzen half, den Schutz etwas zu verbessern. Trotz tapferer Bemühungen war das StuG III nicht wirklich als Panzer geeignet, obwohl es so eingesetzt wurde. Dennoch war die Ausf. G das beste dieser Fahrzeuge und leistete auf dem Schlachtfeld gute Dienste.

Visitenkarte

Herkunftsland
Japan
Besatzung
4 oder 5
Gewicht
13.300 kg
Maße
Länge 5,54 m
Breite 2,29 m
Höhe (bis zur Spitze des Turms) 1,55 m
Reichweite
250 km
Panzerung
25 mm
Bewaffnung
eine 150-mm-Haubitze Typ 38
Motorisierung
ein Dieselmotor V-12 mit 170 PS (126,8 kW)
Leistung
Höchstgeschw. (Straße) 38 km/h; Furttiefe 1 m; Kletterfähigkeit 0,81 m; Grabenüberschreitfähigkeit 2 m

Typ 4

Die Japaner produzierten nur wenige schwer gepanzerte Fahrzeuge, teils, weil sie nach Erfahrungen in China und der Mandschurei als unnötig erachtet wurden, und teils, weil die industrielle Kapazität für diese Aufgabe nicht ausreichend war. Der Typ 4 war eine Selbstfahrhaubitze, die auf dem Chassis des Panzers Typ 97 basierte. Die Haubitze stammte aus dem Jahr 1905 und war 1942 ausgemustert worden, wurde aber in der Selbstfahrversion weiterhin verwendet. Der Typ 4 war dürftig gepanzert und hatte infolge des verwendeten Verschlussmechanismus eine verlangsamte Feuerrate. Die Japaner konnten den Typ 4 nicht massenweise produzieren. So wurden die Fahrzeuge einzeln oder paarweise für die Inselverteidigung abkommandiert.

SU-76

Die Schlachten von 1941 zeigten, dass die sowjetischen leichten Panzer praktisch nutzlos waren. So entschloss man sich, den bereits produzierten T-70 mit den ausgezeichneten ZIS-3- und ZIS-76-Kanonen zu kombinieren, und schuf damit eine sehr mobile Panzerabwehrwaffe. Bei diesem Notbehelf gab es nur wenige Annehmlichkeiten für die Mannschaft. Die ersten SU-76 wurden Ende 1942 produziert und waren Mitte 1943 schon in beträchtlicher Stückzahl im Einsatz. Bessere deutsche Panzerung hatte bis zu dieser Zeit die Wirksamkeit der ZIS-Waffe reduziert, und so wechselte das Fahrzeug von der Panzerabwehr zur Infanterieunterstützung. Bis 1945 wurden viele SU-76 zu Munitionstransportern oder Bergepanzern umgewandelt. Nach dem Krieg wurden die Panzer China und Nordkorea, wo sie im Koreakrieg eingesetzt wurden, übergeben.

Visitenkarte

Herkunftsland
UdSSR

Besatzung
4

Gewicht
10.600 kg

Maße
Länge 4,88 m
Breite 2,73 m
Höhe 2,17 m

Reichweite
450 km

Panzerung
bis zu 25 mm

Bewaffnung
eine 76-mm-Kanone ZIS-3

Motorisierung
zwei 6-Zylinder-Benzinmotoren GAZ mit je 70 PS (52,2 kW)

Leistung
Höchstgeschw. (Straße) 45 km/h; Furttiefe 0,89 m; Kletterfähigkeit 0,7 m; Grabenüberschreitfähigkeit 3,12 m

ISU-152

Der 1943 in Dienst gestellte ISU-152 war die erste schwere sowjetische Selbstfahrlafette des 2. Weltkriegs und kam gerade rechtzeitig, um im Juli an der Schlacht von Kursk teilzunehmen. Das auf dem Chassis des schweren Panzers KV-2 basierende Fahrzeug wurde für die Doppelrolle als Panzerabwehr und schwere Angriffswaffe bestimmt. Das Fahrzeug befand sich in der Vorhut der sowjetischen Vormärsche von 1944 und 1945 und gehörte zu den ersten Fahrzeugen, die bei Kriegsende in Berlin einfuhren. Der größte Nachteil des ISU-152 war der Mangel an internem Munitionsstauraum. Jedes Fahrzeug benötigte daher eine ständige Versorgung durch Munitionstransporter. Doch dies war gefährlich und schränkte die taktisch wichtige Beweglichkeit des Fahrzeugs ein. Dennoch blieb der ISU-152 auch nach dem Krieg im Dienst und wurde z. B. bei der Niederschlagung des Prager Frühlings 1968 eingesetzt.

Visitenkarte

Herkunftsland
UdSSR

Besatzung
5

Gewicht
45.500 kg

Maße
Länge (gesamt) 9,8 m, (Hülle) 6,81 m
Breite 3,56 m
Höhe 2,52 m

Reichweite
180 km

Panzerung
35–100 mm

Bewaffnung
eine 125-mm-Haubitze, ein 12,7-mm-Fla-MG

Motorisierung
ein Dieselmotor V-12 mit 520 PS (387,8 kW)

Leistung
Höchstgeschw. (Straße) 37 km/h; Furttiefe 1,3 m; Kletterfähigkeit 1,2 m; Grabenüberschreitfähigkeit 2,59 m

Sexton

Visitenkarte

Herkunftsland
Kanada
Besatzung
6
Gewicht
25.300 kg
Maße
Länge 6,12 m,
Breite 2,72 m
Höhe 2,44 m
Reichweite
290 km
Panzerung
bis zu 32 mm
Bewaffnung
eine 25-Pfünder-Haubitze, zwei 88-mm-Bren-Kanonen, ein 12,4-mm-Browning-MG
Motorisierung
ein radialer 9-Zylinder-Kolbenmotor mit 400 PS (298,3 kW)
Leistung
Höchstgeschw. (Straße) 40,2 km/h; Furttiefe 1,01 m; Kletterfähigkeit 0,61 m; Grabenüberschreitfähigkeit 1,91 m

Die Briten suchten 1941 ein passendes gepanzertes Fahrzeug, um die britische Standard-25-Pfünder-Kanone zu montieren. Der von den Kanadiern produzierte Ram-Panzer, der bald durch die amerikanischen M3 ersetzt werden sollte, wurde dann verändert, um den 25-Pfünder aufzunehmen. Die Kombination wurde als Sexton bekannt, der hauptsächlich als Feldartilleriewaffe eingesetzt wurde, um Panzerabteilungen zu unterstützen. 1944 und 1945 wurde der Sexton auch in Nordwesteuropa verwendet. Bis zum Auslaufen der Produktion kurz nach Kriegsende waren insgesamt 2.150 Stück gebaut worden. Die Hauptvariante war ein speziell gebauter Befehlspanzer ohne Kanone und mit zusätzlichen Funkgeräten. Als zuverlässige, robuste und wirksame Waffe blieb der Sexton bis in 50er-Jahre im Dienst der britischen Armee und bis vor kurzem im Dienst anderer Armeen.

M7 Priest

Visitenkarte

Herkunftsland
USA
Besatzung
5
Gewicht
22.500 kg
Maße
Länge 6,02 m
Breite 2,88 m
Höhe 2,54 m
Reichweite
201 km
Panzerung
bis zu 25,4 mm
Bewaffnung
eine 105-mm-Haubitze, ein 12,7-mm-MG
Motorisierung
ein radialer 9-Zylinder-Kolbenmotor Continental mit 375 PS (279,6 kW)
Leistung
Höchstgeschw. (Straße) 41,8 km/h; Furttiefe 1,22 m; Kletterfähigkeit 0,61 m; Grabenüberschreitfähigkeit 1,91 m

Der von britischen Soldaten wegen seines kanzelförmigen Maschinengewehrturms an der Vorderseite als »Priester« verspottete M7 war das amerikanische Ergebnis von auf Halbkettenfahrzeuge montierten Haubitzen. Man wollte ein reines Kettenfahrzeug, und so wurde der Panzer M3 für diese Rolle modifiziert. Die Briten erhielten viele M7 unter dem Lend-Lease-Abkommen und setzten sie zuerst in der zweiten Schlacht von El Alamein 1942 ein. Das Maß ihrer Beliebtheit wird aus der britischen Bestellung deutlich, worin innerhalb des letzten Einsatzjahres 5.500 Stück angefordert wurden. Der Nachteil war, dass die Haubitze nicht dem britischen Standard entsprach und daher separat mit Munition versorgt werden musste. Durch seine Mobilität und Zuverlässigkeit war der M7 bis Kriegsende im Einsatz. Anschließend wurde das oft exportierte Fahrzeug als gepanzerter Mannschaftstransporter eingesetzt.

M40

Der M40 wurde ab Dezember 1943 entwickelt, basierte auf dem Chassis des Panzers M4 und setzte die 155-mm-Kanone »langer Tom« ein. An der Rückseite befand sich ein schwerer Spaten, der in den Boden gegraben werden konnte, um den Rückstoß beim Schießen aufzufangen. Die ersten der insgesamt 311 hergestellten Fahrzeuge wurden im Januar 1945 produziert und kamen erst zu Kriegsende in Europa an. Der M40 blieb auch weiterhin in Dienst und hatte seine Haupteinsätze im Koreakrieg (1950-53), wo er sich als ausgezeichnete Waffe erwies, und in Indochina bei der französischen Armee. Da der M40 zu Beginn der atomaren Kriegsführung erschien, wurde er nach dem Krieg ausgiebig für Tests zum Schutz der Mannschaft vor atomarem Fallout verwendet. Er diente auch als Mustervorlage für moderne Selbstfahrlafetten.

Visitenkarte

Herkunftsland
USA
Besatzung
8
Gewicht
36.400 kg
Maße
Länge 9,04 m
Breite 3,15 m
Höhe 2,84 m
Reichweite
161 km
Panzerung
bis zu 12,7 mm
Bewaffnung
eine 155-mm-Kanone
Motorisierung
ein radialer 9-Zylinder-Kolbenmotor Continental mit 395 PS (294,6 kW)
Leistung
Höchstgeschw. (Straße) 38,6 km/h; Furttiefe 1,07 m; Kletterfähigkeit 0,61 m; Grabenüberschreitfähigkeit 2,26 m

Bishop

Der Bishop wurde entworfen, um die unter starken Beschuss der Deutschen geratenen 25-Pfünder-Batterien in Nordafrika von ihrer Rolle als Panzerabwehrwaffen zu befreien. So wurde eine 25-Pfünder-Kanone auf das Chassis des Panzers Valentine gebaut, die sich im Kampfeinsatz als nicht erfolgreich erwies. Das neue Fahrzeug hatte einen hohen Turm, der feindlichen Artilleristen ein ausgezeichnetes Ziel bot. Die Kanone wurde am nicht drehbaren Turm mit beschränkter Richthöhe befestigt. Bis der 25-Pfünder eingeführt war, wurde er schon nicht mehr als Panzerabwehrwaffe benutzt, und so wurden die Bishops der Artillerie zur Verfügung gestellt. Der Bishop war der erste britische Versuch zum Bau einer Selbstfahrlafette. Er war insoweit nützlich, als dass er das Potenzial des Typs und auch vermeidbare Fehler aufzeigte. Als der M7 Priest eingeführt wurde, verwendete man den Bishop bald nicht mehr.

Visitenkarte

Herkunftsland
Großbritannien
Besatzung
4
Gewicht
7.879 kg
Maße
Länge 5,64 m
Breite 2,77 m
Höhe 3,05 m
Reichweite
177 km
Panzerung
8–60 mm
Bewaffnung
eine 25-Pfünder-Kanone
Motorisierung
ein 6-Zylinder-Dieselmotor AEC mit 131 PS (97,7 kW)
Leistung
Höchstgeschw. (Straße) 24 km/h; Furttiefe 0,91 m; Kletterfähigkeit 0,83 m; Grabenüberschreitfähigkeit 2,28 m

Visitenkarte

Herkunftsland
Frankreich
Besatzung
2
Gewicht
17.410 kg
Maße
Länge 6,22 m
Breite 2,72 m
Höhe 2,09 m
Reichweite
300 km
Panzerung
20 mm
Bewaffnung
eine 155-mm-Kanone
Motorisierung
ein 8-Zylinder-Benzinmotor SOFAM 8Gxb mit 250 PS (186 kW)
Leistung
Höchstgeschw. (Straße) 60 km/h; Kletterfähigkeit 0,6 m; Grabenüberschreitfähigkeit 1,5 m

Mk F3 155 mm

In den 60er-Jahren ersetzte die französische Armee ihre amerikanischen M41-Haubitzen durch einen eigenen Entwurf, der auf dem Chassis des Panzers AMX-13 basierte und als Mk F3 bekannt wurde. Hinten hatte das Fahrzeug zwei Spaten, die für zusätzliche Stabilität in den Boden gerammt wurden. Der F3 verschoss ein 155-mm-HE-Standardprojektil und andere, von Raketen angetriebene Projektile sowie Rauch- und Leuchtspurmunition. Er verfügte jedoch über keinen Schutz vor ABC-Waffen. Das Fahrzeug wurde bis in die 80er-Jahre hergestellt und in eine Reihe von Ländern Südamerikas und des Nahen Ostens exportiert. Ein Nachteil des Fahrzeugs – außer dem ungenügenden Schutz der Mannschaft – war die Tatsache, dass es nur zwei Leute befördern konnte und der Rest der Mannschaft in weiteren Fahrzeugen folgen musste.

Visitenkarte

Herkunftsland
Frankreich
Besatzung
4
Gewicht
41.949 kg
Maße
Länge 10,25 m
Breite 3,15 m
Höhe 3,25 m
Reichweite
450 km
Panzerung
20 mm
Bewaffnung
eine 155-mm-Kanone, ein 7,62-mm-/12,7-mm-Fla-MG
Motorisierung
ein wassergekühlter 12-Zylinder-Mehrstoffmotor Hispano-Suiza HS 110 mit 720 PS (537 kW)
Leistung
Höchstgeschw. (Straße) 60 km/h; Kletterfähigkeit 0,93 m; Grabenüberschreitfähigkeit 1,9 m

GCT 155 mm

Der GCT 155 mm war in der französischen Armee der für den Mk F3 bestimmte Nachfolger, dessen Produktion 1977 begann. Die französische Armee konnte das Fahrzeug in Regimentern von je 18 erst in den 80er-Jahren in Betrieb nehmen. Die erste Export-Lieferung erhielt Saudi-Arabien. Bis 1995 waren etwa 400 für Frankreich und die Exportmärkte gebaut worden. Die Hauptverbesserungen gegenüber dem Mk F3 waren ein automatisches Ladesystem, das ein Feuertempo von acht Schuss in der Minute zuließ, verbesserter Schutz für die auf vier Mann vergrößerte Besatzung, Nachtsichtgeräte, ABC-Schutz und die Fähigkeit, eine Vielzahl von Projektilen, einschließlich eines Projektils mit multiplen Panzerminen, abzufeuern. Der GCT 155 mm wurde während des Iran-Irak-Kriegs vom Irak eingesetzt, der 85 dieser Fahrzeuge erhalten hatte.

M109

Der M109 wurde ab 1952 als Selbstfahrhaubitze entwickelt, um den M44 zu ersetzen. Die ersten Fahrzeuge wurden 1962 fertig gestellt. Der M109 wurde häufig angepasst und aufgerüstet sowie in fast 30 Länder exportiert, sodass er schließlich die am häufigsten eingesetzte Haubitze der Welt war, die in Vietnam, den arabisch-israelischen Kriegen und dem Iran-Irak-Krieg eingesetzt wurde. Der M109 ist wassertauglich und kann eine Vielzahl von Projektilen, u. a. taktische atomare Munition, abfeuern. Im Augenblick werden weltweit etwa 4.000 Fahrzeuge eingesetzt. Der M109 hat zahlreiche Aufrüstungen erlebt, zu denen eine neue Waffenhalterung, ein neuer Turm mit längerem Geschützrohr, eine automatische Feuerkontrolle und eine verstärkte Panzerung gehören. Das Fahrzeug wird voraussichtlich noch weiterhin eingesetzt werden.

Visitenkarte

Herkunftsland
USA

Besatzung
6

Gewicht
23.723 kg

Maße
Länge 6,61 m
Breite 3,3 m
Höhe 3,29 m

Reichweite
390 km

Panzerung
geheim

Bewaffnung
eine 155-mm-Haubitze, ein 12,7-mm-Fla-MG

Motorisierung
ein Dieselmotor Detroit Modell 8V-71T mit 405 PS (302 kW)

Leistung
Höchstgeschw. (Straße) 56 km/h; Furttiefe 1,07 m; Kletterfähigkeit 0,53 m; Grabenüberschreitfähigkeit 1,83 m

M107

Der M107 wurde in den 50er-Jahren zusammen mit der Selbstfahrhaubitze M110 203 mm entwickelt, die die gleiche Wannen- und Kanonenbefestigung besitzt. Die ersten Produktionsmodelle rollten 1962 vom Band. Bis zum Auslaufen der Produktion 1980 war der M107 insgesamt 524 Mal gebaut worden. Im Gegensatz zu den USA und Großbritannien, wo das Fahrzeug nicht mehr direkt an der Front eingesetzt wird, nutzen die Armeen Griechenlands, Israels, Südkoreas, des Iran und der Türkei das Modell noch immer. Der M107 hat eine Gesamtbesatzung von 13, von der sich aber nur Kommandant, Fahrer und drei Schützen direkt auf dem Fahrzeug befinden, das über keinen Mannschaftsschutz verfügt. Die übrigen werden mit der Munition, den Sprengladungen und Zündern in LKWs transportiert. Die 175-mm-Kanone hat eine Reichweite von 32 km und verschießt HE-Munition.

Visitenkarte

Herkunftsland
USA

Besatzung
5

Gewicht
28.168 kg

Maße
Länge 11,26 m
Breite 3,15 m
Höhe 3,68 m

Reichweite
725 km

Panzerung
geheim

Bewaffnung
eine 175-mm-Kanone

Motorisierung
ein Dieselmotor Detroit Modell 8V-71T mit 405 PS (302 kW)

Leistung
Höchstgeschw. (Straße) 56 km/h; Furttiefe 1,06 m; Kletterfähigkeit 1,02 m; Grabenüberschreitfähigkeit 2,33 m

Palmaria

Visitenkarte

Herkunftsland
Italien
Besatzung
5
Gewicht
46.632 kg
Maße
Länge 11,47 m
Breite 2,35 m
Höhe 2,87 m
Reichweite
400 km
Panzerung
geheim
Bewaffnung
eine 155-mm-Haubitze, ein 7,62-mm-MG
Motorisierung
ein 8-Zylinder-Dieselmotor mit 750 PS (559 kW)
Leistung
Höchstgeschw. (Straße) 60 km/h; Furttiefe 1,2 m; Kletterfähigkeit 1 m; Grabenüberschreitfähigkeit 3 m

Libyen war der erste Käufer des von OTO Melara speziell für den Export entwickelten Palmaria, dessen Prototyp 1981 erschien und der ab 1982 produziert wurde. Er basiert stark auf dem bereits in Dubai eingesetzten schweren Kampfpanzer OF-40. Ein ungewöhnliches Merkmal ist der Hilfsmotor für den Turm, wodurch man den Treibstoff des Hauptmotors spart. Das Fahrzeug ist mit einem automatischen Ladesystem ausgerüstet und kann eine Vielzahl von Munition abschießen, u. a. raketenunterstützte Projektile, die allerdings weniger Explosivstoff enthalten. Das Fahrzeug hat ein automatisches Ladeprogramm, womit es alle 15 Sekunden einen Schuss abfeuern kann. Es gibt keine eigentlichen Varianten, auch wenn das Fahrzeugchassis mitunter mit zwei 25-mm-Waffen zur Flugabwehr versehen wurde.

Abbot

Visitenkarte

Herkunftsland
Großbritannien
Besatzung
4
Gewicht
16.494 kg
Maße
Länge 5,84 m
Breite 2,64 m
Höhe 2,49 m
Reichweite
390 km
Panzerung
6–12 mm
Bewaffnung
eine 155-mm-Kanone, ein 7,62-mm-Fla-MG, drei Nebelwerfer
Motorisierung
ein 6-Zylinder-Dieselmotor Rolls-Royce mit 240 PS (179 kW)
Leistung
Höchstgeschw. (Straße) 47,5 km/h; Furttiefe 1,2 m; Kletterfähigkeit 0,61 m; Grabenüberschreitfähigkeit 2,06 m

Nachkriegsdesigns britischer Selbstfahrlafetten konzentrierten sich vor allem auf das ausgezeichnete Chassis des Panzers Centurion, die mit 25-Pfündern oder 140-mm-Kanonen ausgerüstet wurden. Die NATO benötigte jedoch eine Standardwaffe mit 105 oder 155 mm. Deswegen entwickelte Vickers während der 50er-Jahre den Abbot mit der 105-mm-Kanone für den Einsatz bei der britischen Rheinarmee. Der vollständig gepanzerte Abbot diente der Royal Artillery, bis er in den 80ern durch den amerikanischen M109 ersetzt wurde. Wie die meisten britischen Nachkriegsdesigns gepanzerter Kampffahrzeuge war der Abbot zuverlässig und robust. Eine Variante war der für die indische Armee ohne solche Extras wie Gründungsschirm, Nachtsichtgeräten und ABC-Schutz ausgestattete Value Engineered Abbot.

Bandkanon

Die ersten von Bofors produzierten Exemplare der Bandkanon 1A, deren Prototyp bereits 1960 erschien, kamen erst 1966 nach weit reichenden Prüfungen und Änderungen heraus. Die Bandkanon zeichnete sich dadurch aus, dass sie die erste vollautomatische Selbstfahrlafette war, die von einer Armee in Dienst gestellt wurde. Die Munitionsgurte mit je 14 Schuss befinden sich hinten außen an der Hülle. Sobald der erste Schuss manuell geladen ist, wird die übrige Munition automatisch nachgeladen. Das Fahrzeug wurde aber, weil es wegen seiner Größe und mangelnden Beweglichkeit auf dem Schlachtfeld eine unbefriedigende Leistung erbrachte und sich kaum tarnen ließ, nicht in größerer Zahl produziert (die Produktion wurde nach nur zwei Jahren eingestellt). Zu den Verbesserungen, die es erfuhr, gehören der zusätzliche Rolls-Royce-Dieselmotor und ein neues Feuerkontrollsystem.

Visitenkarte

Herkunftsland
Schweden

Besatzung
5

Gewicht
53.000 kg

Maße
Länge 11 m
Breite 3,37 m
Höhe 3,85 m

Reichweite
230 km

Panzerung
10–20 mm

Bewaffnung
eine 155-mm-Kanone, ein 7,62-mm-Fla-MG

Motorisierung
ein Dieselmotor Rolls-Royce mit 240 PS (179 kW) und eine Boeing-Gasturbine mit 300 PS (224 kW)

Leistung
Höchstgeschw. (Straße) 28 km/h; Furttiefe 1 m; Kletterfähigkeit 0,95 m; Grabenüberschreitfähigkeit 2 m

DANA

DANA war die erste in Dienst gestellte moderne Selbstfahrhaubitze auf Rädern. Fahrzeuge mit Rädern haben den Vorteil, bei größerer strategischer Beweglichkeit billiger und leichter gebaut werden zu können. Der von Skoda gebaute DANA wurde zuerst 1980 gesichtet. Er basierte auf dem 8 x 8 Tatra 815 LKW, des besten Offroad-LKWs seiner Zeit. Der Reifendruck kann verändert werden, um auf unebenem Terrain eine gute Beweglichkeit zu gewährleisten. Das Fahrzeug verfügt über eine Servolenkung für die vorderen vier Räder und drei hydraulische Stabilisatoren, die vor dem Feuern im Boden versenkt werden. Auf dem Dach befindet sich ein Kran zum Laden der Munition. Die Kanone ist in der Lage, 30 Minuten lang drei Schuss in der Minute abzugeben. Das Fahrzeug wird in Libyen, Polen, Russland, der Tschechischen Republik und der Slowakei eingesetzt.

Visitenkarte

Herkunftsland
Tschechoslowakei

Besatzung
4–5

Gewicht
23.000 kg

Maße
Länge 10,5 m
Breite 2,8 m
Höhe 2,6 m

Reichweite
600 km

Panzerung
12,7 mm

Bewaffnung
eine 152-mm-Kanone, ein 12,7-mm-MG

Motorisierung
ein Dieselmotor V-12 mit 345 PS (257 kW)

Leistung
Höchstgeschw. (Straße) 80 km/h; Furttiefe 1,4 m; Kletterfähigkeit 1,5 m; Grabenüberschreitfähigkeit 1,4 m

Visitenkarte

Herkunftsland
UdSSR
Besatzung
6
Gewicht
24.945 kg
Maße
Länge 8,4 m
Breite 3,2 m
Höhe 2,8 m
Reichweite
300 km
Panzerung
15–20 mm
Bewaffnung
eine 152-mm-Kanone, ein 7,62-mm-Fla-MG
Motorisierung
ein Dieselmotor V-12 mit 520 PS (388 kW)
Leistung
Höchstgeschw. (Straße) 55 km/h; Furttiefe 1,5 m; Kletterfähigkeit 1,1 m; Grabenüberschreitfähigkeit 2,5 m

M1973

Von dem in der früheren Sowjetunion als 2S3 Akazija bekannten Fahrzeug (die Bezeichnung M1973 stammt von der US Army) wurden jeweils 18 Fahrzeuge als Unterstützung für jede Panzerdivision und motorisierte Infanteriedivison der Roten Armee eingesetzt. Das Chassis ist eine verkürzte Version des SA-4-Boden-Luft-Raketensystems und des gepanzerten Minenlegers GMZ, die beide viele Jahre in der UdSSR verwendet wurden. Das Fahrzeug war mit einem Schutz gegen ABC-Waffen ausgerüstet und konnte mit taktischen Atomwaffen bestückt werden. Für Einsätze im Wasser war es jedoch nicht geeignet. Bei Einsätzen standen normalerweise zwei Besatzungsmitglieder hinter dem Fahrzeug und füllten die Munition über zwei Luken in den Innenraum. Der M1973 war bei den sowjetischen Anhängerstaaten ein beliebtes Fahrzeug und wurde in den Irak und nach Libyen exportiert.

Visitenkarte

Herkunftsland
UdSSR
Besatzung
4
Gewicht
15.700 kg
Maße
Länge 7,3 m
Breite 2,85 m
Höhe 2,4 m
Reichweite
500 km
Panzerung
15–20 mm
Bewaffnung
eine 122-mm-Kanone, ein 7,62-mm-Fla-MG
Motorisierung
ein wassergekühlter Dieselmotor YaMZ-238V V-8 mit 240 PS (179 kW)
Leistung
Höchstgeschw. (Straße) 60 km/h; Furttiefe – (amphibisch); Kletterfähigkeit 1,1 m; Grabenüberschreitfähigkeit 3 m

M1974

Nach dem 2. Weltkrieg konzentrierte sich die Entwicklung in der UdSSR – im Gegensatz zur NATO, die auf Selbstfahrlafetten setzte – auf Artillerie-Schleppfahrzeuge. Erst 1974 war die erste sowjetische Selbstfahrhaubitze in der Öffentlichkeit zu sehen (daher diese westliche Kennzeichnung). Das in der UdSSR als Gvosdika bezeichnete Fahrzeug wurde in großen Zahlen zugeteilt (36 je Panzerdivision, 72 je motorisierter Artilleriedivision). Es unterschied sich vom M1973 darin, dass es vollkommen wassertauglich war. Sein Chassis wurde für gepanzerte Befehlswagen, für Aufklärungsfahrzeuge zur chemischen Kriegsführung und für Minenräumfahrzeuge verwendet. Mit breiteren Ketten ausgestattet, kann der M1974 auch bei Schnee oder auf sumpfigen Böden operieren. Der M1974 wurde häufig in die sowjetischen Anhängerstaaten und auch nach Angola, Algerien und in den Irak exportiert.

M50 Ontos

Der M50 Ontos war als Jagd- und besonders als Landepanzer für das US-Marinekorps bestimmt. Das Fahrgestell wurde in den frühen 50er-Jahren von GMC entwickelt, die Bewaffnung bestand aus sechs rückstoßfreien 106-mm-Geschützen, je drei zu beiden Seiten des kleinen Geschützturms. Parallel zu den oberen vier Geschützen waren vier 12,7-mm-MGs (»Spotting Rifles«) montiert, mit welchen man sich so lange auf das Ziel einschoss, bis man sicher war, dass die Geschütze treffen würden. Sechs 106-mm-Geschosse wurden abschussbereit in den Geschützrohren transportiert und weitere acht Schuss konnten im Innenraum des Panzers mitgeführt werden. Ein großer Nachteil des M50 bestand darin, dass die Geschütze von außen nachzuladen waren. Der Ladeschütze musste also den Innenraum verlassen und war auf diese Weise dem Feindbeschuss ungeschützt ausgesetzt.

Visitenkarte

Herkunftsland
USA
Besatzung
3
Gewicht
8.640 kg
Maße
Länge 3,82 m
Breite 2,6 m
Höhe 2,13 m
Reichweite
240 km
Panzerung
bis zu 13 mm
Bewaffnung
sechs rückstoßfreie 106-mm-Geschütze, vier 12,7-mm-MG M8C (*Spotting Rifles*)
Motorisierung
ein Benzinmotor General Motors 302 mit 145 PS (108 kW)
Leistung
Höchstgeschw. (Straße) 48 km/h; Furttiefe 0,61 m; Kletterfähigkeit 0,71 m; Grabenüberschreitfähigkeit 1,4 m

ASU-57

Der ASU-57 wurde in den 50er-Jahren speziell zum Gebrauch der sowjetischen Luftlandedivisionen (54 Fahrzeuge pro Abteilung) entwickelt und dafür entworfen, gemeinsam mit den Truppen im Fallschirm abgeworfen zu werden, wobei die Landung durch Strohsäcke und Bremsraketen gebremst wurde. Die Kanone war eine Weiterentwicklung der ZIS-2 aus dem 2. Weltkrieg, während der Motor aus dem zivil genutzten Pobeda stammte. Trotz seiner Nachteile – einer Hülle aus geschweißtem Aluminium, die der Besatzung nur wenig Schutz bot, der Untermotorisierung und der schwachen Kanone – blieb der ASU-57 etwa 20 Jahre im Dienst, bevor er durch den ASU-85 ersetzt wurde. Für Luftlandetruppen haben solche Fahrzeuge unschätzbaren Wert, weil sie leicht bewaffneten Soldaten, die unvermeidlich hinter den feindlichen Linien isoliert sind, auf dem Schlachtfeld eine mobile Artillerieunterstützung bieten.

Visitenkarte

Herkunftsland
UdSSR
Besatzung
3
Gewicht
3.300 kg
Maße
Länge 5 m
Breite 2,09 m
Höhe 1,18 m
Reichweite
250 km
Panzerung
6 mm
Bewaffnung
eine 57-mm-Kanone CH-51M, ein 7,62-mm-Fla-MG
Motorisierung
ein 4-Zylinder-Benzinmotor M-20E mit 55 PS (41 kW)
Leistung
Höchstgeschw. (Straße) 45 km/h; Furttiefe unbekannt; Kletterfähigkeit 0,5 m; Grabenüberschreitfähigkeit 1,4 m

Visitenkarte

Herkunftsland
USA
Besatzung
4
Gewicht
7.000 kg
Maße
Länge 5,84 m
Breite 2,58 m
Höhe 2,07 m
Reichweite
225 km
Panzerung
geheim
Bewaffnung
eine 90-mm-Kanone
Motorisierung
ein 6-Zylinder-Benzinmotor Continental mit 200 PS (149 kW)
Leistung
Höchstgeschw. (Straße) 45 km/h; Furttiefe unbekannt; Kletterfähigkeit 0,76 m; Grabenüberschreitfähigkeit 1,52 m

M56

Nach dem 2. Weltkrieg forderte die US Army eine sehr mobile Panzerabwehrwaffe, die mit der ersten Welle von Luftlandetruppen abgeworfen werden konnte und die eine ähnliche Feuerkraft wie ein Panzer haben sollte. Cadillac produzierte den auch als Scorpion bekannten M56 von 1953 bis 1959. Er wurde der 82. und 101. Luftlandedivision zugeteilt und im Vietnamkrieg – wenn auch nicht in hohem Maße – hauptsächlich zur Feuerunterstützung eingesetzt. In geringen Mengen wurde er zudem nach Spanien und Marokko exportiert. Die Hauptnachteile waren die mangelhafte Panzerung und der massive Rückstoß, der das Fahrzeug oft mehr als einen Meter zurückrollen ließ und durch den aufgewirbelten Staub die Sicht auf das Ziel nahm. In den 60er-Jahren wurde das Fahrzeug durch den M551, einen weiteren fehlerhaften Entwurf eines Panzerkampfwagens, ersetzt.

Visitenkarte

Herkunftsland
BR Deutschland
Besatzung
3
Gewicht
17.480 kg
Maße
Länge 8,28 m
Breite 2,5 m
Höhe 2,99 m
Reichweite
480 km
Panzerung
keine
Bewaffnung
36 Raketen à 110 mm
Motorisierung
ein flüssig gekühlter V-8-Dieselmotor mit 320 PS (238 kW)
Leistung
Höchstgeschw. (Straße) 100 km/h; Furttiefe 1,4 m; Kletterfähigkeit 0,6 m; Grabenüberschreitfähigkeit 1,6 m

LARS II

Das leichte Artillerieraketensystem (LARS) wurde Mitte der 60er-Jahre entwickelt und 1969 bei der Bundeswehr in Dienst gestellt. Der als Artillerie-Raketenwerfer 110SF bekannte LARS wurde zum LARS II aufgerüstet und auf einem MAN-4 x 4-Chassis aufgebaut. Mit 36 Startröhren konnte die ganze Batterie in nur 17,5 Sekunden abgefeuert werden und innerhalb von etwa 15 Minuten mit einer Vielzahl verschiedener Munition – einschließlich Panzerabwehrminen mit Fallschirm – wieder geladen werden. Der Raketenwerfer wurde von einem Nachschubfahrzeug mit 144 Raketen unterstützt. Die Bundeswehr besaß 209 der Raketenwerfer (pro Division ein Fahrzeug), die in den späten 80er-Jahren durch den MLRS ersetzt wurden. Zweifellos waren das Design und die Idee des LARS durch sowjetische Raketenwerfer an der Ostfront des 2. Weltkriegs beeinflusst.

BM-21

Der BM-21 wurde in den frühen 60er-Jahren in Dienst gestellt und entwickelte sich zum Standardmehrfachraketenwerfer der Armeen des Warschauer Pakts und der meisten sowjetischen Anhängerstaaten. Varianten wurden in China, Indien, Ägypten und Rumänien produziert. Der 40-fache Raketenwerfer wurde auf einen URAL-375-6-x-6-LKW montiert (später auf einem ZIL-131 in einer modifizierten 36-fach-Variante). Für Luftlandetruppen wurde eine kleinere 12-fach-Version entwickelt, die auf einem 4-x-4-LKW befestigt wurde. Der BM-21 wurde hauptsächlich in Afghanistan eingesetzt. Außerdem setzte die PLO von 1982 an individuell angepasste Versionen in den Kämpfen um Beirut ein. Der BM-21 ist beispielhaft für russische Mehrfachraketenwerfer: mit dem Nötigsten ausgestattet und einfach zu bedienen. Bei der Verwendung in Batterien hat er eine verheerende Feuerkraft.

Visitenkarte

Herkunftsland
UdSSR
Besatzung
6
Gewicht
11.500 kg
Maße
Länge 7,35 m
Breite 2,69 m
Höhe 2,85 m
Reichweite
405 km
Panzerung
keine
Bewaffnung
40 Raketenwerferröhren à 122 mm
Motorisierung
ein wassergekühlter V-8-Benzinmotor mit 180 PS (134 kW)
Leistung
Höchstgeschw. (Straße) 75 km/h; Furttiefe 1,5 m; Kletterfähigkeit 0,65 m; Grabenüberschreitfähigkeit 0,88 m

BM-24

Der BM-24 war der in den frühen 50er-Jahren in Dienst gestellte Vorgänger des BM-21. Ursprünglich war er auf einem ZIL-151-6-x-6-Lastwagen montiert, später dann auf einem ZIL-157. Das System bestand aus zwei Reihen zu je sechs röhrenförmigen Schienen. Am Fahrzeug waren zwei Stabilisierungsstützen befestigt, welche vor dem Abfeuern ausgefahren werden mussten. Der BM-24 wurde von arabischen Armeen häufig gegen die Israelis eingesetzt. Eroberte Raketenwerfer wurden wiederum von der israelischen Armee eingesetzt. Die Israelis entwickelten dafür eine neue Rakete mit kürzerer Reichweite, die jedoch einen wirksameren Sprengkopf hatte. Diese Version wurde 1973 im Yom-Kippur-Krieg und 1982 im Libanon eingesetzt. Unter den verwendeten Raketentypen sind hochexplosive, Rauch- und chemische Raketen, die eine typische Reichweite von 11 km haben.

Visitenkarte

Herkunftsland
UdSSR
Besatzung
6
Gewicht
9.200 kg
Maße
Länge 6,7 m
Breite 2,3 m
Höhe 2,91 m
Reichweite
430 km
Panzerung
keine
Bewaffnung
12 Raketenwerferröhren à 240 mm
Motorisierung
ein wassergekühlter 6-Zylinder-Benzinmotor mit 109 PS (81 kW)
Leistung
Höchstgeschw. (Straße) 65 km/h; Furttiefe 0,85 m; Kletterfähigkeit 0,46 m; Grabenüberschreitfähigkeit 0,69 m

Visitenkarte

Herkunftsland
UdSSR
Besatzung
6
Gewicht
22.750 kg
Maße
Länge 9,3 m
Breite 2,8 m
Höhe 3,2 m
Reichweite
500 km
Panzerung
keine
Bewaffnung
16 Raketenwerferröhren à 220 mm
Motorisierung
ein wassergekühlter V-8-Dieselmotor mit 260 PS (194 kW)
Leistung
Höchstgeschw. (Straße) 65 km/h; Furttiefe 1 m; Kletterfähigkeit 1,1 m; Grabenüberschreitfähigkeit 2,8 m

BM-27

Der BM-27, ein Fahrzeug mit ähnlichen Einsatzmerkmalen wie zeitgenössische amerikanische Mehrfachraketenwerfer, begann Mitte der 70er-Jahre seinen Dienst bei der sowjetischen Armee und wurde speziell dafür entworfen, den Truppen an der Front mit chemischer HE-Brandmunition Feuerunterstützung zu liefern. Das System besteht aus einer Schicht von vier Röhren auf zwei Schichten von jeweils sechs Röhren und ist auf ein ZIL-135-8-x-8-Chassis montiert. Vier Stabilisierungsstützen verleihen beim Feuern Unterstützung. Nachschubfahrzeuge können den Raketenwerfer innerhalb von fünf Minuten wieder laden. Einige BM-27 kamen nach Syrien, wo sie 1982 gegen israelische Truppen eingesetzt wurden. Der BM-27 ist viel ausgeklügelter als frühere russische Raketenwerfer und kann Projektile bis zu einer Reichweite von 40 km schießen.

Visitenkarte

Herkunftsland
Brasilien
Besatzung
3
Gewicht
10.000 kg
Maße
Länge 7 m
Breite 2,9 m
Höhe 2,6 m
Reichweite
480 km
Panzerung
geheim
Bewaffnung
eine Batterie von 4, 16 oder 32 Raketenwerferröhren
Motorisierung
ein wassergekühlter 6-Zylinder-Dieselmotor mit 212 PS (158 kW)
Leistung
Höchstgeschw. (Straße) 65 km/h; Furttiefe 1,1 m; Kletterfähigkeit 1 m; Grabenüberschreitfähigkeit 2,29 m

Astros II

Der Astros II ist ein auf einem LKW basierender, konventioneller Mehrfachraketenwerfer, der von Tectran in Brasilien gebaut wird. Das 10 Tonnen schwere 6-x-6-Geländefahrzeug ist mit gepanzerten Schließeinrichtungen ausgerüstet, um die Mannschaftskabine zu schützen. Das von der brasilianischen Armee und auch während des Iran-Irak-Kriegs in großen Zahlen in den Irak exportierte Astros-System verwendet ein Raketenwerfer-, Befehls- und Feuerkontrollfahrzeug, um drei verschiedene Raketentypen, die SS-30, SS-40 und die SS-60 abzufeuern. Das Gewicht der nicht steuerbaren Raketen variiert von 68 kg bis 595 kg. Zum Astros-System gehört immer ein Munitionstransporter.

MLRS

Der Entwurf des Vought Multiple Launch Rocket System (MLRS) ging aus einer Studie hervor, die 1976 im Rahmen eines Programms für Raketenunterstützungssysteme durchgeführt wurde. Nach Tests entschied man sich für das System des Vought, das seit 1982 in der US Army eingesetzt wird. Diese auf dem Chassis des Infanteriekampffahrzeugs M2 aufgebauten selbst angetriebenen Raketenwerfer verfügen über zwei Behälter mit je sechs Raketen, die mit Splitterbomben, Panzerminen, chemischen Sprengköpfen oder Verteilminen ausgerüstet sein können. Der Vought MLRS wurde in Lizenz in Großbritannien, Frankreich, Italien, Westdeutschland und den Niederlanden hergestellt. Eingesetzt wurde er 1991 während des Golfkriegs, wo die MLRS-Batterien der Alliierten vor der Bodenoffensive zur Befreiung Kuwaits große Löcher in die irakischen Verteidigungslinien rissen.

Visitenkarte

Herkunftsland
USA
Besatzung
3
Gewicht
25.191 kg
Maße
Länge 6,8 m
Breite 2,92 m
Höhe 2,6 m
Reichweite
483 km
Panzerung
geheim
Bewaffnung
zwei Raketenbehälter mit jeweils 6 Raketen
Motorisierung
ein 8-Zylinder-Turbodieselmotor Cummings VTA-903 mit 500 PS (373 kW)
Leistung
Höchstgeschw. (Straße) 64 km/h; Furttiefe 1,1 m; Kletterfähigkeit 1 m; Grabenüberschreitfähigkeit 2,29 m

Valkiri

Südafrika begann 1977 mit der Entwicklung eines eigenen Mehrfachraketenwerfers, um den verschiedenen sowjetischen Systemen der Nachbarländer etwas entgegenzusetzen. Der Valkiri wurde 1981 in Dienst gestellt. Seine Achterbatterien waren zum Einsatz gegen Guerillalager, Truppenkonzentrationen und ungepanzerte Fahrzeugkonvois gedacht. Das auf einem 4-x-4-SAMIL-Chassis befestigte System kann die volle Ladung von 24 Raketen innerhalb von 24 Sekunden abfeuern, um nach einer 10-minütigen Ladezeit wieder schussbereit zu sein. Der sehr mobile und mit minimalem Abschussprotokoll einsetzbare Valkiri erwies sich deshalb als ideale Waffe für grenzüberschreitende Vorstöße und zur Unterdrückung von Aufständen, weil das System leicht als normaler LKW getarnt werden konnte. Abgeschossene Raketen haben eine maximale Reichweite von 22 km.

Visitenkarte

Herkunftsland
Südafrika
Besatzung
2
Gewicht
6.440 kg
Maße
Länge 5,41 m
Breite 1,99 m
Höhe 3,2 m
Reichweite
650 km
Panzerung
keine
Bewaffnung
24 Raketenwerferröhren à 127 mm
Motorisierung
ein 6-Zylinder-Dieselmotor mit 120 PS (89 kW)
Leistung
Höchstgeschw. (Straße) 80 km/h; Furttiefe 0,5 m; Kletterfähigkeit 0,6 m; Grabenüberschreitfähigkeit 0,6 m

Visitenkarte

Herkunftsland
Ägypten
Besatzung
2
Gewicht
unbekannt
Maße
Länge 6,12 m
Breite 2,57 m
Höhe 2,3 m
Reichweite
800 km
Panzerung
8 mm
Bewaffnung
12 Raketenwerferröhren à 80 mm
Motorisierung
ein Dieselmotor mit 168 PS (125 kW)
Leistung
Höchstgeschw. (Straße) 86 km/h; Furttiefe 0,8 m; Kletterfähigkeit 0,5 m

Walid

Die ägyptische Armee konzentrierte sich infolge des starken russischen Einflusses in den 50er- und 60er-Jahren hauptsächlich auf den Nachbau sowjetischer Mehrfachraketenwerfer. Seit sich Ägypten jedoch dem Westen angenähert hat, wurden eine Reihe eigener Programme wie die Mehrfachraketenwerfer Sakr-18 und Sakr-30 und ein auf die Erzeugung von Rauchwolken spezialisiertes System begonnen. Das auf dem gepanzerten Personentransporter Walid 4 x 4 basierende System kann mit einer vollen Salve seiner D-3000-Raketen eine 1.000 m lange Rauchwolke bis zu 15 Minuten lang produzieren, was ausreichend ist, um die meisten Aktivitäten auf dem Schlachtfeld zu verdecken. Dasselbe System kann auch auf einem T-62-Panzer montiert werden. Die Raketen, von denen auch eine 6-fach-Version existiert, werden in abfeuerbereiter Position transportiert.

Visitenkarte

Herkunftsland
China
Besatzung
2
Gewicht
12.600 kg
Maße
Länge 5,4 m
Breite 3 m
Höhe 2,58 m
Reichweite
500 km
Panzerung
10 mm
Bewaffnung
12 Raketenwerferröhren à 107 mm
Motorisierung
ein V-8-Dieselmotor mit 320 PS (238 kW)
Leistung
Höchstgeschw. (Straße) 65 km/h; Furttiefe – (amphibisch); Kletterfähigkeit 0,6 m; Grabenüberschreitfähigkeit 2 m

Typ 70

Der Typ 63 wurde in den späten 50er-Jahren entwickelt und hatte drei Reihen mit jeweils vier Röhren. Beim Schießen wurde das Fahrzeug vorn durch zwei ausfahrbare Stützen und hinten zum Auffangen des Rückstoßes durch einen Spaten unterstützt. Die auf ein 4-x-4-Lastwagenchassis montierte Version ist als Typ 81 bekannt. Eine kleinere Version, die für den Transport durch Menschen oder Pferde auseinander genommen werden konnte, wurde für die Luftlandetruppen entwickelt. Der Typ 63 wurde in der ganzen Welt häufig eingesetzt. Er wird von den Mudschahedin in Afghanistan, von Nordvietnam, vom Iran im Iran-Irak-Krieg und von der PLO gegen die Israelis eingesetzt. Der oben abgebildete und links spezifizierte Raketenwerfer Typ 70 verwendet Komponenten des gepanzerten Mannschaftstransporters YW 531C.

Marder II

Im Jahr 1941 war der PzKpfw II veraltet, die Fertigungsstraße war jedoch immer noch in Betrieb. Um keine Ressourcen zu verschwenden, entschied man sich, das Chassis für einen Jagdpanzer zu verwenden, der an der Ostfront gegen Russland zum Einsatz kommen sollte. So wurde die Standardpanzerabwehrkanone, die Pak 40, auf das Chassis des PzKpfw II montiert. Die Kombination von Feuerkraft und Beweglichkeit funktionierte gut, und so blieb der Marder II bis 1944 mit 1.217 gefertigten Exemplaren in Produktion. Der Marder II wurde an allen Kriegsschauplätzen eingesetzt, besonders an der Ostfront, wo einige Exemplare später mit Infrarotsystemen für Nachtgefechte ausgerüstet wurden. Der Marder II erwies sich als wirksame und vielseitige Waffe und war die am häufigsten gebrauchte deutsche Selbstfahrlafette im 2. Weltkrieg.

Visitenkarte

Herkunftsland
Deutschland
Besatzung
3 oder 4
Gewicht
11.000 kg
Maße
Länge 6,36 m
Breite 2,28 m
Höhe 2,2 m
Reichweite
190 km
Panzerung
10 mm
Bewaffnung
eine 7,5-cm-Pak (Panzerabwehrkanone) 40/2, ein 7,92-mm-MG 34
Motorisierung
ein Benzinmotor Maybach HL 62 mit 140 PS (104,4 kW)
Leistung
Höchstgeschw. (Straße) 40 km/h; Furttiefe 0,9 m; Kletterfähigkeit 0,42 m; Grabenüberschreitfähigkeit 1,8 m

Hetzer

Die meisten Umwandlungen vorhandener Panzerchassis in Jagdpanzer waren ziemlich schwerfällig, denn es fehlten den Entwürfen die nötigen Feinheiten. Im Unterschied dazu hatten sich die verschiedenen Sturmgeschütze als sehr wirksame Panzerkiller erwiesen, sodass man sich entschied, einen leichten Jagdpanzer nach dem Modell des Sturmgeschützes herzustellen. Der auf dem Chassis des PzKpfw 38(t) basierende Hetzer wurde ab 1943 produziert. Klein, gut geschützt, sehr beweglich und im Stande, alle Panzer außer den schwersten auszuschalten, erwies sich der Hetzer als ungeheurer Erfolg. Als die Fabriken im Mai 1944 erobert wurden, waren bereits 1.577 Exemplare gebaut worden, unter ihnen Flammenwerfer und Bergepanzer. Nach Ende des 2. Weltkriegs übernahm die tschechische Armee die Produktion. In die Schweiz exportierte Fahrzeuge wurden dort bis in die 70er-Jahre genutzt.

Visitenkarte

Herkunftsland
Deutschland
Besatzung
4
Gewicht
14.500 kg
Maße
Länge 6,2 m
Breite 2,5 m
Höhe 2,1 m
Reichweite
250 km
Panzerung
10–60 mm
Bewaffnung
eine 7,5-cm-Pak 39, ein 7,92-mm-MG 34
Motorisierung
ein Benzinmotor Praga AC/2800 mit 150–160 PS (111,9–119,3 kW)
Leistung
Höchstgeschw. (Straße) 39 km/h; Furttiefe 0,9 m; Kletterfähigkeit 0,65 m; Grabenüberschreitfähigkeit 1,3 m

Visitenkarte

Herkunftsland
Deutschland
Besatzung
4
Gewicht
25.800 kg
Maße
Länge 8,58 m
Breite 2,93 m
Höhe 1,96 m
Reichweite
214 km
Panzerung
10–80 mm
Bewaffnung
eine 7,5-cm-Pak 39,
zwei 7,92-mm-MG 34
Motorisierung
ein Benzinmotor
Maybach HL 120 mit
265 PS (197,6 kW)
Leistung
Höchstgeschw.
(Straße) 35 km/h;
Furttiefe 1,2 m;
Kletterfähigkeit 0,6 m;
Grabenüberschreit-
fähigkeit 2,3 m

Jagdpanzer IV

Die Erfahrung des Krieges machte es 1942 notwendig, die Sturmgeschütze aufzurüsten, wenn sie weiterhin ihre Rolle als Jagdpanzer erfüllen sollten. Man wählte das Geschütz des Panthers dafür aus. Während der Änderungen am Sturmgeschütz III zur Aufrüstung wurde das Geschütz des Panthers auf das Chassis eines PzKpfw IV montiert. Von den als Jagdpanzer IV bekannten Fahrzeugen wurden zwischen 1943 und März 1945 1.139 Stück produziert. Der Jagdpanzer IV bot der Besatzung einen besonders guten Schutz, da er rein äußerlich ziemlich niedrig gehalten war und über eine dicke Panzerung verfügte. Nach Hitlers Anweisungen wurden einige Modelle später mit der stärkeren L/70-Kanone ausgestattet, aber das zusätzliche Gewicht führte zu geringerer Beweglichkeit.

Visitenkarte

Herkunftsland
Deutschland
Besatzung
5
Gewicht
24.400 kg
Maße
Länge 8,44 m
Breite 2,86 m
Höhe 2,65 m
Reichweite
210 km
Panzerung
10–30 mm
Bewaffnung
eine 8,8-cm-Pak 43,
ein 7,92-mm-MG 34
Motorisierung
ein Benzinmotor
Maybach HL 120 mit
265 PS (197,6 kW)
Leistung
Höchstgeschw.
(Straße) 40 km/h;
Furttiefe 0,8 m;
Kletterfähigkeit 0,6 m;
Grabenüberschreit-
fähigkeit 2,3 m

Nashorn

Im Bemühen, eine ausreichende Anzahl von Jagdpanzern an die Ostfront zu bringen, begannen die Deutschen zu improvisieren. Ein auf dem Chassis des PzKpfw IV basierender spezieller Waffentransporter wurde so angepasst, dass er die 8,8-cm-Pak 43 aufnehmen konnte. Von diesen als Nashorn bezeichneten Fahrzeugen wurden in den Jahren 1943 und 1944 433 Exemplare gebaut. Das Nashorn war ein hohes Fahrzeug, das sich nur schwer verbergen ließ, ein Problem, das durch die mangelhafte Panzerung, die nur den Fahrer voll schützte, noch verstärkt wurde. Im Gegensatz zu den meisten anderen Jagdpanzern wurde es deshalb als Langstreckenwaffe verwendet. Die starke Kanone machte das Nashorn zu einer mächtigen Waffe auf dem Schlachtfeld, aber es war für seine Rolle zu sperrig.

Elefant

Der Elefant war Porsches Entwurf für den PzKpfw VI Tiger, für den aber Henschel schließlich den Zuschlag bekam. Man entschloss sich jedoch, den von Porsche entworfenen Panzer als Jagdpanzer zu verwenden. Weil Hitler die Einsatzfähigkeit des neuen Fahrzeugs für die Offensive von 1943 an der Ostfront forderte, musste eine Abwicklung rasch erfolgen. Als Folge davon blieben viele Fahrzeuge bei ihrem ersten Kampfeinsatz in der Schlacht von Kursk stehen. Ihre unzureichende Panzerung und Schwerfälligkeit machten sie für sowjetische Schützen zu leichten Zielen. Außerdem bedeutete der Mangel an MGs, dass es im Nahkampf keine Verteidigung gegen sowjetische Truppen gab, die das Fahrzeug mit Sprengstoff fahruntauglich machten. Die restlichen Fahrzeuge wurden nach Italien verlegt, wo Unzuverlässigkeit und fehlende Ersatzteile ihr Übriges zur Ineffizienz des Elefanten beitrugen.

Visitenkarte

Herkunftsland
Deutschland
Besatzung
6
Gewicht
65.000 kg
Maße
Länge 8,13 m
Breite 3,38 m
Höhe 3 m
Reichweite
153 km
Panzerung
50–200 mm
Bewaffnung
eine 8,8-cm-Pak 43/2
Motorisierung
zwei Benzinmotoren Maybach HL 120 TRM V-12 mit je 530 PS (395,2 kW)
Leistung
Höchstgeschw. (Straße) 20,1 km/h; Furttiefe 1 m; Kletterfähigkeit 0,8 m; Grabenüberschreitfähigkeit 2,65 m

Jagdpanther

Der Jagdpanther war – im Gegensatz zu eilig umgewandelten Panzern – einer der ersten speziell gebauten Jagdpanzer. Der auf dem Chassis des Panthers aufgebaute Prototyp wurde Hitler im Oktober 1943 vorgestellt, und er gab ihm den Namen Jagdpanther. Schnell, gut gepanzert und mit einer starken Kanone ausgerüstet, wurde der Jagdpanther zu einem der berühmtesten Fahrzeuge des 2. Weltkriegs. Er konnte fast jeden Panzer ausschalten. Ein MG und ein antimagnetischer Minenanstrich halfen dem an allen europäischen Fronten gefürchteten Jagdpanther bei der Verteidigung im Nahkampf. Bis zur Eroberung der Fabriken im April 1945 waren nur 382 Fahrzeuge fertig gestellt worden, da die Bombenangriffe der Alliierten eine weitere Produktion unterbrochen hatten.

Visitenkarte

Herkunftsland
Deutschland
Besatzung
5
Gewicht
46.000 kg
Maße
Länge 9,9 m
Breite 3,27 m
Höhe 2,72 m
Reichweite
160 km
Panzerung
80–120 mm
Bewaffnung
eine 8,8-cm-Pak 43/3, ein 7,92-mm-MG 34
Motorisierung
ein Benzinmotor Maybach HL 230 mit 600–700 PS (447,4–522 kW)
Leistung
Höchstgeschw. (Straße) 55 km/h; Furttiefe 1,7 m; Kletterfähigkeit 0,9 m; Grabenüberschreitfähigkeit 1,9 m

Visitenkarte

Herkunftsland
Italien
Besatzung
2
Gewicht
6.500 kg
Maße
Länge 4 m
Breite 1,92 m
Höhe 1,63 m
Reichweite
200 km
Panzerung
6–42 mm
Bewaffnung
eine Böhler-47-mm-Kanone, ein 8-mm-MG Breda Modell 38
Motorisierung
ein 4-Zylinder-Benzinmotor SPA 18D mit 68 PS (50,7 kW)
Leistung
Höchstgeschw. (Straße) 42,3 km/h; Furttiefe 0,8 m; Kletterfähigkeit 0,8 m; Grabenüberschreitfähigkeit 1,7 m

L40

Die Italiener waren der Panzerfahrzeugproduktion im taktischem Denken voraus, als sie in den späten 30er-Jahren einen der ersten Jagdpanzer entwickelten. So erwiesen sich die leichten Panzer im Gegensatz zu den Jagdpanzern 1941 in Nordafrika als wenig brauchbar. Das Chassis des Semovente M 40 wurde mit einer Böhler-47-mm-Kanone, einer der am härtesten aufschlagenden Panzerabwehrwaffen ihrer Zeit, ausgestattet. Etwa 280 dieser Jagdpanzer wurden produziert, und sie konnten den alliierten Panzern standhalten. Als sie nach der Kapitulation Italiens 1943 von den Deutschen übernommen wurden, setzte man sie kaum ein, da sie für einen Großteil des italienischen Terrains ungeeignet waren. Viele wurden daher nach Entfernung der Bewaffnung in mobile Kommandoposten umgewandelt.

Visitenkarte

Herkunftsland
Italien
Besatzung
2 (an der Kanone)
Gewicht
17.000 kg
Maße
Länge 5,21 m
Breite 2,2 m
Höhe 2,15 m
Reichweite
200 km
Panzerung
keine
Bewaffnung
eine 90-mm-Kanone
Motorisierung
ein 8-Zylinder-Benzinmotor SPA 15-TM-41 mit 145 PS (108,1 kW)
Leistung
Höchstgeschw. (Straße) 35,5 km/h; Furttiefe 1 m; Kletterfähigkeit 0,9 m; Grabenüberschreitfähigkeit 2,1 m

M41

Der M41 war der einzige von Italien während des 2. Weltkriegs produzierte schwere Jagdpanzer. Die Entwickler verwendeten das Chassis des Panzers M14/41, auf dem eine starke Flugabwehrkanone montiert wurde. Da das Fahrzeug aus größerer Reichweite tätig sein sollte, ging man davon aus, dass es keine Panzerung benötige. 1941 wurden die ersten der insgesamt 48 Fahrzeuge produziert. Die geringe Zahl ist einerseits eine Folge der Produktionsgrenzen der italienischen Industrie, andererseits wurde die Kanone regelmäßig für den Flugabwehrdienst benötigt. Die M41 erwiesen sich in den offenen Räumen Nordafrikas als wirksam, waren aber nur von geringem Wert im Gebirge Italiens, in dem ohnehin nur wenige Panzer eingesetzt waren, und wo die von den Deutschen nach der Kapitulation übernommenen Fahrzeuge eingesetzt wurden. Die meisten wurden als Langstreckenartillerie verwendet.

M10

Unmittelbar vor Kriegseintritt in den 2. Weltkrieg entwickelte die US Army das Konzept, sich schnell bewegende Panzerformationen mit massenweise eingesetzten, stark bewaffneten Jagdpanzern zu besiegen. Ein Produkt dieses Konzepts war der M10, der auf dem M4-Sherman-Panzerchassis basierte und die M7-Kanone verwendete, die aus einer Flugabwehrkanone entwickelt worden war. Der M10 war leicht bewaffnet, da er nicht für den Nahkampf bestimmt war. Seine Produktion lief von September bis Dezember 1942, wobei fast 5.000 Exemplare produziert wurden. Das Konzept eigener Jagdpanzerbataillone erwies sich bald als unwirksam, und so wurden die meisten M10 beim Angriff verwendet. Der M10 wurde bis Kriegsende eingesetzt, aber seine Größe, seine Sperrigkeit und die abnehmende Wirkung seiner Kanone schränkten seine Nützlichkeit weiter ein.

Visitenkarte

Herkunftsland
USA
Besatzung
5
Gewicht
29.937 kg
Maße
Länge 6,83 m
Breite 3,05 m
Höhe 2,57 m
Reichweite
322 km
Panzerung
12–37 mm
Bewaffnung
eine 76,2-mm-M7-Kanone, ein 12,7-mm-Browning-MG
Motorisierung
zwei 6-Zylinder-Diesel General Motors mit je 375 PS (276,6 kW)
Leistung
Höchstgeschw. (Straße) 51 km/h; Furttiefe 0,91 m; Kletterfähigkeit 0,46 m; Grabenüberschreitfähigkeit 2,26 m

M18

Im Gegensatz zu den meisten Jagdpanzern des 2. Weltkriegs, die eigentlich umgewandelte Panzer waren, wurde der M18 Hellcat von Beginn an als Jagdpanzer gestaltet. Die Entwicklung begann 1942, und die ersten produzierten Exemplare des Fahrzeugs, von dem bis Oktober 1944 über 2.500 Stück hergestellt wurden, erschienen 1943. Der M18 erwies sich als einer der besten US-Jagdpanzer des Krieges. Er war viel kleiner als der M10, besaß eine stärkere Kanone und war wesentlich schneller. Tatsächlich war er durch ein gutes Leistungsgewicht, das ihm ausgezeichnete Beweglichkeit und Beschleunigung verlieh, das schnellste Kettenfahrzeug des Krieges. Bedeutsamer war jedoch, dass er anderen Jagdpanzern auf dem Schlachtfeld standhielt. Trotz seines Erfolgs führte die nachlassende Bedeutung spezieller Jagdpanzereinheiten dazu, dass der M18 mehr bei Angriff und Artillerie verwendet wurde.

Visitenkarte

Herkunftsland
USA
Besatzung
5
Gewicht
17.036 kg
Maße
Länge 6,65 m
Breite 2,87 m
Höhe 2,58 m
Reichweite
169 km
Panzerung
9–25 mm
Bewaffnung
eine 76,2-mm-Kanone M1A1, ein 12,7-mm-MG
Motorisierung
ein radialer Benzinmotor Continental R-975 C1 mit 340 PS (253,5 kW)
Leistung
Höchstgeschw. (Straße) 88,5 km/h; Furttiefe 1,22 m; Kletterfähigkeit 0,91 m; Grabenüberschreitfähigkeit 1,88 m

Visitenkarte

Herkunftsland
Großbritannien
Besatzung
4
Gewicht
16.257 kg
Maße
Länge 6,68 m
Breite 2,76 m
Höhe 2,25 m
Reichweite
225 km
Panzerung
8–60 mm
Bewaffnung
eine 17-Pfünder-Kanone, ein 7,92-mm-Bren-MG
Motorisierung
ein 6-Zylinder-Diesel General Motors 6-71 mit 192 PS (143,2 kW)
Leistung
Höchstgeschw. (Straße) 32,2 km/h; Furttiefe 0,91 m; Kletterfähigkeit 0,82 m; Grabenüberschreitfähigkeit 2,36 m

Archer

Der Archer war eine Folge des britischen Entschlusses, das Kaliber von Panzerabwehrkanonen von 57 mm auf 76,2 mm zu steigern. Die neuen Kanonen waren für die bereits existierenden Panzer zu schwer, und so wurde eine Übergangslösung durch die Anpassung des Chassis des Valentine zum Gebrauch als Jagdpanzer gefunden. Produziert wurde der Archer ab März 1943, aber er wurde erst im Oktober 1944 eingesetzt. Anfangssorgen über die nach hinten gerichtete Kanone erwiesen sich als grundlos. Die niedrige Silhouette war ideal für Hinterhalte, und die nach hinten gerichtete Kanone ermöglichte es dem Fahrzeug, ohne Umdrehen schnell wegfahren und Vergeltungsschläge vermeiden zu können. Bis zum Ende des 2. Weltkriegs wurden insgesamt 655 Exemplare des Fahrzeugs produziert, das bei den Briten bis in die Mitte der 50er-Jahre verwendet wurde.

Visitenkarte

Herkunftsland
Großbritannien
Besatzung
3
Gewicht
5.700 kg
Maße
Länge 5,05 m
Breite 2,22 m
Höhe 2,34 m
Reichweite
402 km
Panzerung
8–16 mm
Bewaffnung
zwei Malkara-Panzerabwehrraketen
Motorisierung
ein 6-Zylinder-Benzinmotor Rolls-Royce B60 Mk 5A mit 120 PS (89 kW)
Leistung
Höchstgeschw. (Straße) 64 km/h

Hornet Malkara

Der Hornet Malkara wurde in den 50er-Jahren entwickelt, um eine Langstreckenpanzerabwehr zu haben. Das 1t-Fahrzeug war im Grunde genommen ein modifiziertes Humber-4-x-4-Lastwagenchassis mit einem hinten befestigten Raketenwerfer. Es wurde ausdrücklich für den Fallschirmabwurf entworfen. Der Schütze feuerte die Rakete von der Kabine aus ab und kontrollierte sie mit einem Steuerknüppel, der an einer sich abspulenden Leitung befestigt war, über die elektrische Signale übermittelt wurden. Das Geschoss trug den größten Sprengkopf, der jemals auf einer Panzerabwehrkanone befestigt war und konnte damit jeden damaligen Panzer zerstören. Der Hornet Malkara blieb im Dienst, bis er in den 70er-Jahren durch den Ferret Mk 5 ersetzt wurde. Trotz seiner Unausgereiftheit wies der Hornet Malkara die Richtung zukünftiger Entwicklungen im Bereich der Panzerabwehrwaffen.

Kanone

Als die westdeutsche Armee in den 50er-Jahren neu gegründet wurde, hatte als Folge der bitteren Erfahrungen im 2. Weltkrieg die Ausrüstung mit starken, gut geschützten Jagdpanzern oberste Priorität. Nach einigen Jahren der Forschung und Entwicklung ging der Jagdpanzer Kanone im Jahr 1965 in Produktion. Von dem deutschen Unternehmen Rheinstahl gebaut, zeichnete sich dieser turmlose Jagdpanzer durch die so genannte Kasematt-Bauweise aus. Das im Frontbereich der Wanne montierte 90-mm-Geschütz ist mit jenem des M 48-Panzers der deutschen Bundeswehr ident. Der Jagdpanzer Kanone war der erste einer Panzerfamilie, zu der auch der mit Lenkraketen (anfangs SS-11, wurden später durch die besseren HOT- bzw. TOW-Raketen ersetzt) ausgestattete Jagdpanzer Rakete und der Schützenpanzer Marder gehörten. Viele der mit Kanonen ausgestatteten Modelle wurden in den 80er-Jahren zu Raketenpanzern umgerüstet.

Visitenkarte

Herkunftsland
BR Deutschland
Besatzung
4
Gewicht
27.500 kg
Maße
Länge 6,24 m
Breite 2,97 m
Höhe 2,08 m
Reichweite
400 km (Straße)
Panzerung
10–50 mm
Bewaffnung
ein 90-mm-Geschütz, ein 7,62-mm-Koaxial-MG und ein 7,62-mm-Fla-MG
Motorisierung
ein V-8 Dieselmotor von Daimler-Benz mit 500 PS (372 kW)
Leistung
Höchstgeschw. (Straße) 70 km/h; Furttiefe 1,50 m; Kletterfähigkeit 0,75 m; Grabenüberschreitfähigkeit 2 m

Jaguar 1

Der Jagdpanzer Jaguar 1 entstand durch den Umbau des Raketenjagdpanzers 2, der dadurch mit moderneren Panzerabwehrraketen bestückt werden konnte. Das Fahrgestell war nach wie vor dasselbe wie beim Kanonenjagdpanzer 4-5, nur der Kampfraum erhielt eine Zusatzpanzerung zum Schutz gegen moderne Kampfpanzer. Die SS-11-Raketen wurden durch die neuen Euromissile-K3S-HOT-Panzerabwehrraketen ersetzt. HOT ist ein Lenkraketensystem mit einer Reichweite von 4000 m und kann sogar moderne Spezialpanzerung durchschlagen. Der Jaguar 2 war sehr ähnlich dem Jaguar 1, hatte aber anstelle des HOT-Systems ein TOW-Panzerabwehrraketensystem.

Visitenkarte

Herkunftsland
BR Deutschland
Besatzung
4
Gewicht
25.500 kg
Maße
Länge 6,61 m
Breite 3,12 m
Höhe 2,55 m
Reichweite
400 km
Panzerung
bis zu 50 mm
Bewaffnung
ein HOT-Panzerabwehrraketensystem; ein 7,62-mm-MG MG3
Motorisierung
ein 8-Zylinder-Dieselmotor Daimler-Benz MB837A mit 500 PS (373 kW) bei 2000 U/min
Leistung
Höchstgeschw. (Straße) 70 km/h; Furttiefe 1,4 m; Steigfähigkeit 60 %; Kletterfähigkeit 0,75 m; Grabenüberschreitfähigkeit 2 m

Visitenkarte

Herkunftsland
Österreich
Besatzung
3
Gewicht
17.500 kg
Maße
Länge inkl. Geschützrohr 7,76 m; Länge der Wanne 5,58 m; Breite 2,5 m; Höhe 2,53 m
Reichweite
520 km (Straße)
Panzerung
10–40 mm
Bewaffnung
eine 105-mm-Panzerkanone, ein 7,62-mm-Koaxial-MG
Motorisierung
wassergekühlter 6FA Turbodiesel von Steyr mit 320 PS (238 kW)
Leistung
Höchstgeschw. (Straße) 65 km/h; Furttiefe 1 m; Kletterfähigkeit 0,8 m; Grabenüberschreitfähigkeit 2,41 m

Kürassier

Da die Nachfrage seitens des österreichischen Heeres nach einem wendigen und nur schwer zu treffenden Jagdpanzer immer lauter wurde, entwickelte Steyr Mitte der 60er-Jahre den SK-105, der 1970 in Produktion ging. Basierend auf dem Saurer-4K4FA-Truppentransporter war die Wanne nur leicht gepanzert; nichtsdestotrotz hielt der vordere Bereich 20-mm-Geschützen stand, Handfeuerwaffen konnten der Panzerung keinen Schaden zufügen. Bei dem Wiegeturm handelte es sich um eine abgeänderte Version des französischen Fives-Cail-Babcock FL-12 des AMX-13-Leichtpanzers, eine 105-mm-Panzerkanone stellte die Primärbewaffnung dar. Das verbesserte Modell Kürassier wurde mit einem stabilisierten Turmkippteil und einem digitalen Feuerleitrechner versehen und wurde zudem mit allen technischen Voraussetzungen ausgestattet, um eine uneingeschränkte Nachtkampftauglichkeit zu gewährleisten. Der Kürassier fand jedoch nicht nur im österreichischen Bundesheer Verwendung, sondern wurde auch nach Argentinien, Bolivien, Botswana, Marokko und Tunesien exportiert.

Visitenkarte

Herkunftsland
Großbritannien/ Russland
Besatzung
5
Gewicht
5.200 kg
Maße
Länge 4,88 m
Breite 1,95 m
Höhe 2,4 m
Reichweite
200 km
Panzerung
8 mm
Bewaffnung
zwei Maxim-MGs
Motorisierung
ein Austin-Benzinmotor mit 50 PS (37,3 kW)
Leistung
Höchstgeschw. (Straße) 50 km/h

Austin-Putilov

Der Austin-Putilov war ein britischer Entwurf, obwohl er hauptsächlich in Russland produziert und eingesetzt wurde. Die Russen nahmen das Grundchassis und modifizierten es beträchtlich, um es an die harten russischen Bedingungen anzupassen. Später wurden die Hinterräder durch Ketten ersetzt, und das Fahrzeug bekam eine zusätzliche Panzerung und Lenkung für hinten. Sowohl in Bezug auf produzierte Stückzahl als auch Leistung war der Austin-Putilov der wichtigste Panzerwagen, den die Russen während des 1. Weltkriegs besaßen. Viele wurden auch bei den internen Auseinandersetzungen der Oktoberrevolution und anschließend im russischen Bürgerkrieg eingesetzt. Nach 1918 wurde das Fahrzeug von der polnischen Armee genutzt. Einige dieser äußert robusten Fahrzeuge wurden auch nach Japan verkauft.

Rolls-Royce

Im Jahr 1914 beobachtete der Royal Naval Air Service, wie die Belgier Panzerwagen einsetzten, um Angriffe auf die vorrückende deutsche Armee auszuführen. Sie beschlossen, einige der Rolls-Royce-Silver-Ghost-Fahrzeuge, die sie besaßen, umzuwandeln. Die Umwandlung war ein Erfolg, und die Admiralität gab die Genehmigung zum Bau eines auf dem Chassis des Silver Ghost basierenden offiziellen Panzerwagens. Der mit verstärkter Radaufhängung und Panzerung versehene Rolls-Royce wurde ab März 1915 in der ganzen Welt eingesetzt, besonders in Afrika und auf der arabischen Halbinsel, wo sie ihre ausgezeichnete Querfeldeinbeweglichkeit bewiesen. Am besten waren sie für ein Terrain geeignet, das ihnen einen weiten Raum bot. Sie blieben im Dienst der britischen Armee, bis sie 1922 ersetzt wurden, obwohl einige Fahrzeuge in Indien bis weit in den 2. Weltkrieg hinein verwendet wurden.

Visitenkarte

Herkunftsland
Großbritannien
Besatzung
3 oder 4
Gewicht
3.400 kg
Maße
Länge 5,03 m
Breite 1,91 m
Höhe 2,55 m
Reichweite
240 km
Panzerung
9 mm
Bewaffnung
ein Vickers-8-mm-MG
Motorisierung
ein Rolls-Royce-Benzinmotor mit 40/50 PS (30/37,3 kW)
Leistung
Höchstgeschw. (Straße) 95 km/h

Lanchester

Der ursprünglich zur Unterstützung von Luftbasen und zur Bergung abgeschossener Piloten gedachte Lanchester war Ende 1914 nach dem Rolls-Royce der zahlenmäßig am weitesten eingesetzte Panzerwagen. Ein Jahr später wurden die Lanchester in Panzerwagengeschwadern organisiert. Der Motor des Originalfahrzeugs wurde übernommen, aber die Karosserie wurde stark verändert. Als die Army Ende 1915 die Operationskontrolle von der Navy übernahm, beschloss man, den Rolls-Royce als Standardpanzerfahrzeug zu verwenden, während die Lanchesters langsam ausgegliedert wurden. Viele dieser Fahrzeuge wurden jedoch mit Mannschaften der Navy zu den Russen gesandt, von denen die Lanchester in Persien, Rumänien und Galizien eingesetzt wurden. Die zuverlässigen und schnellen Fahrzeuge dienten dort als Angriffsspitzen gepanzerter Kolonnen und als Aufklärer.

Visitenkarte

Herkunftsland
Großbritannien
Besatzung
4
Gewicht
4.700 kg
Maße
Länge 4,88 m
Breite 1,93 m
Höhe 2,29 m
Reichweite
290 km
Panzerung
unbekannt
Bewaffnung
ein Vickers-8-mm-MG
Motorisierung
ein Lanchester-Benzinmotor mit 60 PS (45 kW)
Leistung
Höchstgeschw. (Straße) 80 km/h

IZ-Panzerwagen

Visitenkarte

Herkunftsland
Italien
Besatzung
6
Gewicht
3.700 kg
Maße
Länge 5,4 m
Breite 1,82 m
Höhe (mit Turm)
2,4 m
Reichweite
300 km
Panzerung
9 mm
Bewaffnung
zwei MGs
Motorisierung
ein Benzinmotor mit
35/40 PS (26/30 kW)
Leistung
Höchstgeschw.
(Straße) 60 km/h

Der auf dem Lancia IZ-LKW basierende IZ-Panzerwagen war für seine Zeit ein durchaus fortschrittlicher Entwurf. Mit zwei am Turm befestigten MGs hatte das Fahrzeug eine beachtliche Feuerkraft. Stahlschienen zum Kappen von Stacheldraht ragten über die Front des Fahrzeugs (ein Merkmal, das die Erfahrungen europäischer Armeen im 1. Weltkrieg besonders gut widerspiegelte). Viele der von den Italienern in den Gebirgskämpfen mit der österreichisch-ungarischen Armee nicht verwendeten Fahrzeuge wurden zu Überwachungszwecken nach Nordafrika gesandt. Die Gesamtproduktion betrug 1918 etwa 120. Nach dem 1. Weltkrieg wurden einige nach Albanien geschickt, wo sie viele Jahre lang die einzige Panzermacht des Landes bildeten. Einige wurden sogar, obwohl schon veraltet, von Italien im Spanischen Bürgerkrieg eingesetzt.

Autoblindé Peugeot

Visitenkarte

Herkunftsland
Frankreich
Besatzung
4 oder 5
Gewicht
4.900 kg
Maße
Länge 4,8 m
Breite 1,8 m
Höhe 2,8 m
Reichweite
140 km
Panzerung
unbekannt
Bewaffnung
eine 37-mm-Kanone
Motorisierung
ein Peugeot-Benzinmotor mit 40 PS
(30 kW)
Leistung
Höchstgeschw.
(Straße) 40 km/h

Der auf einem kommerziellen Modell basierende erste Peugeot-Panzerwagen von 1914 war eine Improvisation. Verbesserungen in Bezug auf Panzerung und Feuerkraft erfolgten schnell. Mit der Entwicklung des Stellungskriegs nach dem ersten Jahr des 1. Weltkriegs gab es für den Peugeot nur eine eingeschränkte Rolle. Da er an Straßen gebunden war, konnte er nur wenig mehr tun, als das Hinterland zu patrouillieren. Die Peugeots wurden verwendet, um den deutschen Durchbruch vom März 1918 aufzuhalten. Für diese Art des beweglichen Kriegs waren sie geeigneter, aber ihre Rolle wurde sehr von den neu erschienenen Panzern überschattet. Die wenigen Peugeots, die am Ende des 1. Weltkriegs noch im Einsatz waren, wurden der polnischen Armee übergeben, in der sie für einige Jahre in Dienst blieben und gegen die Russen eingesetzt wurden.

SdKfz 231

Obwohl das SdKfz 231 ursprünglich am Kazan-Testzentrum in der Sowjetunion entwickelt wurde, war das Fahrzeug ein für den deutschen Gebrauch bestimmter deutscher Entwurf. Für das zwischen 1932 und 1935 etwa 1.000 Mal produzierte Fahrzeug wurde ein 6-x-4-Daimler-Benz-Lastwagenchassis als Basis genommen, auf das eine gepanzerte Hülle und ein Turm montiert wurden. Die Hülle war jedoch zu schwer für das Chassis, was zu einer schlechten Querfeldeinleistung führte. Auf Straßen ließen sie sich jedoch während des Einmarsches in die Tschechoslowakei und der Polen- und Frankreichfeldzüge 1939/40 wirkungsvoll einsetzen, wobei allein schon ihr Erscheinen für Propaganda sorgte. Ihr größter Wert bestand jedoch darin, dass sie während der 30er-Jahre ein unschätzbares Ausbildungsfahrzeug für die deutsche Armee waren.

Visitenkarte

Herkunftsland
Deutschland
Besatzung
4
Gewicht
5.700 kg
Maße
Länge 5,57 m
Breite 1,82 m
Höhe 2,25 m
Reichweite
250 km
Panzerung
8 mm
Bewaffnung
eine 20-mm-KwK 38, ein koaxiales 7,62-mm-MG
Motorisierung
ein wassergekühlter Benzinmotor Daimler-Benz, Büssing-NAG oder Magirus mit 60–80 PS (45–60 kW)
Leistung
Höchstgeschw. (Straße) 65 km/h; Furttiefe 0,6 m

SdKfz 234

Das gepanzerte 8-x-8-SdKfz 234 wurde von Büssing-NAG nach einer Anforderung der Wehrmacht von 1940 produziert und sollte für Operationen in heißem Klima geeignet sein. Stromlinienförmiger und dicker gepanzert als die frühere 231er-Serie sicherte seine ausgezeichnete Leistung dem SdKfz 234 den Platz als wahrscheinlich bestes Fahrzeug seiner Art, das bei einer Armee im 2. Weltkrieg verwendet wurde. Das berühmteste Modell war der 234/2 Puma, der den für den leichten Panzer Leopard bestimmten Turm verwendete, was dem Fahrzeug ausreichend Feuerkraft verlieh, um mit den meisten feindlichen gepanzerten Aufklärern mitzuhalten. Die Qualität des Fahrzeugs lässt sich daran messen, dass es trotz hoher Produktionskosten das einzige Aufklärungsfahrzeug war, das von der deutschen Industrie 1945 noch hergestellt wurde.

Visitenkarte

Herkunftsland
Deutschland
Besatzung
4
Gewicht
11.740 kg
Maße
Länge 6,8 m
Breite 2,33 m
Höhe 2,38 m
Reichweite
1.000 km
Panzerung
5–15 mm
Bewaffnung
eine 20-mm-KwK 30 und eine 50-mm-KwK 39/1, ein koaxiales 7,92-mm-MG
Motorisierung
ein Dieselmotor Tatra Modell 103 mit 210 PS (157 kW)
Leistung
Höchstgeschw. (Straße) 85 km/h; Furttiefe 1,2 m; Kletterfähigkeit 0,5 m; Grabenüberschreitfähigkeit 1,35 m

Visitenkarte

Herkunftsland
Deutschland
Besatzung
3
Gewicht
4.800 kg (10,560 lb)
Maße
Länge 4,8 m
Breite 1,95 m
Höhe 2 m mit Granatenschutz
Reichweite
300 km
Panzerung
14,5–30 mm
Bewaffnung
eine 20-mm-KwK, ein 7,92-mm-MG 34
Motorisierung
ein wassergekühlter Benzinmotor Horch/ Auto Union V-8-108 mit 81 PS (60 kW)
Leistung
Höchstgeschw. (Straße) 80 km/h; Furttiefe 0,6 m

SdKfz 222

Als die Nationalsozialisten begannen, die deutsche Armee Mitte der 30er-Jahre wiederzubewaffnen, ersuchte man um eine Serie leichter Panzerwagen, die auf einem Standardchassis basierten. Kommerzielle Modelle konnten den Ansprüchen selbst nach einer Bearbeitung nicht entsprechen, und so wurde ein neues Fahrzeug entworfen, das SdKfz 222, das 1938 zum ersten Mal produziert wurde und sich zum gepanzerten Standardaufklärungsfahrzeug der Wehrmacht entwickelte. Das zuverlässige und beliebte Fahrzeug leistete der Armee während des Blitzkriegs gegen Polen und Frankreich 1939/40 und später in Nordafrika gute Dienste. Doch erwies sich die eingeschränkte Reichweite vor allem in der Wüste und während der Invasion in die UdSSR 1941 als problematisch. Dennoch blieb es in Westeuropa bis zum Ende des 2. Weltkriegs in deutschen Diensten.

Visitenkarte

Herkunftsland
USA
Besatzung
4
Gewicht
7.940 kg
Maße
Länge 5 m
Breite 2,54 m
Höhe 2,25 m
Reichweite
563 km
Panzerung
8 mm
Bewaffnung
eine 37-mm-Kanone, ein koaxiales 7,62-mm-MG, ein 12,7-mm-Fla-MG
Motorisierung
ein 6-Zylinder-Dieselmotor Hercules JDX mit 110 PS (82 kW)
Leistung
Höchstgeschw. (Straße) 89 km/h; Furttiefe 0,61 m; Kletterfähigkeit 0,3 m

Light Armoured Car M8

Der M8 wurde nach der amerikanischen Beobachtung europäischer Feldzüge 1940/41 entwickelt. Nach Annahme von Fords Entwurf wurde der M8 von März 1943 bis zum letzten Monat des 2. Weltkriegs mehr als 11.000 Mal produziert. Trotz britischer Bedenken wegen seiner dünnen Panzerung (das Fahrzeug wurde von ihnen ziemlich unfreundlich als »Greyhound« bezeichnet) war der M8 ein großartiges, häufig verwendetes Fahrzeug mit ausgezeichneter Querfeldeinbeweglichkeit. Seine geringe Höhe erleichterte die Tarnung, und seine Feuerkraft ermöglichte es, mit jedem ähnlichen feindlichen Fahrzeug mitzuhalten (die 37-mm-Kanone war zu Beginn des Kriegs eine Panzerbewaffnung). Der M8 wurde zum wichtigsten amerikanischen Panzerwagen, nicht nur wegen seiner ausgezeichneten Qualitäten, sondern auch wegen seiner gewaltigen Produktionszahlen.

T17E1 Staghound

Der Staghound (Jagdhund) wurde in den frühen Jahren des 2. Weltkriegs auf die Anforderung der US Army nach einem leichten Panzerwagen entwickelt. Als jedoch die ersten Modelle produziert waren, hatten sich die amerikanischen Anforderungen geändert, und so wurden alle Fahrzeuge den Armeen der Briten und des Commonwealth übergeben. Das Fahrzeug war schnell, manövrierfähig und leicht zu bedienen und zu warten. Es behauptete sich gut in seiner ersten Schlacht 1943 in Italien, in der kleine und bewegliche Fahrzeuge unbedingt erforderlich waren. Der Mk II wurde mit einer Panzerhaubitze ausgestattet, der Mk III mit dem Turm eines Crusader-Panzers. Andere Varianten waren ein Minenräumer und ein Kommandofahrzeug. Der Staghound war ein beliebtes Fahrzeug, das nach dem Ende des 2. Weltkriegs noch mehrere Jahre im Dienst der Briten blieb.

Visitenkarte

Herkunftsland
USA
Besatzung
5
Gewicht
13.920 kg
Maße
Länge 5,49 m
Breite 2,69 m
Höhe 2,36 m
Reichweite
724 km
Panzerung
8 mm
Bewaffnung
eine 37-mm-Kanone, drei 7,62-mm-MGs
Motorisierung
zwei 6-Zylinder-Benzinmotoren GMC mit je 97 PS (72 kW)
Leistung
Höchstgeschw. (Straße) 89 km/h; Furttiefe 0,8 m; Kletterfähigkeit 0,53 m

Marmon Herrington

Die Regierung Südafrikas forderte 1938 die Entwicklung eines gepanzerten Fahrzeugs, das auf ausländischen Bauteilen basieren, jedoch in Südafrika montiert werden sollte. Das Chassis und der Motor wurden von Ford hergestellt, das Getriebe von Marmon Herrington in den USA, und die Bewaffnung wurde aus Großbritannien importiert. Zu Produktionsbeginn war der Marmon Herrington der einzige für die britische und südafrikanische Armee in großen Zahlen verfügbare Panzerwagen. Er wurde häufig in der westlichen Wüste im Feldzug gegen Rommels Afrikakorps eingesetzt. Das gut verarbeitete und unerschütterliche Fahrzeug war trotz leichter Panzerung und Bewaffnung überraschend effektiv, auch weil es unter Gefechtsbedingungen relativ einfach zu warten war. Die Fahrzeuge wurden häufig an lokale Bedingungen angepasst und auf dem Schlachtfeld mit vielen verschiedenen Waffen versehen.

Visitenkarte

Herkunftsland
Südafrika
Besatzung
4
Gewicht
6.000 kg
Maße
Länge 4,88 m
Breite 1,93 m
Höhe 2,29 m
Reichweite
322 km
Panzerung
12 mm
Bewaffnung
ein Vickers-7,7-mm-MG, ein Boys-14-mm-Fla-Gewehr, ein Bren-Gewehr
Motorisierung
ein Benzinmotor Ford V-8
Leistung
Höchstgeschw. (Straße) 80,5 km/h (50 mph)

Visitenkarte

Herkunftsland
Großbritannien
Besatzung
3 (4 im Mk III)
Gewicht
6.850 kg
Maße
Länge 4,57 m
Breite 2,18 m
Höhe 2,34 m
Reichweite
402 km
Panzerung
14,5–30 mm
Bewaffnung
eine 15-mm-Kanone, ein 7,92-mm-Besa-MG
Motorisierung
ein wassergekühlter 6-Zylinder-Benzinmotor Rootes mit 90 PS (77 kW)
Leistung
Höchstgeschw. (Straße) 72 km/h; Furttiefe 0,6 m; Kletterfähigkeit 0,53 m; Grabenüberschreitfähigkeit 1,22 m

Humber Mk I

Zahlenmäßig war der Humber mit insgesamt 5.400 produzierten Fahrzeugen der wichtigste britische Panzerwagen des 2. Weltkriegs. Der auf Guys Vorkriegsentwurf eines leichten Panzers mit Rädern basierende Humber war zuerst nur mit MGs ausgestattet, was bedeutete, dass er dem Feind unterlegen war. Er wurde später aufgerüstet und in Nordafrika von 1941 an und danach überall dort eingesetzt, wo britische Truppen kämpften. Als Varianten existierten u. a. ein spezieller mit Kanonenattrappe versehener Funkwagen, der als Rückverbindungsfahrzeug bekannt war, und eine Flugabwehrversion, die mit einem speziellen MG versehen war. Das Fahrzeug leistete einen ausgezeichneten Dienst und wurde in den frühen 60er-Jahren noch immer von einigen Armeen im Fernen Osten verwendet. Wie die meisten britischen Panzerfahrzeuge war der Humber robust, zuverlässig und gut einsetzbar.

Visitenkarte

Herkunftsland
Großbritannien
Besatzung
3
Gewicht
7.500 kg
Maße
Länge 3,96 m
Breite 2,44 m
Höhe 2,24 m
Reichweite
330 km
Panzerung
14,5–30 mm
Bewaffnung
eine 2-Pfünder-Kanone, ein koaxiales Besa-7,92-mm-MG
Motorisierung
ein 6-Zylinder-Benzinmotor mit 95 PS (71 kW)
Leistung
Höchstgeschw. (Straße) 80,5 km/h; Furttiefe 0,6 m; Kletterfähigkeit 0,53 m; Grabenüberschreitfähigkeit 1,22 m

Daimler Mk I

Der Daimler-Panzerwagen basierte auf dem gleichen Entwurf wie der Daimler-Panzerspähwagen. Obwohl nach außen hin ähnlich, wog der Mk I fast doppelt so viel und hatte einen mit zwei Mann besetzten Turm. Die Produktion des im August 1939 begonnenen, insgesamt 2.694 Mal gebauten Fahrzeugs konnte wegen anfänglicher Schwierigkeiten erst April 1941 beginnen. Der Turm war der gleiche wie bei dem leichten Luftlandepanzer Tetrarch. Das Fahrzeug verfügte als eines der ersten über hydraulische Scheibenbremsen. Das zuerst in Nordafrika eingesetzte Fahrzeug etablierte sich trotz seiner beschränkten Kampffähigkeit als exzellente Verstärkung von Aufklärungseinheiten, weil es insgesamt eine gute Leistung bot und zuverlässig war. Der Daimler wurde noch viele Jahre nach dem Ende des 2. Weltkriegs eingesetzt.

Daimler Scout Car

Als die britische Armee in den späten 30er-Jahren ihre ersten gepanzerten Divisionen schuf, wurde ein 4-x-4-Panzerspähwagen für Aufklärungszwecke angefordert. Das Ergebnis war der Daimler-Panzerspähwagen. Die Produktion begann kurz vor Beginn des 2. Weltkriegs und hielt bis zu dessen Ende an. Das Fahrzeug sollte sich als eines der erfolgreichsten Aufklärungsfahrzeuge, das von einer Armee im Weltkrieg verwendet wurde, erweisen. Seine Unauffälligkeit und ausgezeichnete Beweglichkeit kompensierten die schlechte Panzerung und Bewaffnung. Das Faltdach wurde von späteren Modellen entfernt, weil es, wie die Erfahrung zeigte, beim Betrieb selten gebraucht wurde und stets nur minimale Bedeckung war.

Visitenkarte

Herkunftsland
Großbritannien
Besatzung
2
Gewicht
3.000 kg
Maße
Länge 3,23 m
Breite 1,72 m
Höhe 1,5 m
Reichweite
322 km
Panzerung
14,5–30 mm
Bewaffnung
ein 7,62-mm-Bren-MG
Motorisierung
ein 6-Zylinder-Benzinmotor Daimler mit 55 PS (41 kW)
Leistung
Höchstgeschw. (Straße) 88,5 km/h; Furttiefe 0,6 m; Kletterfähigkeit 0,53 m; Grabenüberschreitfähigkeit 1,22 m

Autoblinda 41

Der Autoblinda hatte seine Ursprünge in einer doppelten Anforderung der Italiener nach einem Panzerwagen für Kavalleriedivisionen und einem Hochleistungswagen für Überwachungspflichten in Italiens zahlreichen afrikanischen Kolonien. Der Autoblinda 40 wurde produziert, um beiden Anforderungen zu entsprechen. Der Autoblinda 41 wurde mit dem Turm des leichten Panzers L 6/40 und dessen 20-mm-Kanone versehen. Das war eine wirksamere Kombination, und so konzentrierte man sich auf die Produktion dieser Version. Das Fahrzeug konnte mit speziellen Sandreifen an die Wüste und auch an das Fahren auf Eisenbahngleisen angepasst werden, wozu es zur Kontrolle der Partisanen auf dem Balkan ausgiebig gebraucht wurde. Der Autoblinda war einer der am häufigsten eingesetzten italienischen Panzerwagen im 2. Weltkrieg, so auch in der Wüste Nordafrikas.

Visitenkarte

Herkunftsland
Italien
Besatzung
4
Gewicht
7.500 kg
Maße
Länge 5,2 m
Breite 1,92 m
Höhe 2,48 m
Reichweite
400 km
Panzerung
6–40 mm
Bewaffnung
eine 20-mm-Breda-Kanone, zwei 7,62-mm-MGs
Motorisierung
ein wassergekühlter 6-Zylinder-Benzin-Reihenmotor SAP Abm 1 mit 80 PS (60 kW)
Leistung
Höchstgeschw. (Straße) 78 km/h; Furttiefe 0,7 m; Kletterfähigkeit 0,3 m; Grabenüberschreitfähigkeit 0,4 m

BA-10

Visitenkarte

Herkunftsland
UdSSR
Besatzung
4
Gewicht
7.500 kg
Maße
Länge 4,7 m
Breite 2,09 m
Höhe 2,42 m
Reichweite
320 km
Panzerung
bis zu 25 mm
Bewaffnung
eine 37-mm/45-mm-Kanone, ein 7,62-mm-MG
Motorisierung
ein wassergekühlter 14-Zylinder-Benzinmotor GAZ-M mit 85 PS (63 kW)
Leistung
Höchstgeschw. (Straße) 87 km/h; Furttiefe 0,6 m; Kletterfähigkeit 0,38 m; Grabenüberschreitfähigkeit 0,5 m

Der 1932 erstmals erschienene BA-10 wurde auf dem zur Bewältigung des zusätzlichen Gewichts modifizierten und verstärkten Chassis des GAZ-AAA-Nutzlastwagens aufgebaut. Er war ein sperriges und funktionelles Fahrzeug, dessen Herkunft aus dem 1. Weltkrieg durch seine antiquierte äußere Erscheinung offensichtlich war. Trotz seines Gewichts erwies sich der BA-10 für das Terrain und die Entfernungen in der Sowjetunion gut geeignet, und seine Hauptbewaffnung war ebenso gut wie die vieler Panzer. Die Deutschen eroberten viele dieser Fahrzeuge nach der Invasion der UdSSR im Juni 1941 und hielten damit die Partisanen sowohl dort als auch auf dem Balkan in Schach. In dieser Rolle leistete das Fahrzeug Außerordentliches. Die in sowjetischer Hand verbliebenen Fahrzeuge wurden 1942 an der Front ersetzt und abgerüstet, um als gepanzerte Mannschaftstransporter zu dienen.

Daimler Ferret Mk 2/3

Visitenkarte

Herkunftsland
Großbritannien
Besatzung
2
Gewicht
4.400 kg
Maße
Länge 3,84 m
Breite 1,91 m
Höhe 1,88 m
Reichweite
306 km
Panzerung
8–16 mm
Bewaffnung
ein 7,62-mm-MG
Motorisierung
ein 6-Zylinder-Benzinmotor Rolls-Royce mit 129 PS (96 kW)
Leistung
Höchstgeschw. (Straße) 93 km/h; Furttiefe 0,91 m; Kletterfähigkeit 0,41 m; Grabenüberschreitfähigkeit 1,22 m

Auf eine britische Forderung von 1946 nach einem Panzerspähwagen wurde 1949 der erste Prototyp des Ferret von Daimler gebaut, der bis 1971 produziert wurde. Bis zu dieser Zeit waren beinahe 4.500 Fahrzeuge für über 30 Länder gebaut worden. Die Mk I-Version war nur mit einem auf dem offenen Verdeck montierten MG ausgerüstet. Als das Fahrzeug schließlich in der Version Mk V gebaut wurde, hatte es einen Turm erhalten und konnte die Panzerabwehrrakete Swingfire mitführen. Zusätzlich verfügte das Fahrzeug über Nebelwerfer. Häufig wurden vorne Metallschienen befestigt, um die Fortbewegung über Gräben oder sandiges Terrain zu erleichtern. Der Ferret wurde noch in den 80er-Jahren von der britischen Armee eingesetzt und in der ganzen Welt für innere Sicherheitsaufgaben verwendet.

Saladin

Das Chassis des Saladin ist dem des gepanzerten Mannschaftstransporters Saracen, der gleichzeitig entwickelt wurde, ähnlich. Wegen des Bedarfs der britischen Truppen in Malaya während der 50er-Jahre wurde dem Saracen Vorrang gegeben, und so begann die Produktion des Saladin erst ab 1958 und wurde 1972 nach 1.177 hergestellten Fahrzeugen eingestellt. Besonders häufig wurden die Fahrzeuge nach Afrika und in den Nahen Osten exportiert. Einige Saladins waren noch in den 80er-Jahren bei den Briten auf Zypern in Gebrauch. Ein interessantes Merkmal war, dass alle sechs Räder angetrieben wurden und die vorderen vier lenkbar waren, sodass das Fahrzeug selbst mit einem geplatzten oder zerschossenen Rad gesteuert werden konnte. Alvis modifizierte einige Saladins und ersetzte den Benzinmotor durch einen sparsameren Motor.

Visitenkarte

Herkunftsland
Großbritannien
Besatzung
3
Gewicht
11.500 kg
Maße
Länge 5,28 m
Breite 2,54 m
Höhe 2,93 m
Reichweite
400 km
Panzerung
8–32 mm
Bewaffnung
eine 76-mm-Kanone, ein koaxiales 7,62-mm-MG, ein 7,62-mm-Fla-MG
Motorisierung
ein 8-Zylinder-Benzinmotor mit 170 PS (127 kW)
Leistung
Höchstgeschw. (Straße) 72 km/h; Furttiefe 1,07 m; Kletterfähigkeit 0,46 m; Grabenüberschreitfähigkeit 1,52 m

AMX-10

In den 50er-Jahren forderte die französische Armee einen stärker bewaffneten Panzerwagen als Ersatz für den Standard-Panhard EBR an. Der erste Prototyp des AMX-10 wurde 1971 fertig gestellt, ab 1979 wurden die Fahrzeuge schließlich eingesetzt. Die zwei Hauptnachteile waren die Kosten – das Fahrzeug war teurer als einige schwere Kampfpanzer – und der hohe Entwicklungsstand, was besonders problematisch bei einer Wehrpflichtigenarmee war. Die Radaufhängung konnte für unterschiedliche Terrains eingestellt werden, und die Feuerkontrolle war die am höchsten entwickelte, die je in einem Fahrzeug dieser Klasse installiert wurde. Dazu kamen ein Laser-Entfernungsmesser, ein Computer und ein Schwachlicht-Fernsehsystem. Das Fahrzeug ist vollständig amphibisch. Die innere Anordnung ist konventionell: der Fahrer sitzt vorne, drei Mann sind im Turm, der Motor und das Getriebe sind hinten.

Visitenkarte

Herkunftsland
Frankreich
Besatzung
4
Gewicht
15.400 kg
Maße
Länge 9,15 m
Breite 2,95 m
Höhe 2,68 m
Reichweite
800 km
Panzerung
8–32 mm
Bewaffnung
eine 105-mm-Kanone, ein 7,62-mm-MG
Motorisierung
ein 8-Zylnder-Dieselmotor Baudouin Modell 6F 11 SRX mit 260 PS (194 kW)
Leistung
Höchstgeschw. (Straße) 85 km/h; Furttiefe – (amphibisch); Kletterfähigkeit 0,7 m; Grabenüberschreitfähigkeit 1,15 m

Visitenkarte

Herkunftsland
Frankreich
Besatzung
3
Gewicht
7.400 kg
Maße
Länge 7,69 m
Breite 2,5 m
Höhe 2,25 m
Reichweite
800 km
Panzerung
10 mm
Bewaffnung
eine 90-mm-Kanone, ein koaxiales 7,62-mm-MG
Motorisierung
ein Benzinmotor Peugeot V-6 mit 166 PS (116 kW)
Leistung
Höchstgeschw. (Straße) 100 km/h; Furttiefe – (amphibisch); Kletterfähigkeit 0,8 m; Grabenüberschreitfähigkeit 1,1 m

Panhard ERC

Der erste Panhard ERC basierte auf einer nach Erfordernis der französischen Armee von 1970 entwickelten, aber nie verwendeten Technologie und erschien 1977. Die Produktion begann 1979, und das Fahrzeug wurde bald u. a. nach Nigeria, Argentinien und in den Irak exportiert. Die Franzosen nutzten es als Teil ihrer schnellen Eingreiftruppe. Das Fahrzeug besaß sechs angetriebene Räder und war vollständig amphibisch. Ein interessantes Merkmal war die nach Art des Terrains anheb- oder absenkbare Mittelachse. Zur weiteren Ausstattung gehörten ein Laser-Entfernungsmesser, Nachtsichtgeräte, ABC-Waffen-Verteidigungssysteme und ein für Wüstenoperationen unverzichtbares Navigationssystem. Im Wasser wird der Panhard von seinen Rädern angetrieben.

Visitenkarte

Herkunftsland
Großbritannien
Besatzung
4
Gewicht
11.500 kg
Maße
Länge 5,75 m
Breite 2,35 m
Höhe 2,31 m
Reichweite
750 km
Panzerung
2–14 mm
Bewaffnung
sechs Sagger-ATGWs, ein koaxiales 7,62-mm-MG, ein 14,5-mm-KPV-MG
Motorisierung
ein V-8-Benzinmotor mit 140 PS (104 kW)
Leistung
Höchstgeschw. (Straße) 100 km/h; Furttiefe – (amphibisch); Kletterfähigkeit 0,4 m; Grabenüberschreitfähigkeit 1,25 m

BRDM-2

Obwohl der BRDM-2 in den frühen 60er-Jahren in Betrieb genommen wurde, sah man ihn erst 1966 in der Öffentlichkeit. Gegenüber seinem Vorgänger, dem BRDM-1, war er in jeder Hinsicht eine Verbesserung: er verfügte über eine bessere Reichweite, bessere Panzerung und Bewaffnung (einschließlich eines verbesserten Raketenwerfers) und eine höhere Leistung. Das Fahrzeug war zur Querfeldeinbeweglichkeit mit zwei absenkbaren, zusätzlichen Rädern und einem Reifendruckregelungssystem ausgerüstet. Zur Standardausrüstung gehörten Dekontaminationsausrüstung und Winde. Als Varianten existieren ein Aufklärungsfahrzeug für die chemische Kriegsführung und ein turmloses Befehlsfahrzeug. Das Chassis bildet die Grundlage für den SA-9-Raketenwerfer. Der BRDM-2 wurde in fast 40 Länder exportiert und in Kämpfen in Angola, Ägypten, Syrien, Vietnam und dem Irak eingesetzt.

Centauro

Der Centauro gilt offiziell als Panzerjäger, wenngleich seine Bewaffnung im Vergleich zu einem Hauptkampfpanzer als eher leicht zu bezeichnen ist. Im offenen Kampf könnte er einem feindlichen Panzer nur begrenzt Schaden zufügen. Nichtsdestotrotz können mit der auf dem IVECO-Chassis montierten und von Otobreda entwickelten 105-mm-Kanone bei Einsatz von entsprechender Munition (»APFSDS«-Geschosse) über 700 mm starke Panzerungen bei einer Reichweite von ca. 2.000 m durchschlagen werden. Die Bedienung der Kanone sowie die Zielerfassung werden von einem Laser-Entfernungsmesser unterstützt, und die vollautomatische Feuerleitanlage wurde vom Kampfpanzer Ariete übernommen. Als 8-x-8-Fahrzeug überzeugt der Centauro durch hervorragende Offroad-Qualitäten: Alle acht Räder verfügen über eine Einzelradaufhängung, des Weiteren ist der Centauro mit einer zentralen Reifendruckregelanlage ausgestattet.

Visitenkarte

Herkunftsland
Italien

Besatzung
4

Gewicht
25.000 kg

Maße
Länge inkl. Geschützrohr 8,55 m
Breite 2,95 m
Höhe 2,73 m

Reichweite
800 km

Panzerung
Stahl (modellabhängig)

Bewaffnung
eine 105--mm-Panzerkanone, ein koaxiales 7,62-mm-MG, ein 7,62-mm-Fla-MG, 2 x 4 Nebelwerfer

Motorisierung
ein IVECO-V-6-Turbodieselmotor mit 520 PS (388 kW)

Leistung
Höchstgeschw. (Straße) 108 km/h; Furttiefe 1,5 m; Kletterfähigkeit 0,55 m; Grabenüberschreitfähigkeit 1,2 m

Spähpanzer 2 Luchs

Nachdem man sich zuvor auf amerikanische oder europäische Importe verlassen hatte, begann die Bundesrepublik, in den 60er-Jahren eine Reihe eigener Panzerfahrzeuge zu entwickeln. Zwischen 1975 und 1978 produzierte Thyssen Henschel 408 Exemplare des 8-x-8-Aufklärungsfahrzeugs Luchs. Das gut gepanzerte und mit einer ganzen Reihe Extras ausgestattete Fahrzeug – wie Servolenkung, um den Fahrer zu entlasten, Nachtsichtgeräte, ein ABC-Waffen-Schutzsystem und eine für Winteroperationen unerlässliche Heizung für den Motor – war zu teuer, um ein Exportschlager zu werden. Bemerkenswert ist die außergewöhnliche Reichweite des vollständig amphibischen Fahrzeugs, das im Wasser von zwei an der Rückseite des Fahrzeugs montierten Propellern angetrieben wird. Der um 360° drehbare Turm wird vollständig durch einen Motor angetrieben.

Visitenkarte

Herkunftsland
BR Deutschland

Besatzung
4

Gewicht
19.500 kg

Maße
Länge 7,74 m
Breite 2,98 m
Höhe (einschl. Fla-MG) 2,91 m

Reichweite
800 km

Panzerung
geheim

Bewaffnung
eine 20-mm-Kanone, ein 7,62-mm-MG

Motorisierung
ein 10-Zylinder-Dieselmotor Daimler-Benz OM 403 A mit 390 PS (291 kW)

Leistung
Höchstgeschw. (Straße) 90 km/h; Furttiefe – (amphibisch); Kletterfähigkeit 0,6 m; Grabenüberschreitfähigkeit 1,9 m

Visitenkarte

Herkunftsland
UdSSR
Besatzung
2
Gewicht
3.200 kg
Maße
Länge 3,75 m
Breite 2,1 m
Höhe 1,82 m
Reichweite
185 km
Panzerung
3–9 mm
Bewaffnung
ein 7,62-mm-MG
Motorisierung
ein Benzinmotor GAZ AA mit 40 PS (29,8 kW)
Leistung
Höchstgeschw. (Straße) 56,3 km/h; Furttiefe – (amphibisch); Kletterfähigkeit 0,79 m; Grabenüberschreitfähigkeit 1,88 m

T-37

Die Ursprünge des T-37 lassen sich auf das Jahr 1931 zurückführen, als die UdSSR einige britische Carden-Loyd-Amphibienpanzer kaufte. Die Sowjets waren sehr beeindruckt, merkten jedoch, dass der Panzer nicht alle ihre Anforderungen erfüllen konnte. Ihre Version des britischen Entwurfs, den sie als T-37 bezeichneten, erschien Ende 1933. Der Auftrieb des kleinen, für eine Besatzung von zwei Mann ausgelegten Fahrzeugs kam von Treibbehältern, die auf allen Seiten der Hülle befestigt waren. Der hauptsächlich für die Aufklärung entwickelte und nur mit einer leichten Panzerung und Bewaffnung ausgerüstete Panzer wurde dennoch nach der deutschen Invasion von 1941 im Kampf eingesetzt. Da sie sich sehr schlecht schlugen, wurden sie so schnell wie möglich ersetzt. Einige wurden zum Gebrauch als leichte Schlepper zurückbehalten.

Visitenkarte

Herkunftsland
UdSSR
Besatzung
2
Gewicht
5.900 kg
Maße
Länge 4,11 m
Breite 2,33 m
Höhe 1,95 m
Reichweite
350 km
Panzerung
8–14 mm
Bewaffnung
ein 12,7-mm-MG
Motorisierung
ein Benzinmotor GAZ-202 mit 70 PS (52,2 kW)
Leistung
Höchstgeschw. (Straße) 44 km/h; Furttiefe – (amphibisch); Kletterfähigkeit 0,7 m; Grabenüberschreitfähigkeit 3,12 m

T-40

Der T-40 wurde als Ersatz für den T-37 entworfen, dessen mannigfaltige Mängel sich 1938 schmerzlich gezeigt hatten. Um die Entwicklung zu beschleunigen, wurden so viele bereits vorhandene Komponenten wie möglich verwendet. Hinten am Fahrzeug waren Treibbehälter befestigt, die ihm eine ziemlich sperrige Erscheinung gaben. Der T-40 war nur sehr dünn gepanzert und schlug sich folglich 1939 schlecht während der Kämpfe in Finnland. Man entschied daher, auf die amphibischen Merkmale zu verzichten und das Fahrzeug als normalen Panzer zu verwenden. Als sich dies als unpraktische Umwandlung erwies, war seine Verwendung danach minimal, mit Ausnahme einiger Einsätze 1941 als Aufklärungsfahrzeug von Panzerformationen gegen die Deutschen. Insgesamt wurden nur etwa 225 T-40 gebaut, da leichte Panzer zu dieser Zeit eine geringe Priorität hatten.

Terrapin Mk 1

Der Terrapin (Sumpfschildkröte) war das britische Äquivalent zum amerikanischen DUKW, obwohl er nie in ähnlich großer Stückzahl produziert wurde. Während der letzten Kriegsetappen leistete er besonders während seines ersten Einsatzes einen nützlichen Beitrag, als er 1944 die Annäherung zu Wasser auf Antwerpen öffnete. Der Terrapin hatte jedoch eine Reihe von Fehlern. Seine beiden Motoren trieben jeweils eine Seite des Fahrzeugs an. Wenn nun ein Motor aussetzte, neigte der Terrapin zu heftigem Schlingern. Die in der Mitte eingebauten Motoren teilten das Frachtabteil in zwei Hälften, was die Beförderung großer Lasten wie Kanonen oder Fahrzeuge unmöglich machte. Das relativ langsame Fahrzeug lief bei stürmischer See leicht voll, und so wurde die weitere Entwicklung aufgrund der großen Anzahl verfügbarer amerikanischer DUKWs aufgegeben.

Visitenkarte

Herkunftsland
Großbritannien
Besatzung
2
Gewicht
12.015 kg
Maße
Länge 7,01 m
Breite 2,67 m
Höhe 2,92 m
Reichweite
240 km
Panzerung
8 mm
Bewaffnung
keine
Motorisierung
zwei Benzinmotoren Ford V8 mit je 85 PS (63,4 kW)
Leistung
Höchstgeschw. (Straße) 24 km/h; Höchstgeschw. (im Wasser) 8 km/h; Furttiefe – (amphibisch)

DD Sherman

Der Duplex Drive (DD) Sherman entstammte dem britischen Konzept der schwimmenden Panzer. Die Entwicklung begann 1941. Man befestigte dabei Gummischläuche, die aus zusammenfaltbarem Mantel bestanden und mit Luft gefüllt waren, an einer bootähnlichen Oberfläche, die auf einen Sherman geschweißt wurde. Der Panzer wurde im Wasser von zwei Propellern hinten angetrieben. Sobald er sich in seichtem Wasser befand, wurde der Mantel zusammengefaltet, und der Panzer war zur konventionellen Verwendung bereit. Das Fahrzeug war ziemlich langsam und konnte nur in relativ ruhigem Wasser eingesetzt werden. Jedoch war die Kanone des Sherman bei der Unterstützung amphibischer Landungen wie z. B. am D-Day im Juni 1944 sehr nützlich.

Visitenkarte

Herkunftsland
USA
Besatzung
5
Gewicht
32.284 kg
Maße
Länge 6,35 m
Breite 2,81 m
Höhe 3,96 m
Reichweite
240 km
Panzerung
12–51 mm
Bewaffnung
eine 75-mm-Kanone, zwei 7,62-mm-MGs
Motorisierung
ein Benzinmotor Ford GAA V8 mit 400/500 PS (335,6/373 kW)
Leistung
Höchstgeschw. (Wasser) 4 Knoten; Furttiefe – (amphibisch); Kletterfähigkeit 0,61 m; Grabenüberschreitfähigkeit 2,26 m

DUKW

Visitenkarte

Herkunftsland
USA
Besatzung
2
Gewicht
9.097 kg
Maße
Länge 9,75 m
Breite 2,51 m
Höhe 2,69 m
Reichweite
120 km
Panzerung
keine
Bewaffnung
Grundversion: keine
Motorisierung
ein GMC-Modell-270-Motor mit 91,5 PS (68,2 kW)
Leistung
Höchstgeschw. (Straße) 80 km/h; Höchstgeschw. (im Wasser) 9,7 km/h; Furttiefe – (amphibisch)

Der allgemein als »Duck« (Ente) bekannte DUKW erschien 1942. Im Prinzip handelte es sich dabei um einen GMC-6-x-6-LKW, der zum Schwimmen mit einer bootsförmigen Hülle versehen wurde. Der einfache Entwurf machte die Bedienung und Wartung leicht, und so wurden vor Kriegsende über 21.000 Exemplare für die Streitkräfte der Alliierten gebaut. Es war dafür entworfen, Versorgungsgüter von Schiffen an den Strand zu transportieren, konnte aber auch als Transporter von Truppen oder leichter Artillerie weiter ins Inland fahren. Man produzierte auch einige bewaffnete Versionen, zu denen auch der als Raketenwerfer verwendbare Scorpion zählte. Trotz beschränkter Lastentransportfähigkeit und eigenwilliger Fahreigenschaften bei stürmischer See war der DUKW ein unerschütterliches und zuverlässiges Fahrzeug.

LVT 2

Visitenkarte

Herkunftsland
USA
Besatzung
3
Gewicht
17.509 kg
Maße
Länge 7,95 m
Breite 3,25 m
Höhe 3,23 m
Reichweite
an Land 241 km, im Wasser 121 km
Panzerung
12 mm
Bewaffnung
ein 12,7-mm-MG, zwei 7,62-mm-MGs
Motorisierung
zwei Cadillac-Benzinmotoren mit insges. 220 PS (164,1 kW)
Leistung
Höchstgeschw. (Straße) 27,3 km/h; Höchstgeschw. (im Wasser) 9,7 km/h; Furttiefe – (amphibisch)

Der LVT 2 war eine Verbesserung gegenüber dem LVT 1, der als ziviler Entwurf zum Gebrauch in den Sümpfen Floridas bestimmt und für den Kampf nicht wirklich geeignet war. Das neue Fahrzeug verwendete Motor und Getriebe des leichten Panzers M3. Anfangs befand sich der Motor hinten, was den Frachtraum beschränkte, dies wurde in späteren Versionen durch Umsetzung des Motors nach vorn gelöst. Lenkung und Bremsanlagen waren für unerfahrene Mannschaften ebenfalls problematisch. Diese Fahrzeuge wurden häufig in den frühen Kriegseinsätzen im Pazifik verwendet. In Nordwesteuropa wurden die Fahrzeuge ebenfalls in der letzten Kriegsphase eingesetzt. Einige Versionen waren mit Raketenwerfern, Flammenwerfern und leichten Kanonen ausgerüstet, aber die Hauptrolle der LVT 2 bestand darin, Landungstruppen zu transportieren, die vom Wasser aus die erste Angriffswelle übernahmen.

LVT (A)

Der LVT (A) war ein gewöhnlicher LVT, auf dem der Turm des leichten Panzers M3 mit einer 37-mm-Waffe befestigt. Das Fahrzeug sollte während der Anfangsphasen einer amphibischen Landung Feuerunterstützung liefern und einen Brückenkopf am Strand ermöglichen. Üblicherweise feuerten die LVT (A) ihre 37-mm-Kanonen bereits im Wasser ab – angesichts der Stärke des Seegeschützfeuers eine Verschwendung. Trotzdem erwies sich die 37-mm-Kanone als zu leicht für diese Aufgabe, und so wurde eine zuvor am Turm des motorisierten Haubitzenfahrzeugs M8 befestigte 75-mm-Haubitze auf dem LVT (A) installiert. Dieser wurde im 2. Weltkrieg gemeinsam mit dem Rest der LVT-Familie ausgiebig während der von Insel zu Insel springenden Pazifik-Operationen verwendet, aber die britische Armee setzte ihn auch in Teilen Nordwesteuropas ein.

Visitenkarte

Herkunftsland
USA

Besatzung
2

Gewicht
10.800 kg

Maße
Länge 7,95 m
Breite 3,25 m
Höhe 3,02 m

Reichweite
an Land 241 km,
im Wasser 121 km

Panzerung
bis zu 67 mm

Bewaffnung
eine 37-mm-Kanone, später eine 75-mm-Haubitze, ein 7,62-mm-MG

Motorisierung
zwei Cadillac-Benzinmotoren mit insges. 220 PS (164,1 kW)

Leistung
Höchstgeschw. (Straße) 27,3 km/h; Höchstgeschw. (im Wasser) 9,7 km/h; Furttiefe – (amphibisch)

LVT 4

Der LVT 4 war ein verbesserter LVT 2 mit nach vorn verlagertem Motor und einer hinten befestigten Rampe für leichtes Be- und Entladen. Damit konnte der LVT 4 auch Fracht wie Jeeps und Artillerie befördern. Das Fahrzeug war mit über 8.000 produzierten Exemplaren (vier Mal so viel wie beim LVT 2) das meistgebaute der Serie. Wie schon der LVT 2 war auch der LVT 4 aus dem Vorkriegsschlepper Roebling, der in den Sümpfen Floridas eingesetzt wurde, entwickelt worden. Von seinen Ketten im Wasser angetrieben, bestand ein Problem darin, dass die Gründungskammern dem Fahrzeug eine enorme Höhe gaben und ihn auf diese Art zu einem leichteren Ziel machten. Die britische Armee erhielt eine Anzahl von LVTs, und sie wurden für Flusskreuzungen in der Endphase des Krieges in Europa, besonders bei der Überquerung des Rheins im März 1945, verwendet.

Visitenkarte

Herkunftsland
USA

Besatzung
3

Gewicht
17.509 kg

Maße
Länge 7,95 m
Breite 3,25 m
Höhe 3,02 m

Reichweite
an Land 241 km,
im Wasser 121 km

Panzerung
12 mm

Bewaffnung
ein 12,7-mm-MG, zwei 7,62-mm-MGs

Motorisierung
zwei Cadillac-Benzinmotoren mit insges. 220 PS (164,1 kW)

Leistung
Höchstgeschw. (Straße) 27,3 km/h; Höchstgeschw. (im Wasser) 9,7 km/h; Furttiefe – (amphibisch)

Visitenkarte

Herkunftsland
Japan
Besatzung
5
Gewicht
mit Pontons 11.301 kg, ohne Pontons 9.571 kg
Maße
Länge (mit Pontons) 7,42 m, Länge (ohne Pontons) 4,83 m
Breite 2,79 m
Höhe 2,34 m
Reichweite
an Land 200 km, im Wasser 150 km
Panzerung
6–12 mm
Bewaffnung
eine 37-mm-Panzerabwehrkanone
zwei 7,7-mm-MGs
Motorisierung
ein luftgekühlter 6-Zylinder-Dieselmotor mit 110 PS (82 kW)
Leistung
Höchstgeschw. (Straße) 37 km/h; Höchstgeschw. (im Wasser) 9,7 km/h; Furttiefe – (amphibisch)

Typ 2 Ka-Mi

Die Entwicklung des Typs 2 begann in den 30er-Jahren mit dem Versuch, den leichten Panzer Typ 95 Kyu-Go durch Hinzufügen von Luftkammern in ein Amphibienfahrzeug zu verwandeln. Das unhandliche Ergebnis veranlasste die Entwickler, für den Auftrieb Treibbehälter am Panzer zu befestigen. Der neue Typ 2 ging wie geplant 1942 in Produktion. Der am häufigsten verwendete japanische Amphibienpanzer enthielt mehrere Innovationen wie Funkanlage und Telefonlautsprechersystem für die Besatzung und auch einen eigenen Bordmechaniker. Das Fahrzeug wurde hauptsächlich zur Infanterieunterstützung und 1944 oft auch als landgestützter Bunker für die Inselverteidigung verwendet, was ihre taktische Wirksamkeit verminderte. Zudem wurden von der japanischen Rüstungsindustrie zu wenige Exemplare gebaut, um diesem beeindruckenden Entwurf die eigentliche verdiente Wirkung zu geben.

Visitenkarte

Herkunftsland
Deutschland
Besatzung
3 + 20
Gewicht
13.000 kg
Maße
Länge 8,6 m
Breite 3,16 m
Höhe 3,13 m
Reichweite
240 km
Panzerung
unbekannt
Bewaffnung
keine
Motorisierung
ein V-12-Motor Maybach HL 120 TRM mit 265 PS (197,6 kW)
Leistung
Höchstgeschw. (Straße) 40 km/h; Höchstgeschw. (im Wasser) 12,5 km/h; Furttiefe – (amphibisch)

Land-Wasser-Schlepper

Die deutsche Wehrmacht verpflichtete Rheinmetall 1936 vertraglich, einen speziellen Schlepper für amphibische Operationen zu bauen, der einen schwimmenden Frachtanhänger schleppen sollte. Der Land-Wasser-Schlepper war im Grunde genommen ein mit Ketten versehenes Motorboot mit der Fähigkeit, bis zu 20 Passagiere zu tragen. Seine eher unbeholfene Erscheinung täuschte über seine effektive Leistung hinweg. An Land war er jedoch sehr schwerfällig. Zudem litt das Fahrzeug an einer fehlenden Panzerung. Obwohl es für die ruhigen Binnengewässer Europas gebaut war, verfolgte man energisch das Projekt, es für einen möglichen Seeangriff auf England wassertauglich auszurüsten. Nach Aufgabe dieser Pläne schwand das Interesse, und das Projekt wurde abgebrochen. Dennoch stellte man sieben Prototypen her, von denen einige nach 1941 an der Ostfront eingesetzt wurden.

Typ 6640A

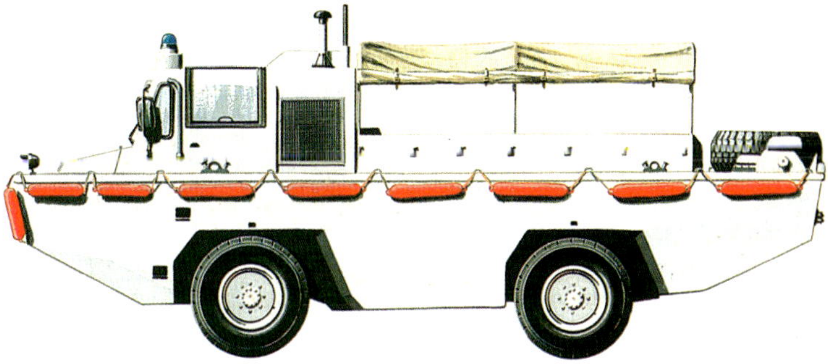

In Italien überraschte es nicht weiter, dass man Fiat, den größten Fahrzeughersteller des Landes, dazu auswählte, nach Anforderung des Innenministeriums ein Amphibienfahrzeug zum Schutz der Bürger und zur Brandbekämpfung zu bauen. Für die Hülle wählte man wegen des geringen Gewichts Aluminium. Das Fahrzeug, an dem hinten zur Ladung der Fracht eine Winde angebracht war, konnte eine Maximalnutzlast von 2 Tonnen transportieren. Wenn es erst einmal schwamm, konnte das Fahrzeug entweder von seinen Rädern oder von einem Propeller angetrieben und mit dem Lenkrad, an das ein Ruder gekoppelt war, gesteuert werden. Der Typ 6640A, der wie die meisten modernen italienischen Fahrzeuge gut gebaut war, hatte wie viele moderne Amphibienfahrzeuge auffallende Ähnlichkeit mit dem amerikanischen DUKW aus dem 2. Weltkrieg. Die Produktion wurde den frühen 80er-Jahren eingestellt.

Visitenkarte

Herkunftsland
Italien

Besatzung
2

Gewicht
6.950 kg

Maße
Länge 7,3 m
Breite 2,5 m
Höhe 2,72 m

Reichweite
750 km

Panzerung
4 mm

Bewaffnung
keine

Motorisierung
ein 6-Zylinder-Dieselmotor mit 117 PS (87 kW)

Leistung
Höchstgeschw. (Straße) 90 km/h; Höchstgeschw. (im Wasser) mit Propeller 11 km/h, mit den Rädern 5 km/h; Furttiefe – (amphibisch); Hindernishöhe 0,43 m

PTS

Der PTS wurde Mitte der 60er-Jahre in den Dienst der Roten Armee gestellt. Im Wasser konnte der PTS bis zu 10 Tonnen Ausrüstung oder 70 Mann tragen, hatte aber den Nachteil, dass die Auspuffrohre oben auf dem Frachtabteil die Abgase auf die Truppen hinten bliesen – eine potenziell tödliche Gefahr. Der PTS war das erste sowjetische Amphibienfahrzeug, das ein vollständig geschlossenes Mannschaftsabteil hatte. Speziell entwickelt für den PTS wurde der bootförmige Lastenanhänger PKP. Eine Variante des Fahrzeugs, an dem hinten ein von einer Rakete angetriebenes Minenräumsystem angebracht war, wurde in Polen verwendet. Der PTS wurde von den meisten Warschauer-Pakt-Ländern sowie von Irak, Syrien und Ägypten verwendet, wo man es im Yom-Kippur-Krieg zur Überquerung des Suezkanals effektiv einsetzte.

Visitenkarte

Herkunftsland
UdSSR

Besatzung
2

Gewicht
22.700 kg

Maße
Länge 11,5 m
Breite 3,3 m
Höhe 2,65 m

Reichweite
300 km

Panzerung
6–10 mm

Bewaffnung
keine

Motorisierung
ein V-54P-Dieselmotor mit 359 PS (261 kW)

Leistung
Höchstgeschw. (Straße) 42 km/h; Höchstgeschw. (im Wasser) 10,6 km/h; Furttiefe – (amphibisch); Kletterfähigkeit 0,65 m; Grabenüberschreitfähigkeit 2,5 m

CAMANF

Visitenkarte

Herkunftsland
Brasilien
Besatzung
3
Gewicht
13.500 kg
Maße
Länge 9,5 m
Breite 2,5 m
Höhe 2,65 m
Reichweite
430 km
Panzerung
6–10 mm
Bewaffnung
ein 12,7-mm-Fla-MG
Motorisierung
ein Detroit-Dieselmotor Modell 40-54N mit 190 PS (142 kW)
Leistung
Höchstgeschw. (Straße) 72 km/h; Höchstgeschw. (im Wasser) 14 km/h; Furttiefe – (amphibisch); Hindernishöhe 0,4 m

Viele Jahre verließ sich die brasilianische Marine beim Transport von küstennahen Booten zum Strand auf veraltete amerikanische DUKWs aus dem 2. Weltkrieg, deren Instandhaltung in den 70er-Jahren jedoch schwieriger wurde. So begann BVEI 1975 die Arbeit an einem Ersatz, der wenige Jahre später in Produktion ging. Im Prinzip ist der CAMANF ein mit einer wasserdichten Hülle versehenes Chassis eines 6-x-6-F-7000-Ford. Das Fahrzeug ist, von geringen Änderungen wie einem stärkeren Bug zur Bewältigung rauerer See abgesehen, mit dem DUKW praktisch identisch. Die Nutzlast beträgt offiziell 5 Tonnen, reduziert sich jedoch deutlich bei stürmischer See. Die Brasilianer trafen die richtige Entscheidung, als sie einen bewährten und erprobten Entwurf wählten. Auch wenn es sich bei dem CAMANF um kein außergewöhnliches Fahrzeug handelt, so ist es doch ein zuverlässiges Amphibienfahrzeug.

LVTP7

Visitenkarte

Herkunftsland
USA
Besatzung
3 + 25
Gewicht
22.837 kg
Maße
Länge 7,94 m
Breite 3,27 m
Höhe 3,26 m
Reichweite
482 km
Panzerung
45 mm
Bewaffnung
ein 12,7-mm-MG, optional 40-mm-Granatwerfer
Motorisierung
ein Detroit-Dieselmotor Modell 8V-53T mit 400 PS (298 kW)
Leistung
Höchstgeschw. (Straße) 64 km/h; Höchstgeschw. (im Wasser) 13,5 km/h; Furttiefe – (amphibisch); Hindernishöhe 0,91 m; Grabenüberschreitfähigkeit 2,44 m

Ab 1971 begann FMC die Produktion des ausdrücklich für die US-Marine-Corps entwickelten LVTP7. Das mit einer Aluminiumhülle versehene Fahrzeug wurde entweder von zwei Wasserdüsen oder den Ketten angetrieben und konnte bis zu 25 Soldaten mit voller Ausrüstung befördern. Das Fahrzeug, das durch eine Öffnung im Dach längsseits von Schiffen beladen werden konnte, von den Soldaten aber meist hinten verlassen wurde, war ein gefragter Exportartikel. Besonders häufig wurde es von den Argentiniern gekauft, die es im Kampf um die Falklandinseln 1982 einsetzten. Bei friedenssichernden Einsätzen wurde es auch im Libanon verwendet. Als Varianten existierten Befehls- und Bergungsfahrzeuge. Einige Fahrzeuge der US-Marines wurden zum besseren Schutz mit zusätzlicher Panzerung versehen.

LARC-5

Der LARC-5 wurde auf Anforderung der US-Armee entwickelt, die ein Fahrzeug benötigte, das Fracht vom Schiff zur Küste und weiter ins Inland bringen konnte, um Militärstützpunkte zu versorgen. Zwischen 1962 und 1968 wurden ca. 950 Exemplare gebaut. Der LARC-5 war ein relativ einfaches Fahrzeug ohne angemessene Radaufhängung und mit einer Servolenkung nur für die Vorderräder. Transportieren konnte der LARC-5 zwischen Kabine vorne und Motor hinten knapp 4,5 t Last oder 20 Soldaten mit voller Ausrüstung. Er wurde nach Australien, Argentinien, wo er im Falklandkrieg eingesetzt wurde, und in die Bundesrepublik Deutschland exportiert. Den Einfluss des DUKW aus dem 2. Weltkrieg kann man in den übernommenen Vorzügen eindeutig sehen. Die im Vergleich zu Fahrzeugen des 2. Weltkriegs große Reichweite des LARC-5 ist für die moderne, mobilere Kriegsführung bezeichnend.

Visitenkarte

Herkunftsland
USA

Besatzung
1 + 20

Gewicht
14.038 kg

Maße
Länge 10,67 m
Breite 3,15 m
Höhe 3,03 m

Reichweite
402 km

Panzerung
keine

Bewaffnung
keine

Motorisierung
ein V8-Dieselmotor mit 300 PS (224 kW)

Leistung
Höchstgeschw. (Straße) 48,2 km/h; Höchstgeschw. (im Wasser) 16 km/h; Furttiefe – (amphibisch); Hindernishöhe 0,5 m

EKW Bison

Der ursprünglich als ziviler LKW zum Gebrauch in unterentwickelten Regionen entworfene EKW Bison 4 x 4 kam als militärisches Fahrzeug erstmals 1982 an die Öffentlichkeit. Der vollständig amphibische Bison ist mit seitlichen Schwimmkissen, zwei zur maximalen Manövrierfähigkeit um 360° drehbaren Propellern und automatischen Lenzpumpen ausgerüstet. Zur Fahrt an Land verfügt der Bison über eine Servolenkung und das bei sowjetischen Entwicklern seit Ende des 2. Weltkriegs besonders beliebte Reifendruckregelungssystem für raues Gelände. Der Bison hat vorn eine abgeschlossene Fahrerkabine, der Motor sitzt hinten. Das Fahrzeug besitzt ein Automatikgetriebe mit sechs Vorwärtsgängen und einem Rückwärtsgang.

Visitenkarte

Herkunftsland
Deutschland

Besatzung
2

Gewicht
16.000 kg

Maße
Länge 9,34 m
Breite 2,5 m
Höhe (bis zum Kabinendach) 2,96 m

Reichweite
900 km

Panzerung
keine

Bewaffnung
keine

Motorisierung
ein luftgekühlter V8-Dieselmotor mit 320 PS (239 kW)

Leistung
Höchstgeschw. (Straße) 80 km/h; Höchstgeschw. (im Wasser) 12 km/h; Furttiefe – (amphibisch)

Visitenkarte

Herkunftsland
Deutschland
Besatzung
3
Gewicht
1.200 kg
Maße
Länge 2,74 m
Breite 1 m
Höhe 1,01 m
Reichweite
100 km
Panzerung
keine
Bewaffnung
keine
Motorisierung
ein Benzinmotor Opel Olympia 38 mit 36 PS (26,8 kW)
Leistung
Höchstgeschw. (Straße) 80 km/h

SdKfz 2

Das SdKfz 2 wurde zum Gebrauch deutscher Infanterie- und Luftlandeeinheiten entwickelt und sollte ein Artillerieschlepper für sehr leichte Waffen sein. Die ersten der als Kettenkräder bekannten Fahrzeuge wurden 1941 in Dienst gestellt. Zu dieser Zeit wurden die deutschen Luftlandeeinheiten jedoch bereits als reguläre Infanterie eingesetzt, sodass der eigentliche Zweck des Fahrzeugs hinfällig wurde. Folglich wurde das SdKfz 2 hauptsächlich als Versorgungsfahrzeug auf schwierigem Terrain verwendet, wo andere Fahrzeuge nicht mehr weiterkamen. Ihre Wirksamkeit war jedoch durch die niedrige Frachtkapazität und ihre beschränkte Produktionszahl eingeschränkt. 1944 wurden sie als teurer Luxus angesehen, und so wurde die Produktion eingestellt. Eine interessante Variante war ein mit hoher Geschwindigkeit agierender Kabelleger zur Verbindung von Befehlsposten und Frontstellungen.

Visitenkarte

Herkunftsland
Deutschland
Besatzung
3
Gewicht
7.100 kg
Maße
Länge 6 m
Breite 2,2 m
Höhe 2,5 m
Reichweite
130 km
Panzerung
8–10 mm
Bewaffnung
ein 15-cm-Nebelwerfer (spätere Versionen), ein 7,92-mm-MG
Motorisierung
ein 6-Zylinder-Benzinmotor 3,6 Liter mit 91 PS (68 kW)
Leistung
Höchstgeschw. (Straße) 38 km/h; Furttiefe 0,6 m; Hindernishöhe 2 m; Grabenüberschreitfähigkeit 1 m

Maultier

Deutsche LKWs erwiesen sich während des ersten Winters des Russlandfeldzugs 1941/42 als völlig ungeeignet, erfolgreich zu operieren. Man entschied sich daher, ein preisgünstiges Halbkettenfahrzeug herzustellen, das viele Pflichten der LKWs übernehmen sollte. Der Wehrmachtsschlepper konnte nicht in ausreichender Zahl produziert werden, um diesen Bedarf zu decken. So wurden Karosserien von Opel- und Daimler-Benz-Fahrzeugen mit den Kettensätzen des PzKpfw II versehen. Das neue Fahrzeug wurde als »Maultier« bekannt und war ziemlich erfolgreich, wenn es auch nicht die Beweglichkeit von richtigen Halbkettenfahrzeugen besaß. Ende 1942 wurde das Maultier zum Abschießen von Nebelwerfern verwendet. Die Wehrmacht bestellte über 3.000 der umgewandelten Fahrzeuge, die bei der Schlacht in Nebelwerfer-Brigaden organisiert wurden.

SdKfz 250/10

Auf eine Anforderung aus der Mitte der 30er-Jahre hin wurde das SdKfz 250, das man von 1939 bis 1944 produzierte, als Eintonnen-Halbkettenfahrzeug entwickelt, das der Infanterie und anderen Einheiten, die mit Panzerdivisionen operierten, Mobilität geben sollte. Es hatte im Mai 1940 bei der Invasion Frankreichs seinen ersten Einsatz. Spätere Modelle besaßen zur Produktionserleichterung und Verringerung der benötigten Rohstoffmenge eine umgestaltete Hülle, da der ursprüngliche Entwurf relativ teuer war. Unter den Varianten befand sich ein Fernmeldefahrzeug, ein mobiler Beobachtungsposten und eine Anzahl spezialisierter bewaffneter Fahrzeuge wie eine Flugabwehr- und eine Panzerabwehrkanone. Das Fahrzeug blieb bis Kriegsende im Dienst und erwies sich als zuverlässiges und beliebtes Halbkettenfahrzeug.

Visitenkarte

Herkunftsland
Deutschland

Besatzung
6

Gewicht
5.380 kg

Maße
Länge 4,56 m
Breite 1,95 m
Höhe 1,98 m

Reichweite
299 km

Panzerung
6–14,5 mm

Bewaffnung
eine 3,7-cm-Pak 35/36

Motorisierung
ein 6-Zylinder-Benzinmotor mit 100 PS (74,6 kW)

Leistung
Höchstgeschw. (Straße) 59,5 km/h; Furttiefe 0,75 m; Hindernishöhe 2 m

SdKfz 11

Die ersten Versionen des SdKfzs 11 erschienen 1934. Nach einer Reihe von Produktionsänderungen wurde das Fahrzeug ab 1939 in großem Umfang produziert. Es war in erster Linie als Artillerieschlepper gedacht, wurde jedoch anfänglich von den 10,5-cm-Haubitzen-Batterien verwendet. Das Fahrzeug erwies sich als so erfolgreich, dass es auf Kosten schwererer Spezialfahrzeuge später dazu verwendet wurde, Waffen zu schleppen. Schließlich wurde es von Nebelwerferbatterien eingesetzt, um die Raketenwerfer zu ziehen. Das Fahrzeug war eines der wenigen, das während des ganzen Krieges produziert wurde. Es gab eine Anzahl Varianten, unter denen sich auch zwei spezielle Dekontaminationsfahrzeuge zur chemischen Kriegsführung befanden, die jedoch nicht in bedeutenden Zahlen produziert wurden, da es im 2. Weltkrieg keine chemische Kriegsführung im großen Stil gab.

Visitenkarte

Herkunftsland
Deutschland

Besatzung
9

Gewicht
7.100 kg

Maße
Länge 5,48 m
Breite 1,82 m
Höhe 1,62 m

Reichweite
122 km

Panzerung
8–14 mm

Bewaffnung
keine

Motorisierung
ein 6-Zylinder-Benzinmotor mit 100 PS (74,6 kW)

Leistung
Höchstgeschw. (Straße) 53 km/h; Furttiefe 0,75 m; Hindernishöhe 2 m

SdKfz 251/1

Visitenkarte

Herkunftsland
Deutschland
Besatzung
12
Gewicht
7.810 kg
Maße
Länge 5,8 m
Breite 2,1 m
Höhe 1,75 m
Reichweite
300 km
Panzerung
6–14,5 mm
Bewaffnung
zwei 7,92-mm-MGs
Motorisierung
ein 6-Zylinder-Benzinmotor Maybach mit 100 PS (74,6 kW)
Leistung
Höchstgeschw. (Straße) 52,5 km/h; Furttiefe 0,6 m; Hindernishöhe 2 m

Das SdKfz 251 hatte seine Ursprünge im SdKfz 250, war jedoch schwerer. Es wurde 1939 als gepanzerter Mannschaftstransporter in Dienst gestellt. Das SdKfz 251 war ein nützliches Fahrzeug, das mit Panzerformationen Schritt halten konnte. Es gab 22 Spezialvarianten, u. a. einen als Infanterie-Stuka bezeichneten Raketenwerfer, einen Flammenwerfer, ein Panzerabwehr-, ein Fernmeldefahrzeug, einen Beobachtungsposten, einen Krankenwagen und eine Version mit Infrarot-Suchscheinwerfern. Obwohl das Fahrzeug sich schon früh als unzuverlässig erwies, wurde es dennoch zu Tausenden produziert. Es war ein an allen Fronten verwendetes Fahrzeug, das schließlich zum Erkennungszeichen deutscher Panzerformationen wurde. Das SdKfz 251/1 war auch der gepanzerte Standardmannschaftstransporter für die Panzergrenadiere.

SdKfz 251/20

Visitenkarte

Herkunftsland
Deutschland
Besatzung
4
Gewicht
7.824 kg
Maße
Länge 5,8 m
Breite 2,1 m
Höhe 1,75 m
Reichweite
300 km
Panzerung
6–14,5 mm
Bewaffnung
keine
Motorisierung
ein 6-Zylinder-Benzinmotor Maybach mit 100 PS (74,6 kW)
Leistung
Höchstgeschw. (Straße) 52,5 km/h; Furttiefe 0,6 m; Hindernishöhe 2 m

Das SdKfz 251/20 war eine der scheinbar endlosen Varianten des Grundmodells 251. Das als Uhu bezeichnete Fahrzeug wurde gegen Ende des Weltkriegs produziert und hauptsächlich an der Ostfront eingesetzt. Wie alle anderen 251-Modelle sollte es mit Panzerformationen operieren und musste daher schnell, robust und zuverlässig sein. Es verfügte über einen Infrarot-Suchscheinwerfer. Sein Hauptzweck war es, feindliche Ziele zu beleuchten und Panzereinheiten Nachtangriffe zu ermöglichen. Die Tatsache, dass die deutsche Rüstungsindustrie zu Kriegsende immer noch laufend die Spezialvarianten produzierte, ist ein Zeugnis der Widerstandsfähigkeit und ausgezeichneten Qualitäten des Fahrzeugs. Der Hauptsuchscheinwerfer war um 360° drehbar und konnte eingeklappt werden, wenn er nicht in Gebrauch war. Insgesamt wurden vor Kriegsende etwa 60 Fahrzeuge gebaut.

SdKfz 7

Die Entwicklung des SdKfz 7 kann bis zu einer Anforderung von 1934 nach einem 8-Tonner-Halbkettenfahrzeug zurückverfolgt werden. Das Fahrzeug erschien 1938 und sollte hauptsächlich als Schlepper für die 8,8-cm-Flak verwendet werden. Es konnte bis zu 12 Mann und eine beträchtliche Menge Versorgungsgüter transportieren und bis zu 8 Tonnen ziehen. Das meist mit einer Winde ausgestattete SdKfz 7 wurde allgemein als sehr nützliches Fahrzeug bestaunt. Es wurde auch als Untersatz für Waffen eingesetzt und war besonders wirksam als Flak. Das SdKfz 7, das auch als Beobachtungs- und Befehlsposten von V2-Raketenbatterien diente, wurde sogar von Feinden wie den Briten bewundert, die versuchten, genaue Kopien eroberter Fahrzeuge herzustellen.

Visitenkarte

Herkunftsland
Deutschland

Besatzung
12

Gewicht
11.550 kg

Maße
Länge 6,85 m
Breite 2,4 m
Höhe 2,62 m

Reichweite
250 km

Panzerung
8 mm

Bewaffnung
Basisversion keine

Motorisierung
ein 6-Zylinder-Benzinmotor Maybach HL 62 mit 140 PS (104,4 kW)

Leistung
Höchstgeschw. (Straße) 50 km/h; Furttiefe 0,5 m; Hindernishöhe 2 m

Schwerer Wehrmachtsschlepper

Im Jahr 1941 benötigte die Wehrmacht ein mittelschweres Halbkettenfahrzeug, aber man musste bei der Produktion sparsam sein, da die deutsche Rüstungsindustrie bereits ausgelastet war. Der Schwere Wehrmachtsschlepper war als allgemeines Versorgungsfahrzeug und Mannschaftstransporter zum Gebrauch der Infanterieeinheiten bestimmt. Um Kosten zu sparen, verzichtete man auf Luxus wie geschlossene Kabinen und gummiummantelte Kettenräder. Da der Bau anderer Fahrzeuge Vorrang hatte und die Bombardierung deutscher Fabriken die Herstellung zunehmend erschwerte, ging die Produktion nur langsam voran. Die Produktion hielt jedoch bis zum Ende des 2. Weltkriegs an, einige Fahrzeuge wurden nach Kriegsende in der tschechischen Armee eingesetzt. Unter den Varianten war ein Raketenwerfer, eine Flak und ein mit gepanzerter Kabine versehenes Versorgungsfahrzeug für die Front.

Visitenkarte

Herkunftsland
Deutschland

Besatzung
2

Gewicht
13.500 kg

Maße
Länge 6,68 m
Breite 2,5 m
Höhe 2,83 m

Reichweite
300 km

Panzerung
8–15 mm

Bewaffnung
eine 3,7-cm-Kanone, ein 7,92-mm-MG

Motorisierung
ein 6-Zylinder-Benzinmotor Maybach HL 42 mit 100 PS (74,6 kW)

Leistung
Höchstgeschw. (Straße) 27 km/h; Furttiefe 0,6 m; Hindernishöhe 2 m

Visitenkarte

Herkunftsland
Deutschland
Besatzung
9
Gewicht
18.000 kg
Maße
Länge 8,52 m
Breite 2,6 m
Höhe 2,76 m
Reichweite
260 km
Panzerung
8–14,5 mm
Bewaffnung
normalerweise keine, manchmal eine 8,8-cm-Flak
Motorisierung
ein Benzinmotor Maybach HL V-12 mit 250 PS (186,4 kW)
Leistung
Höchstgeschw. (Straße) 50 km/h; Furttiefe 0,6 m; Kletterfähigkeit 2 m

SdKfz 9

Das SdKfz 9 war das bei weitem größte aller Halbkettenfahrzeuge des 2. Weltkriegs. Es entstand aufgrund einer Forderung von 1936 nach einem schweren Bergefahrzeug, das neben Panzereinheiten operierte. Das Fahrzeug wurde sowohl zur Bergung als auch zum Schleppen schwerer Artillerie und von Brückeneinheiten eingesetzt. Eine mit Waffen ausgerüstete Version mit einer 8,8-cm-Flak wurde 1943 produziert und in Polen und Frankreich eingesetzt. Das Bergefahrzeug besaß einen Kran und Stützen zur Stabilisierung, damit es auch mit schweren Panzern zurechtkam. Selbst bei Einsatz eines Erdspatens für zusätzliche Zugkraft wurden im Allgemeinen zwei SdKfz 9 benötigt, um solche massiven Panzer wie den Tiger zu bergen. Als der zum Schleppen geeignetere Bergepanther herauskam, wurde die Rolle des SdKfz 9 eingeschränkt, bis man schließlich 1944 die Produktion einstellte.

Visitenkarte

Herkunftsland
USA
Besatzung
13
Gewicht
9.299 kg
Maße
Länge 6,18 m
Breite 2,22 m
Höhe 2,26 m
Reichweite
282 km
Panzerung
8 mm
Bewaffnung
ein 12,7-mm-MG, ein 7,62-mm-MG
Motorisierung
ein 6-Zylinder-Benzinmotor White 160AX mit 147 PS (109,6 kW)
Leistung
Höchstgeschw. (Straße) 64,4 km/h; Furttiefe 0,81 m

M3

Die ernsthafte amerikanische Halbkettenfahrzeugproduktion begann 1941, und bis Kriegsende wurden 40.000 Exemplare aller Arten produziert. Der M3 war bei allen Alliierten weit verbreitet, hauptsächlich als Mannschaftstransporter, obwohl er auch als Krankenwagen, Fernmeldefahrzeug und Artillerieschlepper eingesetzt wurde. Er wurde tatsächlich so häufig eingesetzt, dass er zu so etwas wie einem Markenzeichen der Alliierten wurde, besonders nach der Landung am D-Day im Juni 1944. Nach dem 2. Weltkrieg wurde der M3 allmählich auf die Rolle eines Bergefahrzeugs reduziert. Dennoch wurden Fahrzeuge, die vor 1945 in die Sowjetunion geliefert worden waren, viele Jahre von einigen Ländern des Warschauer Pakts eingesetzt. Bei den israelischen Verteidigungseinheiten wurde das Fahrzeug bis vor kurzem verwendet, sodass es an allen arabisch-israelischen Kriegen teilnahm.

P 107

Den P 107 gab es in zwei Grundvarianten, als Artillerieschlepper für leichtes Feldgepäck und als Pionierschlepper mit einem offenen Frachtraum hinter der Kabine. Er wurde dazu verwendet, Anhänger mit der Ausrüstung der Kampfpioniere zu schleppen. Nach dem Fall Frankreichs an die Deutschen 1940 wurde der P 107 in den Dienst der Wehrmacht gestellt und dazu verwendet, Feld- und Panzerabwehrkanonen zu schleppen. Anschließend wurden die Fahrzeuge von den Deutschen ihrer Aufbauten beraubt, die durch gepanzerte Hüllen ersetzt wurden. Die meisten dieser Umwandlungen blieben zu Ausbildungszwecken und allgemeinen Aufgaben in Frankreich, obwohl sie auch nach den Landungen des D-Day im Juni 1944 im Kampf eingesetzt wurden. Die vorn befestigte Winde, mit der das Fahrzeug in und aus Gräben stieg, ließen die Deutschen am Fahrzeug.

Visitenkarte

Herkunftsland
Frankreich
Besatzung
5–7
Gewicht
4.050 kg
Maße
Länge 4,85 m
Breite 1,8 m
Höhe 1,95 m
Reichweite
400 km
Panzerung
keine (Originalversion)
Bewaffnung
keine
Motorisierung
ein 4-Zylinder-Benzinmotor mit 55 PS (41 kW)
Leistung
Höchstgeschw. (Straße) 45 km/h

Wurfgranate 41

Nebelwerfereinheiten wurden ursprünglich zur taktischen Ausnutzung der Nebelwolken geformt. Die Nebelwerfer wurden später zum Abfeuern von Raketen umfunktioniert. Deren Dröhnen ließen sie bei den Alliierten unter dem Spitznamen »Moaning Minnie« bekannt werden. Der 15-cm-Nebelwerfer 41 wurde ursprünglich auf eine 3,7-cm-Pa-Lafette montiert, 1942 jedoch für das Halbkettenfahrzeug SdKfz 4/1 Maultier angepasst. Dies war ein wirksameres System, da das als Panzerwerfer 42 bekannte Gefährt durch eine rasche Flucht vom Abschussort, der durch das Abfeuern der Raketen verraten wurde, der häufig recht prompten Vergeltung entgehen konnte. Hauptsächlich wurden die mobilen Raketenwerfer als Feuerunterstützung für Panzeroperationen eingesetzt. Die Angaben rechts beziehen sich auf die 15-cm-Wurfgranate 41.

Visitenkarte

Herkunftsland
Deutschland
Besatzung
–
Gewicht
insges. 31,8 kg,
Treibladung 6,35 kg,
Füllung 2,5 kg
Maße
Länge 979 mm
Durchmesser 158 mm
Reichweite
7.055 m
Panzerung
–
Bewaffnung
–
Motorisierung
–
Leistung
Anfangsgeschwindigkeit 342 m/s

Wurfkörper M F1 50

Visitenkarte

Herkunftsland
Deutschland
Besatzung
–
Gewicht
insges. 79 kg
Treibladung 6,6 kg
Füllung 39,8 kg
Maße
Länge 1,29 m
Durchmesser 320 mm
Reichweite
2.028 m
Panzerung
–
Bewaffnung
–
Motorisierung
–
Leistung
–

Die Wurfkörper 28 cm und 32 cm waren unter den Ersten, die als mobile Feuerkraft von Fahrzeugen abgefeuert wurden. Das am häufigsten verwendete Fahrzeug war das SdKfz 251. Diese Kombination war als »Stuka-zu-Fuß« oder als »Heulende Kuh« bekannt und wurde während des gesamten 2. Weltkriegs eingesetzt. Das System war relativ launisch, da die Raketen sehr ungenau waren und das Zielen einfach durch Wenden des Fahrzeugs in Richtung des Ziels bewerkstelligt wurde. Die Waffen wurden daher auch eher massenweise eingesetzt, wenn dies möglich war. Wenn sie ihr Ziel trafen, waren sie zerstörerische Waffen, wobei man den hochexplosiven Sprengkopf als besonders geeignet für den Straßenkampf und zur Zerstörung von Häusern ansah. Die Angaben beziehen sich auf den Wurfkörper M F1 50.

AMX-10P

Visitenkarte

Herkunftsland
Frankreich
Besatzung
3 + 8
Gewicht
14.200 kg
Maße
Länge 5,78 m
Breite 2,78 m
Höhe 2,57 m
Reichweite
600 km
Panzerung
geheim
Bewaffnung
eine 20-mm-Kanone, ein koaxiales 7,62-mm-MG
Motorisierung
ein wassergekühlter Dieselmotor HS-115 V-8 mit 280 PS (209 kW)
Leistung
Höchstgeschw. (Straße) 65 km/h; Furttiefe – (amphibisch); Kletterfähigkeit 0,7 m; Grabenüberschreitfähigkeit 1,6 m

Die ersten Modelle des Mitte der 60er-Jahre entworfenen französischen AMX-10 rollten 1973 von der Fertigungsstraße. Mit seiner Aluminiumhülle war der von zwei Wasserdüsen angetriebene AMX-10 vollständig amphibisch. Er verfügte über ein ABC-Waffen-Verteidigungssystem sowie eine Nachtsichtausrüstung und bot innen Platz für acht Soldaten. Das Fahrzeug gibt es in mehreren Varianten, u. a. als Krankenwagen, Reparaturfahrzeug, Panzerabwehrfahrzeug mit vier Lenkwaffen und Mörserschlepper zum Ziehen eines Brandt-120-mm-Mörsers. Der AMX-10 wurde in viele Länder exportiert, zu denen Griechenland, Katar, Mexiko, Saudi-Arabien und Indonesien gehören. Die Fahrzeuge für Indonesien haben eine verbesserte amphibische Fähigkeit, da sie das Landefahrzeug vor der Küste verlassen und aus eigener Kraft an Land schwimmen sollen.

FV432

Der FV432 war 1962 der erste nur mit Ketten ausgestattete Mannschaftstransporter, der seit dem 2. Weltkrieg in den Dienst der britischen Armee gestellt wurde. Nur wenige der bis 1971 von GKN Sankey gebauten, insgesamt 3.000 Fahrzeugen wurden exportiert, da der amerikanische M113 eine viel billigere Option war. Die Hauptaufgabe des als »Trojan« bekannten FV432 war der Transport von Soldaten auf das Schlachtfeld. Das Fahrzeug konnte 10 Mann befördern und war das erste, das mit einem ABC-Waffen-Verteidigungssystem ausgerüstet war. Anfangs verfügten die Fahrzeuge über Gründungsschirme, um ihnen amphibische Fähigkeiten zu geben. Diese wurden aber entfernt, da sie sehr leicht beschädigt wurden. Als Varianten existieren ein Befehlsfahrzeug, ein Krankenwagen, ein Mörser, ein Minenleger und ein Panzerabwehrfahrzeug mit Swingfire-Raketen.

Visitenkarte

Herkunftsland
Großbritannien
Besatzung
2 + 10
Gewicht
15.280 kg
Maße
Länge 5,25 m
Breite 2,8 m
Höhe (mit MG) 2,29 m
Reichweite
483 km
Panzerung
12 mm
Bewaffnung
ein 7,62-mm-MG
Motorisierung
ein 6-Zylinder-Mehrstoffmotor Rolls-Royce K60 mit 240 PS (170 kW)
Leistung
Höchstgeschw. (Straße) 52,2 km/h; Furttiefe 1,07 m; Kletterfähigkeit 0,61 m; Grabenüberschreitfähigkeit 2,05 m

Saurer 4K4FA-G1

Der Saurer-4K4FA-Truppentransporter ging 1961 in Produktion und wurde danach in vielen Varianten hergestellt. Die Standardform war ein stahlbewehrter Truppentransporter mit Platz für zwei + acht Mann und einem einzelnen 12,7-mm-MG Browning-M2-HB auf der Kuppel im vorderen Bereich. Der Aufbau dieses Panzers war relativ einfach – er war nicht schwimmfähig und hatte kein Nachtsichtsystem. Bei den Varianten gab es dann eine relativ große Bandbreite bezüglich Ausstattung und Leistung. Der Motor des 4K3FA-G1 hatte nur eine Leistung von 230 PS (172 kW), der 4K4FA-Motor brachte 250 PS (186 kW). Es gab aber auch Varianten mit 20-mm-Oerlikon-Geschütztürmen und sogar 81-mm-Raketenwerfer von Oerlikon Bührle zum gleichzeitigen Abschuss mehrerer Raketen.

Visitenkarte

Herkunftsland
Österreich
Besatzung
2 + 8
Gewicht
12.200 kg
Maße
Länge 5,35 m
Breite 2,5 m
Höhe 1,65 m
Reichweite
370 km
Panzerung
bis zu 20 mm Stahl
Bewaffnung
ein 12,7-mm-MG
Motorisierung
ein 6-Zylinder-Turbodiesel Saurer 4FA mit 250 PS (186 kW) bei 2400 U/min
Leistung
Höchstgeschw. (Straße) 65 km/h; Furttiefe 1 m; Steigfähigkeit 75 %; Kletterfähigkeit 0,8 m; Grabenüberschreitfähigkeit 2,2 m

Visitenkarte

Herkunftsland
BR Deutschland
Besatzung
4 + 6
Gewicht
28.200 kg
Maße
Länge 6,79 m
Breite 3,24 m
Höhe 2,95 m
Reichweite
520 km
Panzerung
geheim
Bewaffnung
eine 20-mm-Rh-202-Kanone, ein koaxiales 7,62-mm-MG
Motorisierung
ein 6-Zylinder-Dieselmotor MTU MB 833 mit 600 PS (447 kW)
Leistung
Höchstgeschw. (Straße) 75 km/h; Furttiefe 1,5 m; Kletterfähigkeit 1 m; Grabenüberschreitfähigkeit 2,5 m

Marder

Der Schützenpanzer Marder war das erste westliche, mechanisierte Infanteriekampffahrzeug. Er gehörte zu einer Fahrzeugfamilie, die auf dem Chassis des Schweizer SPX12-3 basierte. Während der Produktionszeit von 1970 bis 1975 wurde er 3.000 Mal gebaut. Damals war er das fortschrittlichste Fahrzeug seiner Art in der Welt. Das über eine ausgezeichnete Panzerung und hohe Querfeldeingeschwindigkeit verfügende Fahrzeug konnte mit dem Kampfpanzer Leopard in kombinierten Aktionen operieren. Die Soldaten waren mittels Periskop und Schießscharten in der Lage, von innen zu schießen. Ein ferngesteuertes MG diente zur Verteidigung im Nahbereich. Spätere Versionen verfügten über Milan-Lenkraketen. Als Varianten existieren ein Raketenwerfer für Boden-Luft-Geschosse und ein Radarfahrzeug. Im Fahrzeug selbst befinden sich mehr als 6.000 Schuss Munition.

Visitenkarte

Herkunftsland
Schweden
Besatzung
2 + 10
Gewicht
13.500 kg
Maße
Länge 5,35 m
Breite 2,86 m
Höhe 2,5 m
Reichweite
300 km
Panzerung
geheim
Bewaffnung
eine 20-mm-Hispano-Kanone
Motorisierung
ein 6-Zylinder-Inline-Dieselmotor Volvo-Penta Modell THD 100B mit 280 PS (209 kW)
Leistung
Höchstgeschw. (Straße) 66 km/h; Furttiefe – (amphibisch); Kletterfähigkeit 0,61 m; Grabenüberschreitfähigkeit 1,8 m

Pbv

Die Arbeit am Entwurf des Pbv 302 begann 1961, die volle Produktion 1966. Der Pbv war vom Äußeren dem amerikanischen M113 ähnlich und eines der ersten Fahrzeuge seiner Art mit einem vollständig geschlossenen Gefechtsstand. Das Abteil für die Soldaten befindet sich hinten und bietet 10 voll ausgerüsteten Soldaten Raum. Es gibt keine Schießscharten, aber die Soldaten können durch die Luken auf der Oberseite schießen. Der Turm wird manuell bedient. Die 20-mm-Kanone kann entweder mit einem Patronengurt mit 135 Schuss oder mit einem Magazin mit 10 Schuss versorgt werden. Der vollständig amphibische Pbv wird im Wasser von den Ketten angetrieben. Zu den Varianten gehören Befehls- und Aufklärungsfahrzeuge und ein Krankenwagen. Nur wenige wurden exportiert, hauptsächlich wegen der strengen Exportkontrollen der schwedischen Regierung für militärische Ausrüstung.

M113A2

Der M113 war das Ergebnis einer Forderung der US-Streitkräfte Mitte der 50er-Jahre nach einem leichten, in der Luft transportablen, gepanzerten amphibischen Infanteriefahrzeug. Seit Produktionsbeginn in den frühen 60er-Jahren wurden 70.000 Exemplare gebaut und in fast 50 Länder exportiert. Das Fahrzeug wird ständig aktualisiert, um modernen Anforderungen zu entsprechen. Vor allem die frühen Versionen gewährten dem Schützen überhaupt keinen Schutz. Dieses Problem wurde nach Kampferfahrung – vor allem in Vietnam, im Nahen Osten, in Nordafrika und im Fernen Osten – mit oberster Priorität behoben. Der in vielen Varianten, u. a. als Mörser, Befehlsfahrzeug, Flugabwehrkanone und Flammenwerfer gebaute M113 wird weit ins 21. Jahrhundert in Dienst bleiben und wahrscheinlich das von allen gepanzerten Fahrzeugen am häufigsten gebrauchte Fahrzeug sein.

Visitenkarte

Herkunftsland
USA
Besatzung
2 + 11
Gewicht
11.341 kg
Maße
Länge 5,69 m
Breite 2,54 m
Höhe 2,52 m
Reichweite
483 km
Panzerung
bis zu 44 mm
Bewaffnung
ein 12,7-mm-MG, zwei 7,62-mm-MGs
Motorisierung
ein wassergekühlter 6-Zylinder-Dieselmotor mit 215 PS (160 kW)
Leistung
Höchstgeschw. (Straße) 67,59 km/h; Höchstgeschw. (Wasser) 6 km/h; Furttiefe – (amphibisch); Kletterfähigkeit 0,61 m; Grabenüberschreitfähigkeit 1,68 m

M2 Bradley

Der 1981 erschienene M2 Bradley war das erste mechanisierte Infanteriekampffahrzeug der US Army. Das Fahrzeug wurde bald in einer Menge von 600 Stück/Jahr produziert. Die Aluminiumhülle des M2 ist zum zusätzlichen Schutz mit einer Schicht versetzter Laminatpanzerung versehen. Die 25-mm-Kanone ist stabilisiert, damit auch beim Fahren geschossen werden kann. Das Abteil für die Soldaten hinten ist mit Schießscharten und Periskopen ausgestattet, damit man von innen schießen kann. Nachtsichtgeräte und ein ABC-Waffen-Verteidigungssystem gehören zur Standardausrüstung. Der Bradley spielt eine Schlüsselrolle in dem kombinierten Waffenkonzept der US-Armee, aber Kritiker sagen, er sei zu groß, zu teuer, zu schwierig zu warten und nur ungenügend gepanzert, um gemeinsam mit schweren Kampfpanzern auf dem Schlachtfeld zu operieren.

Visitenkarte

Herkunftsland
USA
Besatzung
3 + 7
Gewicht
22.666 kg
Maße
Länge 6,45 m
Breite 3,2 m
Höhe 2,97 m
Reichweite
483 km
Panzerung
geheim
Bewaffnung
eine 25-mm-Hughes-Helicopter-Chain-Gun, ein koaxiales 7,62-mm-MG, zwei Pa-Raketenwerfer
Motorisierung
ein 8-Zylinder-Dieselmotor Cummins mit 500 PS (373 kW)
Leistung
Höchstgeschw. (Straße) 66 km/h; Furttiefe – (amphibisch); Kletterfähigkeit 0,91 m; Grabenüberschreitfähigkeit 2,54 m

AIFV

Visitenkarte

Herkunftsland
USA
Besatzung
3 + 7
Gewicht
13.687 kg
Maße
Länge 5,26 m
Breite 2,82 m
Gesamthöhe 2,79 m
Reichweite
490 km
Panzerung
geheim
Bewaffnung
eine 25-mm-Oerlikon-Kanone, ein koaxiales 7,62-mm-MG
Motorisierung
ein Detroit-Dieselmotor 6V-53T V-6 mit 264 PS (197 kW)
Leistung
Höchstgeschw. (Straße) 61,2 km/h; Furttiefe – (amphibisch); Kletterfähigkeit 0,64 m; Grabenüberschreitfähigkeit 1,63 m

Die Mängel des M113 veranlassten die US Army, ein neues Fahrzeug mit besserem Schutz für den Schützen und Schießscharten für die Soldaten hinten zu ordern. Als die FMC Corporation merkte, dass der entstehende M2 zu schwer und teuer für die meisten Länder wäre, wurde der AIFV in erster Linie für den Export entwickelt. Das besser als der M113 bewaffnete und mit Stahlpanzerschichten gepanzerte Fahrzeug ist vollständig amphibisch. Zum besseren Schutz ist die Hauptwaffe geschlossen, und alle sieben Soldaten hinten haben Schießscharten. Das Fahrzeug kann mit Nachtsichtgeräten und einem ABC-Waffen-Verteidigungssystem ausgestattet werden. Der AIFV ist ein guter Kompromiss zwischen M113 und M2, der in der Türkei, Belgien, den Philippinen und den Niederlanden beliebt ist, die alle bedeutende Mengen bestellten.

BMD

Visitenkarte

Herkunftsland
UdSSR
Besatzung
3 + 4
Gewicht
6.700 kg
Maße
Länge 5,4 m
Breite 2,63 m
Höhe 1,97 m
Reichweite
320 km
Panzerung
15–23 mm
Bewaffnung
eine 73-mm-Kanone, ein koaxiales 7,62-mm-MG, zwei 7,62-mm-MGs vorn, ein AT-3 Sagger ATGW
Motorisierung
ein flüssig gekühlter Dieselmotor V-6 mit 240 PS (179 kW)
Leistung
Höchstgeschw. (Straße) 70 km/h; Furttiefe – (amphibisch); Kletterfähigkeit 0,8 m; Grabenüberschreitfähigkeit 1,6 m

Der BMD wurde ausdrücklich für die sowjetischen Luftlandeeinheiten entwickelt und sollte den Truppen, wenn sie einmal auf dem Boden hinter den feindlichen Linien waren, gesteigerte Feuerkraft und Beweglichkeit verleihen. Das war besonders wichtig, weil die Sowjets nur über ausreichend Transportmöglichkeiten für eine Luftlandeeinheit verfügten. Er wurde 1970 in Dienst gestellt, und jeder Luftlandeeinheit wurden 330 Fahrzeuge zugewiesen. Das auf dem BMP-1 basierende Fahrzeug war mit einem ungewöhnlichen hydraulischen Anpassungssystem für die Radaufhängung ausgestattet, um das Maß der Bodenfreiheit ändern zu können. Es war vollständig amphibisch und verfügte über Nachtsichtgeräte, ein ABC-Waffen-Verteidigungssystem und Nebelwerfer. Als Varianten existierten ein Mörser und ein Befehlsfahrzeug. Der BMD diente u. a. als Speerspitze der Invasion Afghanistans.

MT-LB

Der MT-LB wurde entwickelt, um eine Vielzahl von Rollen wie als Schlepper von Artillerie und Panzerabwehrkanonen, als Frachttransporter und als gepanzerter Mannschaftstransporter zu erfüllen. Der vollständig amphibische MT-LB wurde im Wasser von seinen Ketten angetrieben und hatte hinten Raum für 11 Soldaten. Auf schneebedecktem Boden konnten die Ketten entfernt und durch breitere ersetzt werden, auf sumpfigem Boden war der MT-LB Ersatz für das mechanisierte Infanteriekampffahrzeug BMP. Als Varianten existierten ein Pionierkampffahrzeug, ein Befehlsfahrzeug mit speziellem Radar und ein Reparaturfahrzeug. Der MT-LB wurde auch als Basis für die Selbstfahrhaubitze 2S1 verwendet, die in den 70er-Jahren in Dienst gestellt und häufig exportiert wurde, z. B. nach Bulgarien, in die Tschechoslowakei, nach Finnland, Ungarn, Polen, Schweden und in das frühere Jugoslawien.

Visitenkarte

Herkunftsland
UdSSR

Besatzung
2 + 11

Gewicht
11.900 kg

Maße
Länge 6,45 m
Breite 2,85 m
Höhe 1,87 m

Reichweite
500 km

Panzerung
3–10 mm

Bewaffnung
ein 7,62-mm-MG

Motorisierung
ein Dieselmotor YaMZ 238 V-8 mit 240 PS (179 kW)

Leistung
Höchstgeschw. (Straße) 61,5 km/h; Furttiefe – (amphibisch); Kletterfähigkeit 0,7 m; Grabenüberschreitfähigkeit 2,7 m

Sultan

Der Sultan ist Teil einer Fahrzeugfamilie, die alle dieselbe Aluminiumhülle haben und einen Teil der Kampfgruppenformation der britischen Armee bilden. Der Sultan wurde dafür entworfen, dem Befehlshaber ein gepanzertes Fahrzeug zu liefern, mit dem er mit den vorderen Fahrzeugen Schritt halten konnte. Hinten gibt es einen Raum mit einem Schreibtisch, Landkartenbrettern und einer Funkanlage. Um zusätzlichen Platz zu gewinnen, kann an der Rückseite ein Zelt aufgespannt werden, allerdings auf Kosten der Beweglichkeit. Die Enge bei der Fahrt, besonders wenn das Fahrzeug während einer ABC-Übung geschlossen ist, erschweren die Arbeit darin. Wie bei vielen gepanzerten Kampffahrzeugen, die gegenwärtig weltweit im Dienst sind, leidet die Mannschaft unter erheblichem Platzmangel.

Visitenkarte

Herkunftsland
Großbritannien

Besatzung
3

Gewicht
8.172 kg

Maße
Länge 5,12 m
Breite 2,24 m
Höhe 2,6 m

Reichweite
483 km

Panzerung
geheim

Bewaffnung
ein 7,62-mm-MG

Motorisierung
ein 4,2-Liter Benzinmotor mit 190 PS (141 kW)

Leistung
Höchstgeschw. (Straße) 80 km/h; Furttiefe 1,07 m; Kletterfähigkeit 0,5 m; Grabenüberschreitfähigkeit 2,06 m

Visitenkarte

Herkunftsland
Großbritannien
Besatzung
3 + 4
Gewicht
8.172 kg
Maße
Länge 5,13 m
Breite 2,24 m
Höhe 2,26 m
Reichweite
483 km
Panzerung
geheim
Bewaffnung
ein 7,62-mm-MG, ein Milan-Raketenwerfer
Motorisierung
ein 6-Zylinder-Benzinmotor Jaguar mit 190 PS (142 kW)
Leistung
Höchstgeschw. (Straße) 80 km/h; Furttiefe 1,07 m; Kletterfähigkeit 0,5 m; Grabenüberschreitfähigkeit 2,06 m

Spartan

Der Alvis Spartan ist ein Mitglied der Scorpion-Familie, wurde 1978 von der britischen Armee in Dienst gestellt und erfüllt spezielle Aufgaben, z. B. den Transport der Javelin-Boden-Luft-Raketen oder von Pionierangriffsteams. Das Fahrzeug hat eine Besatzung von drei Mann und bietet hinten Raum für vier voll ausgerüstete Soldaten, obwohl es keine Schießscharten hat. Gründungsschirme können rundum an der Oberseite der Hülle befestigt werden. Aufgerichtet machen sie den Spartan, der im Wasser von seinen Ketten angetrieben wird, vollständig amphibisch. Die neuesten Produktionsmodelle erfuhren eine Reihe von Verbesserungen, z. B. eine verbesserte Radaufhängung und einen sparsameren Perkins-Dieselmotor. Bis Ende 1995 wurden insgesamt 960 Spartans gebaut. Wie schon oben erwähnt, kann das Fahrzeug mit einer PaL-Milan ausgerüstet werden.

Visitenkarte

Herkunftsland
Großbritannien
Besatzung
3 + 7
Gewicht
25.700 kg
Maße
Länge 6,34 m
Breite 3,03 m
Höhe 2,79 m
Reichweite
660 km
Panzerung
geheim
Bewaffnung
eine 30-mm-Rarden-Kanone, ein koaxiales 7,62-mm-MG, vier Nebelwerfer
Motorisierung
ein Dieselmotor Perkins V-8 mit 550 PS (410 kW)
Leistung
Höchstgeschw. (Straße) 75 km/h; Furttiefe 1,3 m; Kletterfähigkeit 0,75 m; Grabenüberschreitfähigkeit 2,5 m

Warrior

Die Entwicklung des Kampffahrzeugs Warrior begann 1972. 1987 wurde es in den Dienst der britischen Armee gestellt. Der Warrior war Teil des auf den Erfolg des sowjetischen BMP zurückgehenden Konzepts, gepanzerte Mannschaftstransporter, die nur Soldaten vom und auf das Schlachtfeld transportierten, in ein fähigeres Infanteriekampffahrzeug umzuwandeln. Das Fahrzeug wurde dazu entworfen, den FV432 zu ergänzen; der Warrior ist jedoch schwerer und viel stärker gepanzert und wird daher statt als bloßes Transportfahrzeug als mobile Feuerbasis behandelt, von der aus Soldaten kämpfen können. Zu den Varianten gehört ein Befehls-, ein Berge-, ein Pionier- und ein Aufklärungsfahrzeug. Der Warrior wurde auch nach Kuwait verkauft, dessen Exemplare mit einer Klimaanlage und einem Pa-Raketenwerfer an jeder Seite des Turms ausgestattet sind.

Schützenpanzer Ulan/Pizarro

Der Ulan/Pizarro ist ein Produkt der Zusammenarbeit des österreichischen Steyr Daimler Puch Konzerns und der spanischen Santa Barbara S.A. Er wird als MICV (Multi Role Combat Vehicle) unter verschiedenen Ausführungen und Turmaufbauten angeboten. Die Palette reicht dabei vom leichten Panzer bis zum Sanitätsfahrzeug. Das Fahrzeug hat in Österreich die Bezeichnung SPz Ulan, während es in Spanien Pizarro genannt wird. Angetrieben wird er durch ein vorn rechts eingebautes Dieseltriebwerk. Links neben dem Motor sitzt der Fahrer, während sich Kommandant und Richtschütze im elektrisch angetriebenen Turm befinden. Die Hauptwaffe als auch die Optik sind voll stabilisiert. Des Weiteren ist für den Richtschützen ein Laserentfernungsmesser sowie ein Wärmebildgerät vorhanden. Für den Kommandanten steht ein Periskop ohne Nachtsichtkanal zur Verfügung. Im hinteren Teil des Schützenpanzers befindet sich Platz für die Aufnahme von bis zu 8 Schützen.

Visitenkarte

Herkunftsland
Österreich/Spanien

Besatzung
3 + 8

Gewicht
28.600 kg

Maße
Länge 7 m
Breite 3,15 m
Höhe 2,65 m

Reichweite
600 km

Panzerung
geheim

Bewaffnung
eine 30-mm-MK-30-2, ein 7,62-mm-MG 74

Motorisierung
ein Dieselmotor Modell MTU V8 mit 720 PS (537 kW)

Leistung
Höchstgeschw. (Straße) 70 km/h; Furttiefe 1,2 m; Kletterfähigkeit 0,95 m; Grabenüberschreitfähigkeit 2,3 m

BMP-2

Öffentlich wurde der trotz des fast identischen Chassis als Ergänzung und nicht als Ersatz für den BMP-1 entworfene BMP-2 zuerst 1982 gesehen. Durch seine niedrige Silhouette und die lang abgeschrägte Vorderseite bietet das Fahrzeug nur ein kleines Ziel. Dies ist sehr wichtig, da dessen Panzerung äußerst schwach ist. Ein bemerkenswertes Merkmal sind die hohlen, als Dieseltanks dienenden Hintertüren, was eine offensichtliche Gefahr für die Soldaten im Innern darstellt. Das Fahrzeug, das u. a. in Afghanistan eingesetzt wurde, macht nur wenige Konzessionen an die Bequemlichkeit, sodass das Abteil der Besatzung sehr überfüllt und unbequem ist, obwohl die Soldaten ihre Waffen von innen abfeuern können. Im Zwei-Mann-Turm sitzt der Kommandant rechts und der Schütze links. Die 30-mm-Kanone kann zum Einsatz gegen Hubschrauber und langsame Flugzeuge durch einen Motor angehoben werden.

Visitenkarte

Herkunftsland
UdSSR

Besatzung
3 + 7

Gewicht
14.600 kg

Maße
Länge 6,71 m
Breite 3,15 m
Höhe 2 m

Reichweite
600 km

Panzerung
geheim

Bewaffnung
eine 30-mm-Kanone, ein At-5-Pa-Raketenwerfer, ein koaxiales 7,62-mm-MG

Motorisierung
ein 6-Zylinder-Dieselmotor Modell UTD-20 mit 300 PS (223 kW)

Leistung
Höchstgeschw. (Straße) 65 km/h; Furttiefe – (amphibisch); Kletterfähigkeit 0,7 m; Grabenüberschreitfähigkeit 2,4 m

VAB

Visitenkarte

Herkunftsland
Frankreich
Besatzung
2 + 10
Gewicht
13.000 kg
Maße
Länge 5,98 m
Breite 2,49 m
Höhe 2,06 m
Reichweite
1.000 km
Panzerung
geheim
Bewaffnung
ein 7,62-mm-MG
Motorisierung
ein 6-Zylinder-Inline-Dieselmotor MAN mit 235 PS (175 kW)
Leistung
Höchstgeschw. (Straße) 92 km/h; Furttiefe – (amphibisch); Kletterfähigkeit 0,6 m; Grabenüberschreitfähigkeit keine

Renault wurde 1974 ausgewählt, um einen gepanzerten Mannschaftstransporter auf Rädern zu bauen, der das an Infanteriebataillone verteilte AMX-10-Kettenfahrzeug ergänzen sollte. Das als 4x4- und 6x6-Version produzierte Fahrzeug ist vollständig amphibisch. Es wird im Wasser entweder von seinen Rädern oder zwei Wasserdüsen angetrieben. Der VAB ist standardmäßig mit einem ABC-Verteidigungssystem und Nachtsichtgeräten ausgerüstet. Zu den Varianten gehören ein Krankenwagen, ein Polizei- und ein Befehlsfahrzeug, eine Pa-Kanone und ein Mörser. Das sehr robuste Fahrzeug ließ sich gut ins Ausland verkaufen, vor allem nach Nordafrika, in den Nahen Osten und in Länder, in denen der französische Einfluss groß war, besonders jedoch nach Marokko, wo es zur Niederschlagung eines Aufstandes der Polisario-Guerillas verwendet wurde.

Ratel 20

Visitenkarte

Herkunftsland
Südafrika
Besatzung
4 + 7
Gewicht
19.000 kg
Maße
Länge 7,21 m
Breite 2,52 m
Höhe 2,92 m
Reichweite
1.000 km
Panzerung
20 mm
Bewaffnung
eine 20-mm-Kanone, zwei 7,62-mm-MGs
Motorisierung
ein 6-Zylinder-Dieselmotor D 3256 BTXF mit 282 PS (210 kW)
Leistung
Höchstgeschw. (Straße) 105 km/h; Furttiefe 1,2 m; Kletterfähigkeit 0,35 m; Grabenüberschreitfähigkeit 1,15 m

Der Ratel wurde von den Südafrikanern entworfen, um den britischen Saracen zu ersetzen, als klar wurde, dass politische Überlegungen zukünftige Lieferungen gefährden könnten. Der Prototyp erschien 1976, die ersten Produktionsfahrzeuge erschienen nur ein Jahr später. Das speziell für südafrikanische Anforderungen gestaltete Fahrzeug hat eine außergewöhnliche Reichweite (notwendig für größere Operationen gegen Guerillas in den weiten Flächen Afrikas), ausgezeichnete Beweglichkeit, Panzerung und Feuerkraft. Es wurde häufig im Kampf eingesetzt. So wurde der Ratel zur Niederschlagung von Aufständen in Namibia und Angola verwendet und für ähnliche Aufgaben nach Marokko exportiert. Als Varianten existieren der mit einem 60-mm-Mörser versehene Ratel 60, der mit einer 90-mm-Kanone bestückte Ratel 90 und ein Reparaturfahrzeug.

Pandur

Der Pandur-6x6-Radpanzer wurde Mitte der 80er-Jahre von Steyr-Daimler-Puch entwickelt. Er ist seit 1994 beim österreichischen Bundesheer und inzwischen auch bei vielen anderen Armeen im Einsatz. Es gibt zwei Varianten für jeweils zwei Mann Besatzung, »A« mit hochgezogenem und »B« mit flachem Dach. Der Pandur-Truppentransporter bietet zusätzlich Platz für acht Mann. Je nach Art von Geschützturm und Bewaffnung können eine Reihe weiterer Varianten des Pandur unterschieden werden. Der Pandur-Aufklärungspanzer ist beispielsweise mit einer 90-mm-Mk8-Kanone im Cockerill-LCTS-Turm bestückt, der leichte Pandur-Radpanzer besitzt einen Geschützturm mit 25-mm-, 30-mm- oder 35-mm-Kanonen.

Visitenkarte

Herkunftsland
Österreich

Besatzung
2 + 8

Gewicht
13.500 kg

Maße
Länge 5,7 m
Breite 2,5 m
Höhe 1,82 m

Reichweite
700 km

Panzerung
8 mm

Bewaffnung
ein 12,7-mm-MG, 2 x 3 Rauchgranatenwerfer, diverse Zusatzausrüstungen

Motorisierung
ein 6-Zylinder-Turbodiesel Steyr WD 612.95 mit 240 PS (179 kW)

Leistung
Höchstgeschw. (Straße) 100 km/h; Furttiefe 1,2 m; Steigfähigkeit 70 %; Kletterfähigkeit 0,5 m

UR-416

Der UR-416 verwendet das Chassis des Zivilfahrzeugs Unimog 4x4 aus den 50er-Jahren. Die Entwicklung der militärischen Version, die ab 1966 produziert wurde, begann in den frühen 60er-Jahren. Der UR-416 war ein relativ preisgünstiges Fahrzeug, das leicht zu warten und zu bedienen war und hinten Platz für acht Soldaten bot, die durch die Schießscharten von innen ihre Waffen benutzen konnten. Zu den Varianten gehören Befehlsfahrzeuge, Reparaturfahrzeuge und Krankenwagen. Der UR-416 wurde häufig exportiert, besonders nach Afrika und Südamerika. In einigen europäischen Ländern wird er zur Flughafensicherheit und bei der Polizei eingesetzt. Diese Fahrzeuge verfügen über ein Lautsprechersystem, Feuerlöscher und Planierschilde zum Entfernen von Hindernissen.

Visitenkarte

Herkunftsland
BR Deutschland

Besatzung
2 + 8

Gewicht
7.600 kg

Maße
Länge 5,21 m
Breite 2,3 m
Höhe 2,23 m

Reichweite
700 km

Panzerung
9 mm

Bewaffnung
ein 7,62-mm-MG

Motorisierung
ein 6-Zylinder-Dieselmotor Daimler-Benz OM 352 mit 120 PS (89 kW)

Leistung
Höchstgeschw. (Straße) 85 km/h; Furttiefe 1,4 m; Kletterfähigkeit 0,55 m; Grabenüberschreitfähigkeit keine

BTR-40

Visitenkarte

Herkunftsland
UdSSR
Besatzung
2 + 8
Gewicht
5.300 kg
Maße
Länge 5 m
Breite 1,9 m
Höhe 1,75 m
Reichweite
285 km
Panzerung
8 mm
Bewaffnung
ein 7,62-mm-MG
Motorisierung
ein wassergekühlter 6-Zylinder-Benzinmotor GAZ-40 mit 80 PS (60 kW)
Leistung
Höchstgeschw. (Straße) 80 km/h; Furttiefe 0,8 m; Kletterfähigkeit 0,47 m; Grabenüberschreitfähigkeit 0,7 m

Der BTR-40 wurde 1951 in Dienst gestellt. Er basierte auf dem Chassis des GAZ-43-4-x-4-LKWs und konnte acht Soldaten transportieren. Damit war er Teil der sowjetischen Philosophie der von mechanisierter Infanterie unterstützten gepanzerten Speerspitze. Das Fahrzeug hatte neben seiner Rolle als gepanzerter Mannschaftstransporter eine Vielzahl von Aufgaben, u. a. wurde es als Krankenwagen, als Aufklärungs- und Befehlsfahrzeug eingesetzt. Dem BTR-40 fehlte das übliche Reifendruckregelungssystem vieler sowjetischer Nachkriegsfahrzeuge und ein ABC-Verteidigungssystem. Es gab allerdings eine spezielle Variante für die chemische Kriegsführung, den BTR-40kh, der zur Kennzeichnung freier Gassen in kontaminierten Bereichen verwendet wurde. Der BTR-40, den man seit den späten 50er-Jahren aus dem Frontdienst entfernte, wurde häufig in die sowjetischen Satellitenstaaten exportiert.

PSZH-IV

Visitenkarte

Herkunftsland
Ungarn
Besatzung
3 + 6
Gewicht
7.500 kg
Maße
Länge 5,7 m
Breite 2,5 m
Höhe 2,3 m
Reichweite
500 km
Panzerung
14 mm
Bewaffnung
ein 14,5-mm-MG, ein koaxiales 7,62-mm-MG
Motorisierung
ein 4-Zylinder-Dieselmotor Caspel mit 100 PS (74,57 kW)
Leistung
Höchstgeschw. (Straße) 80 km/h; Furttiefe – (amphibisch); Kletterfähigkeit 0,4 m; Grabenüberschreitfähigkeit 0,6 m

Der PSZH-IV war eine Fortentwicklung des amphibischen Panzerspähwagens FUG 4x4, der in den frühen 60er-Jahren für die ungarische Armee entworfen wurde. Das Mitte der 60er-Jahre erscheinende Fahrzeug – im Westen hielt man es für ein Aufklärungsfahrzeug – war eine vollverschweißte Stahlkonstruktion. Das vollständig amphibische Fahrzeug wurde als gepanzerter Mannschaftstransporter verwendet und im Wasser von zwei Wasserdüsen angetrieben. Es konnte sechs Soldaten befördern, obwohl die kleine, zweiteilige Tür auf beiden Seiten der einzige Zugang war. Der PSZH-IV besaß ein Reifendruckregelungssystem, ein ABC-Verteidigungssystem und eine Infrarot-Nachtsichtausrüstung. Unter den Varianten befand sich ein Krankenwagen, ein Befehlsfahrzeug und ein NBC-Aufklärungsfahrzeug. Der PSZH-IV wurde von Bulgarien, Ungarn, der Tschechischen Republik und dem Irak eingesetzt.

BTR-152V1

Der BTR-152 war einer der ersten gepanzerten sowjetischen Mannschaftstransporter (während des 2. Weltkriegs verwendeten die Sowjets keinen). Er wurde öffentlich erstmals 1951 gesehen und verwendete das mit einer Panzerung versehene Chassis des ZIL-157-LKW. Der Hauptnachteil der ersten Fahrzeuge war das oben offene Soldatenabteil, was diese verwundbar für Explosionen über ihnen machte. Mangelhaft war auch die Querfeldeinbeweglichkeit, zudem war das Fahrzeug nicht amphibisch. Spätere Modelle hatten ein Reifendruckregelungssystem, womit der Fahrer je nach Terrain den Reifendruck anpassen konnte. In den frühen 60er-Jahren ersetzte man den BTR-152 durch den BTR-60, dennoch wurde das Fahrzeug in etwa 30 Länder exportiert. Im aktiven Kampf wurde es im Nahen Osten (von Syrien, Ägypten und dem Irak), Afrika und im Fernen Osten eingesetzt.

Visitenkarte

Herkunftsland
UdSSR

Besatzung
2 + 17

Gewicht
8.950 kg

Maße
Länge 6,83 m
Breite 2,32 m
Höhe 2,05 m

Reichweite
780 km

Panzerung
4–13,5 mm

Bewaffnung
ein 7,62-mm-MG

Motorisierung
ein 6-Zylinder-Benzinmotor ZIL-123 mit 110 PS (82 kW)

Leistung
Höchstgeschw. (Straße) 75 km/h; Furttiefe 0,8 m; Kletterfähigkeit 0,6 m; Grabenüberschreitfähigkeit 0,69 m

BTR-60PB

Der BTR-60 wurde bei der Roten Armee in den späten 60er-Jahren als Nachfolger des BTR-152 in Dienst gestellt. Die ersten BTR-60 hatten noch immer ein oben offenes Abteil, aber das wurde bald behoben. Das Fahrzeug war vollständig amphibisch und wurde im Wasser von einer einzigen Wasserdüse angetrieben. Es beförderte 14 Soldaten, die durch Schießscharten von innen feuern konnten, jedoch über Dachluken einsteigen mussten, was sie zu einem potenziellen Ziel machte. Der in über 30 Länder exportierte BTR-60 hatte Einsätze in vielen Teilen der Welt. Während der russischen Besetzung Afghanistans spielte er eine zentrale Rolle beim Schutz sowjetischer Konvois in diesem Land. Zuletzt kam das Fahrzeug während der Invasion Grenadas 1983 zum Einsatz.

Visitenkarte

Herkunftsland
UdSSR

Besatzung
2 + 14

Gewicht
10.300 kg

Maße
Länge 7,56 m
Breite 2,83 m
Höhe 2,31 m

Reichweite
500 km

Panzerung
7–9 mm

Bewaffnung
ein 12,7-mm-MG, zwei 7,62-mm-MGs

Motorisierung
zwei 6-Zylinder-Benzinmotoren GAZ-49B mit je 90 PS (67 kW)

Leistung
Höchstgeschw. (Straße) 80 km/h; Furttiefe – (amphibisch); Kletterfähigkeit 0,4 m; Grabenüberschreitfähigkeit 2 m

Visitenkarte

Herkunftsland
UdSSR
Besatzung
3 + 7
Gewicht
13.600 kg
Maße
Länge 7,65 m
Breite 2,90 m
Höhe 2,35 m
Reichweite
600 km
Panzerung
beschusssicher bis Kaliber 14,5 mm
Bewaffnung
ein 14,5-mm-üsMg, ein 7,62-mm-MG, eine Nebelwurfanlage
Motorisierung
ein KAMAS-Dieselmotor mit 260 PS (194 kW)
Leistung
Höchstgeschw. (Straße) 80 km/h; Furttiefe – (amphibisch); Kletterfähigkeit 0,5 m; Grabenüberschreitfähigkeit 2 m

BTR-80

Der schwimmfähige 8 x 8-Schützenpanzer BTR-80 weist gegenüber seinem Vorgängermodell, dem BTR-70, eine Reihe von Verbesserungen auf: Das überschwere Maschinengewehr im kegelstumpfförmigen Einmannturm kann nun bis 60° erhöht werden und ist somit besser gegen langsam fliegende Flächenflugzeuge und Hubschrauber einsetzbar. Die optischen Einrichtungen wurden ebenfalls verbessert und sind nun nachtkampftauglich. Die Rohre der Nebelwurfanlage rückwärts des Turms können einzeln elektrisch gezündet werden. Markant ist die zweigeteilte Einstiegsluke zwischen der zweiten und dritten Achse. Jede Fahrzeugseite weist zwei nach vorne gerichtete Schießluken für ein Maschinengewehr und drei für Sturmgewehre auf. Auch in der Heckwand gibt es Schießluken. Rechts in der Bugunterseite befindet sich eine Seilwinde. Der BTR-80 ist außerdem mit einem ABC-Überdruck-Schutzsystem und einer zentralen Reifendruck-Regelanlage ausgerüstet.

Visitenkarte

Herkunftsland
Tschechoslowakei/Polen
Besatzung
2 + 15
Gewicht
14.500 kg
Maße
Länge 7,44 m
Breite 2,55 m
Höhe 2,06 m
Reichweite
710 km
Panzerung
10 mm
Bewaffnung
ein 7,62-mm-MG
Motorisierung
ein Dieselmotor Tatra V-8 mit 180 PS (134 kW)
Leistung
Höchstgeschw. (Straße) 94,4 km/h; Furttiefe – (amphibisch); Kletterfähigkeit 0,5 m; Grabenüberschreitfähigkeit 2 m

OT-64C(1)

Der OT-64, die Antwort der Tschechoslowakei und Polens auf den sowjetischen BTR-60, wurde 1964 in Dienst gestellt. Er hatte gegenüber seinem sowjetischen Pendant den Vorteil, ein vollständig abgeschlossenes Truppenabteil zu haben und statt mit Benzin mit Diesel angetrieben zu werden. Dies vergrößerte seine Reichweite und reduzierte das Feuerrisiko. Er war jedoch schwerer und hatte eine geringere Leistung. Der Eingang des vollständig amphibischen Fahrzeugs mit zwei Schrauben befand sich hinten. Es verfügte standardmäßig über ein ABC-Verteidigungssystem und Nachtsichtgeräte. Als Varianten gab es Befehls- und Bergefahrzeuge. Einige OT-64 wurden auch zur Flug- oder Panzerabwehr angepasst. Letztere verfügten über die Lenkrakete »Sagger«. Die meisten exportierten Fahrzeuge wurden in die Länder Nordafrikas und in den Nahen Osten verkauft.

MOWAG

Kreuzlingen gestaltete den MOWAG so, dass er sich leicht an eine Vielzahl unterschiedlicher Rollen wie Krankenwagen, Befehlsfahrzeug oder gepanzerte Mannschaftstransporter anpassen ließ. Produziert wurde der MOWAG ab 1964. Seine geringe Größe – er bot hinten nur Raum für drei Soldaten – erwies sich als ideal für Polizeiaufgaben, besonders wenn er mit einem Planierschild zum Räumen von Hindernissen, einer Lautsprecheranlage und vergitterten Sehscheiben und Scheinwerfern ausgerüstet war. Das Fahrzeug war auch mit kugelsicheren Reifen (durch außen am Reifen befestigte Metallplatten) erhältlich. Zu den Exportkunden gehörten Griechenland, Argentinien, Bolivien, Chile und der Irak, die zweifellos alle den Wert des Fahrzeugs zur inneren Sicherheit erkannten. Die Produktion wurde inzwischen eingestellt.

Visitenkarte

Herkunftsland
Schweiz

Besatzung
3 + 3

Gewicht
8.200 kg

Maße
Länge 5,31 m
Breite 2,2 m
Höhe 1,88 m

Reichweite
400 km

Panzerung
8 mm

Bewaffnung
ein 12,7-mm- oder 7,62-mm-MG

Motorisierung
ein wassergekühlter V-8-Viertaktbenzinmotor mit 202 PS (151 kW)

Leistung
Höchstgeschw. (Straße) 80 km/h; Furttiefe 1,1 m; Kletterfähigkeit 0,4 m; Grabenüberschreitfähigkeit keine

V-150 Commando

Der V-150 Commando erschien Anfang der 70er-Jahre und war der Nachfolger des in den frühen 60er-Jahren entwickelten V-100, wies diesem gegenüber aber eine Reihe von Verbesserungen auf. Die bedeutendste davon war der Einbau eines Dieselmotors, der die Reichweite vergrößerte und die Brandgefahr verringerte. Der V-150 ließ sich leicht an verschiedene Rollen anpassen, die sich vom gepanzerten Mannschaftstransporter über Polizeifahrzeuge bis hin zu Bergefahrzeugen erstreckten. Auch konnte zur größeren Flexibilität eine Vielzahl von Waffen wie Flugabwehrkanonen, Mörser und gelenkte Panzerabwehrraketen angebracht werden, die durch weitere Waffen ergänzt werden konnten. Alle Versionen sind vollständig amphibisch und werden im Wasser von ihren Rädern angetrieben. Der V-150 ist ein beliebtes Exportfahrzeug und wurde in etwa 25 Länder verkauft.

Visitenkarte

Herkunftsland
USA

Besatzung
3 + 2

Gewicht
9.888 kg

Maße
Länge 5,69 m
Breite 2,26 m
Höhe 1,98 m

Reichweite
640 km

Panzerung
geheim

Bewaffnung
unterschiedlich, einschließlich einer 25-mm-Kanone, ein 7,62-mm-MG

Motorisierung
ein Dieselmotor V-540 V-8 mit 202 PS (151 kW)

Leistung
Höchstgeschw. (Straße) 88,5 km/h; Furttiefe – (amphibisch); Kletterfähigkeit 0,61 m; Grabenüberschreitfähigkeit keine

Visitenkarte

Herkunftsland
USA
Besatzung
3 + 2
Gewicht
9.888 kg
Maße
Länge 5,69 m
Breite 2,26 m
Höhe 1,98 m
Reichweite
640 km
Panzerung
geheim
Bewaffnung
zwei 7,62-mm-MGs
Motorisierung
ein V-8-Viertaktdieselmotor mit 202 PS (151 kW)
Leistung
Höchstgeschw. (Straße) 88,5 km/h; Furttiefe – (amphibisch); Kletterfähigkeit 0,61 m; Grabenüberschreitfähigkeit keine

M706

Cadillac Gage begann Anfang der 60er-Jahre diesen Entwurf für ein gepanzertes Mehrzweckfahrzeug, das nach erfolgreichen Tests 1964 als V-100 Commando produziert wurde. Die US Army benannte das Fahrzeug später in M706 um. Das Fahrzeug war in erster Linie für den Export bestimmt, aber der Vietnamkrieg machte in den 60er-Jahren bald ein Fahrzeug erforderlich, das eine Doppelrolle als Streifen- und Begleitfahrzeug erfüllte. Bedeutende Stückzahlen des M706 wurden daher von südvietnamesischen und US-Truppen eingesetzt. In Vietnam erwies sich das Fahrzeug als vielseitige und wirksame Waffe zur Unterdrückung von Aufständen. Es war für rasche Gegenangriffe ideal, vor allem bei in Hinterhalte geratenen Konvois. Der V-200, eine aufgerüstete Version, wurde nach Singapur verkauft. 1971 wurde der V-100 durch den V-150 ersetzt.

Visitenkarte

Herkunftsland
USA
Besatzung
3 + 9
Gewicht
13.137 kg
Maße
Länge 6,4 m
Breite 2,54 m
Höhe 1,98 m
Reichweite
700 km
Panzerung
geheim
Bewaffnung
eine 25-mm-Hughes-Helicopter-Chain-Gun, ein koaxiales 7,62-mm-MG
Motorisierung
ein Turbodieselmotor mit 235 PS (175 kW)
Leistung
Höchstgeschw. (Straße) 93 km/h; Furttiefe – (amphibisch); Kletterfähigkeit 0,61 m; Grabenüberschreitfähigkeit keine

V-300 Commando

Der von Cadillac in privater Initiative als Ergänzung der 4x4-Fahrzeuge gebaute V-300 war eine 6x6-Version der Commando-Fahrzeugfamilie. Die ersten Produktionsmodelle wurden 1983 nach Panama exportiert. Die Gestaltung des Fahrzeugs unterschied sich von dem des früheren V-150. Soldaten konnten das Fahrzeug nur durch die Hintertüren betreten und verlassen, während der V-150 Seiten- und Hintertüren besaß. Zudem hatte der V-300 zusätzliche Luken im Dach. Eine große Vielfalt von Waffen konnte angebracht werden. Zur Standardausrüstung gehörten eine vorne befestigte Winde, die bis zu 9.072 kg heben konnte. Als Varianten gab es ein Befehlsfahrzeug, einen Krankenwagen (mit einem höheren Dach), einen Mörser, eine Flug- und eine Panzerabwehrkanone. Das vollständig amphibische Fahrzeug wird im Wasser von seinen Rädern angetrieben.

Commando Ranger

Cadillac Gage wurde 1979 damit beauftragt, einer Anforderung der US-Luftwaffe nach einem Fahrzeug nachzukommen, das den Luftstützpunkten im Ausland Sicherheit bot und sie vor Angriffen durch Terroristen oder andere Gruppen schützte sowie schwere Waffen von und zu den Militärstützpunkten begleitete. Der auf dem Standardchassis eines LKWs basierende Ranger wurde 1980 in Dienst gestellt. Der voll gepanzerte Laderaum fasste sechs Mann, die durch Schießscharten von innen aus dem Fahrzeug schießen konnten. Dieses Abteil war, um die Mannschaftsermüdung auf langen Streifenfahrten zu reduzieren, isoliert und klimatisiert. Das bei der US-Luftwaffe als »Peacekeeper« bekannte Fahrzeug wurde nach Luxemburg und Indonesien exportiert. Granatwerfer, Suchscheinwerfer und eine Winde gehören zur Zusatzausrüstung. Als Varianten gibt es ein Befehlsfahrzeug und einen Krankenwagen.

Visitenkarte

Herkunftsland
USA
Besatzung
2 + 6
Gewicht
1.536 kg
Maße
Länge 4,7 m
Breite 2,02 m
Höhe 1,98 m
Reichweite
560 km
Panzerung
7 mm
Bewaffnung
ein oder zwei 7,62-mm-MGs
Motorisierung
ein Benzinmotor Dodge 360 CID V-8 mit 180 PS (134 kW)
Leistung
Höchstgeschw. (Straße) 112,5 km/h; Furttiefe 0,46 m; Kletterfähigkeit 0,25 m; Grabenüberschreitfähigkeit keine

Humber »Pig«

Der als Ergänzung zum Alvis Saracen entworfene und auf dem Chassis des Humber-FV1600-LKW basierende Humber »Pig« wurde in den 50er-Jahren in den Dienst der britischen Armee gestellt. Er war lediglich als Transporter zum und vom Schlachtfeld und nicht für eine Kampfrolle bestimmt. Den sechs Mann fassenden und mit Schießscharten ausgerüsteten »Pig« ließ man bei Indienststellung des FV432 auslaufen. Der Nordirlandkonflikt rettete das Fahrzeug dann noch einmal vor der Einmottung, da die Briten ein Fahrzeug zur Kontrolle der Aufstände benötigten. Er wurde für seine Polizeirolle zusätzlich gepanzert und vorn mit einem Planierschild zur Beseitigung von Blockaden ausgerüstet. So blieb er bis in die 80er-Jahre in Nordirland im Dienst. Zu den Varianten gehören ein Krankenwagen und eine Panzerabwehrversion, die mit Malkara-Raketen ausgerüstet ist.

Visitenkarte

Herkunftsland
Großbritannien
Besatzung
2 + 6 (oder 2 + 8)
Gewicht
5.790 kg
Maße
Länge 4,93 m
Breite 2,04 m
Höhe 2,12 m
Reichweite
400 km
Panzerung
8 mm
Bewaffnung
2 x 4 Nebelwerfer
Motorisierung
ein 6-Zylnder-Benzinmotor Rolls-Royce B60 Mk 5A mit 120 PS (89 kW)
Leistung
Höchstgeschw. (Straße) 64 km/h; Furttiefe 0,5 m; Kletterfähigkeit 0,23 m; Grabenüberschreitfähigkeit keine

Alvis Saracen

Visitenkarte

Herkunftsland
Großbritannien
Besatzung
2 + 10
Gewicht
8.640 kg
Maße
Länge 5,23 m
Breite 2,54 m
Höhe 2,46 m
Reichweite
400 km
Panzerung
16 mm
Bewaffnung
zwei 7,62-mm-MGs
Motorisierung
ein 8-Zylinder-Benzinmotor Rolls-Royce B80 Mk 6A mit 160 PS (119 kW)
Leistung
Höchstgeschw. (Straße) 72 km/h; Furttiefe 1,07 m; Kletterfähigkeit 0,46 m; Grabenüberschreitfähigkeit 1,52 m

Der Saracen war Teil der FV600 nach dem 2. Weltkrieg für die britische Armee entwickelten Familie von gepanzerten Fahrzeugen. Dem zuerst 1952 produzierten Saracen, der viele Bauteile mit dem Alvis-6-x-6-Saladin gemeinsam hat, wurde wegen seiner Eignung zum Einsatz gegen Guerillas – eine solche Situation trat gerade in Malaya auf – Priorität eingeräumt. Das Fahrzeug war der einzige wirklich britische, gepanzerte Mannschaftstransporter, der in den 50er-Jahren in Dienst war. Er wurde jedoch in den 60er-Jahren zugunsten des Kettenfahrzeugs FV432 mit dessen besserer Panzerung, Reichweite und Beweglichkeit ausgesondert. In Nordirland wie auch Teilen Afrikas und im Nahen Osten blieb er bis in die 80er-Jahre in Dienst. Zu den Varianten gehören Krankenwagen und Befehlsfahrzeuge. Andere Varianten wie Radar- oder Minenräumfahrzeuge oder Selbstfahrlafetten setzte man nie ein.

Saxon

Visitenkarte

Herkunftsland
Großbritannien
Besatzung
2 + 8
Gewicht
10.670 kg
Maße
Länge 5,17 m
Breite 2,49 m
Höhe 2,86 m
Reichweite
510 km
Panzerung
geheim
Bewaffnung
ein 7,62-mm-MG
Motorisierung
ein 6-Zylinder-Dieselmotor Bedford 500 mit 164 PS (122 kW)
Leistung
Höchstgeschw. (Straße) 96 km/h; Furttiefe 1,12 m; Kletterfähigkeit 0,41 m; Grabenüberschreitfähigkeit keine

Der Saxon wurde in den frühen 70er-Jahren auf eine Anforderung der britischen Streitkräfte nach einem gepanzerten Mannschaftstransporter auf Rädern für die 80er- und 90er-Jahre entwickelt. Die Produktion des auf dem Standardfahrzeug der britischen Armee, dem Bedford Mk4 4-x-4, basierenden Fahrzeugs begann 1976. Die ersten Modelle des Saxon – bei seiner Einführung eines der besten Panzerfahrzeuge seiner Art – wurden britischen Bataillonen 1984 geliefert. Ungewöhnlich war, dass die Schutzbleche so entworfen wurden, dass sie bei Explosion einer Mine wegflogen, wodurch der Druck statt in das Fahrzeug hinein seitwärts entweichen konnte. Der Saxon konnte mit einer Vielzahl von Waffen ausgerüstet werden. Als Varianten existierten Befehlsfahrzeuge, Fahrzeuge zur Aufruhrbekämpfung und Krankenwagen. Einige Saxons besitzen einen 1-Mann-Turm mit einem 7,62-mm-MG.

EE-11

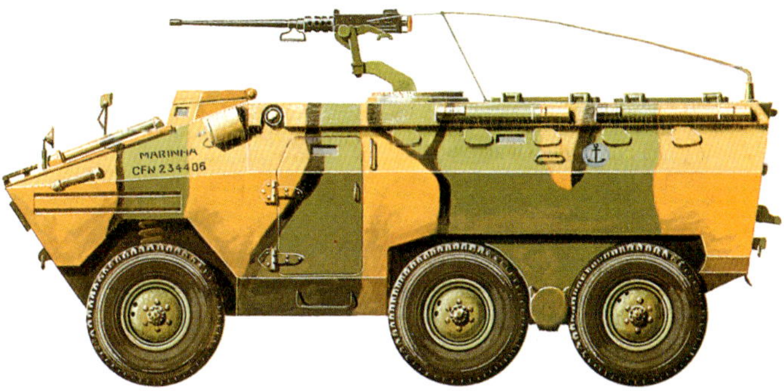

Auf eine Anforderung der brasilianischen Streitkräfte hin begann ENGESA 1970 die Arbeit an einem gepanzerten 6x6-Fahrzeug auf Rädern. Die Produktion des gepanzerten Mannschaftstransporters Urutu begann 1974. Das Fahrzeug war vollständig amphibisch und mit einem Ruder, Lenzpumpen und zwei Schrauben ausgestattet. Der Urutu hatte ein Reifendruckregelungssystem, Nachtsichtgeräte sowie ein ABC-Verteidigungssystem und konnte hinten bis zu 12 Soldaten befördern, die das Fahrzeug durch Türen an den Seiten und hinten verlassen konnten. Die Soldaten konnten von innen durch Schießscharten feuern. Als Varianten existieren Krankenwagen, Lastentransporter, Befehls-, Flugabwehr- und Panzerabwehrfahrzeuge. Letztere sind mit Milan- oder lenkbaren HOT-Panzerabwehrraketen ausgestattet.

Visitenkarte

Herkunftsland
Brasilien

Besatzung
1 + 12

Gewicht
13.000 kg

Maße
Länge 6,15 m
Breite 2,59 m
Höhe 2,09 m

Reichweite
850 km

Panzerung
geheim

Bewaffnung
ein 12,7-mm-MG,
ein 7,62-mm-MG

Motorisierung
ein 6-Zylinder-Dieselmotor Detroit 6V-53N mit 212 PS (158 kW)

Leistung
Höchstgeschw. (Straße) 90 km/h; Furttiefe – (amphibisch); Kletterfähigkeit 0,6 m; Grabenüberschreitfähigkeit keine

SIBMAS

Der gepanzerte Mannschaftstransporter SIBMAS 6x6 wurde Mitte der 70er-Jahre als private Initiative von der belgischen Gesellschaft BN Constructions Ferroviaires et Métalliques entwickelt. Die ersten Fahrzeuge wurden 1983 an die malaysischen Streitkräfte geliefert, die dann fast 200 mit der 90-mm-Cockerill-MkIII-Kanone ausgerüstete Fahrzeuge als Feuerunterstützung bestellten. Erwartungsgemäß war das Grundmodell ohne Vorbereitung vollständig amphibisch. Es wird im Wasser von seinen Rädern oder von zwei Schrauben angetrieben. Zusätzlich kann der SIBMAS mit Nachtsichtgeräten und ABC-Systemen sowie einer Vielzahl verschiedener Waffen ausgerüstet werden. Das Fahrzeug verfügt über drei Eingangstüren: eine an jeder Seite und eine an der Rückseite. Das Truppenabteil hat Schießscharten. Als Varianten gibt es Krankenwagen, Befehls- und Frachtfahrzeuge.

Visitenkarte

Herkunftsland
Belgien

Besatzung
3 + 11

Gewicht
16.500 kg

Maße
Länge 7,32 m
Breite 2,5 m
Höhe (Hülle) 2,24 m

Reichweite
1.000 km

Panzerung
geheim

Bewaffnung
eine 90-mm-Cockerill-MkIII-Kanone, ein koaxiales 7,62-mm-MG, ein 7,62-mm-Fla-MG

Motorisierung
ein 6-Zylinder-Turbodieselmotor mit 320 PS (239 kW)

Leistung
Höchstgeschw. (Straße) 100 km/h; Furttiefe – (amphibisch); Kletterfähigkeit 0,6 m; Grabenüberschreitfähigkeit 1,5 m

Visitenkarte

Herkunftsland
Frankreich
Besatzung
3
Gewicht
42.500 kg
Maße
Länge (mit Brücke)
11,4 m
Breite (mit Brücke)
3,95 m
Höhe (mit Brücke)
4,29 m
Reichweite
600 km
Panzerung
80 mm
Bewaffnung
keine
Motorisierung
ein 12-Zylinder-Mehrstoffmotor Hispano Suiza HS-110 mit 700 PS (522 kW)
Leistung
Höchstgeschw. (Straße) 50 km/h; Furttiefe 1 m; Kletterfähigkeit 0,93 m; Grabenüberschreitfähigkeit 2,9 m

AMX-30 Brückenleger

Der Prototyp des Brückenlegers AMX-30 wurde Mitte der 60er-Jahre gebaut. Durch Verzögerungen ging das Fahrzeug jedoch erst Mitte der 70er-Jahre in Produktion. Das auf dem Chassis des Panzers AMX-30 basierende, äußerlich fast identische Fahrzeug legte die Scherenbrücke hydraulisch hinten auf seine Rückseite. Aufbau und Abbau der Brücke, die 20 m überspannte, dauerte jeweils etwa fünf Minuten. Das Fahrzeug verfügte standardmäßig über ein ABC-Verteidigungssystem und Nachtsichtgeräte. Der als Begleitfahrzeug des Panzers AMX-30 entworfene Brückenleger hat keine eigene Bewaffnung, sondern die Begleitfahrzeuge sorgen für seinen Schutz. Der größte Nachteil war, dass die Brücke senkrecht errichtet wurde und auf diese Art leicht von feindlichen Streitkräften gesehen werden konnte.

Visitenkarte

Herkunftsland
Frankreich
Besatzung
3
Gewicht
38.000 kg
Maße
Länge 7,9 m
Breite 3,5 m
Höhe 2,94 m
Reichweite
500 km
Panzerung
80 mm
Bewaffnung
ein 7,62-mm-MG, ein 142-mm-Granatwerfer
Motorisierung
ein 12-Zylinder-Mehrstoffmotor Hispano Suiza HS-110-2 mit 700 PS (522 kW)
Leistung
Höchstgeschw. (Straße) 65 km/h; Furttiefe 2,5 m; Kletterfähigkeit 0,9 m; Grabenüberschreitfähigkeit 2,9 m

AMX-30 Schlepper

Der AMX-30 EBG basierte auf dem schweren Kampfpanzer AMX-30. Er wurde für eine Reihe von Aufgaben entworfen, zu denen das Minenlegen und das Räumen von Hindernissen auf dem Schlachtfeld mittels eines vorn am Fahrzeug befestigten hydraulischen Planierschilds gehörten. Die Zähne des Planierschilds können zudem dazu verwendet werden, Straßen aufzugraben, um sie so für feindliche Fahrzeuge auf Rädern unpassierbar zu machen. Hinten befindet sich eine Winde zur Bergung beschädigter Fahrzeuge. Das Fahrzeug verfügt auch über einen starken Granatwerfer zum Zerstören von Bunkern und anderen Befestigungen. Zur Standardausrüstung gehören Nachtsichtgeräte, ein ABC-Verteidigungssystem und eine Ausrüstung zum Tiefwaten. Der Schlepper AMX-30 ist für die Bewegung französischer Panzerkräfte auf dem Schlachtfeld von grundlegender Bedeutung.

M728

Nach der Entwicklung des schweren Kampfpanzers M60 traf man die Entscheidung, einen auf dem gleichen Chassis basierenden Pionierpanzer zu schaffen. Der M728 wurde schließlich 1963 als Standardfahrzeug der Kampfpioniere der US-Armee in Dienst gestellt. Die zwei Fahrzeuge waren einander sehr ähnlich. Die 105-mm-Kanone des M60 wurde durch einen Granatwerfer ersetzt. Hinzu kamen der hydraulische Planierschild und die Winde, die auf einem bei der Fahrt oben auf dem Fahrzeug flach liegenden, A-förmigen Rahmen befestigt ist. Zur Standardausrüstung gehörten Nachtsichtgeräte, ein Suchscheinwerfer sowie ein ABC-Waffen-Verteidigungssystem. Das Fahrzeug konnte zum Tiefwaten ausgerüstet werden. Außer von den US-Streitkräften wird das Fahrzeug auch von Singapur und Saudi-Arabien eingesetzt.

Visitenkarte

Herkunftsland
USA

Besatzung
4

Gewicht
53.200 kg

Maße
Länge (unterwegs) 8,92 m
Breite (insgesamt) 3,71 m
Höhe (unterwegs) 3,2 m

Reichweite
450 km

Panzerung
geheim

Bewaffnung
ein 165-mm-Granatwerfer, ein 7,62-mm-MG

Motorisierung
ein 12-Zylinder-Diesel Teledyne Continental AVDS-1790-2A mit 750 PS (559,3 kW)

Leistung
Höchstgeschw. (Straße) 48,3 km/h; Furttiefe 1,22 m; Kletterfähigkeit 0,76 m; Grabenüberschreitfähigkeit 2,51 m

Leopard 1

Das gepanzerte Pionierfahrzeug Leopard 1 wurde von Krupp ausdrücklich für die Erfordernisse der Bundeswehr gestaltet. Das auf dem Chassis des schweren Kampfpanzers Leopard 1 basierende und mit dem Bergepanzer Leopard 1 fast identische Fahrzeug wurde ab 1968 produziert. Das Fahrzeug hat vorn einen Planierschild, der sich bei Bedarf verbreitern lässt und zum Aufgraben von Fahrbahnbelägen mit Zähnen ausgerüstet ist. Das Fahrzeug, das auch mit einem Schneckenbohrer bestückt werden kann, wurde für viele verschiedene Aufgaben entworfen: Vorbereitung von Schusspositionen, Entfernung von Schlachtfeldhindernissen und Vorbereitung von Flussüberquerungen. Der Leopard 1 wurde zur Verteidigung der Bundesrepublik gegen einen Angriff des Warschauer Pakts entwickelt.

Visitenkarte

Herkunftsland
BR Deutschland

Besatzung
4

Gewicht
40.800 kg

Maße
Länge 8,98 m
Breite 3,75 m
Höhe 2,69 m

Reichweite
850 km

Panzerung
10–70 mm

Bewaffnung
ein 7,62-mm-MG

Motorisierung
ein 10-Zylinder-Dieselmotor MTU MB 838 Ca. M500 mit 830 PS (618,9 kW)

Leistung
Höchstgeschw. (Straße) 65 km/h; Furttiefe 2,1 m; Kletterfähigkeit 1,15 m; Grabenüberschreitfähigkeit 3 m

Biber

Visitenkarte

Herkunftsland
BR Deutschland
Besatzung
2
Gewicht
45.300 kg (mit Brücke)
Maße
Länge (mit Brücke) 11,82 m
Breite (mit Brücke) 4 m
Höhe (mit Brücke) 3,57 m
Reichweite
550 km
Panzerung
70 mm
Bewaffnung
keine
Motorisierung
ein 10-Zylinder-Mehrstoffmotor MTU MB 838 Ca. M500 mit 830 PS (618,9 kW)
Leistung
Höchstgeschw. (Straße) 62 km/h; Furttiefe 1,2 m; Kletterfähigkeit 0,7 m; Grabenüberschreitfähigkeit 2,5 m

Die ersten auf dem Chassis des schweren Kampfpanzers Leopard 1 basierenden Biber wurden von Krupp 1975 fertig gestellt. Die Hülle des Biber AVLB war praktisch mit der des Panzers identisch, aber bei dem AVLB wurde der Turm durch eine zweiteilige, 20 m lange Aluminiumbrücke ersetzt. Vorn am Fahrzeug war zur Unterstützung ein Schild angebracht, der vor Auslegung der Brücke gesenkt wurde, aber er war auch zur Einebnung der Oberfläche auf beiden Seiten eines Grabens nützlich. Einer der Hauptvorteile des Bibers war seine verbesserte Tarnungsmöglichkeit, da die Brücke nicht wie bisher senkrecht aufgeklappt werden musste, sondern horizontal gelegt werden konnte. Der Biber verfügte zwar über vier elektrisch ausgelöste Nebelwerfer, die seine Operationen verbergen konnten, verließ sich aber zu seinem Schutz in der Regel auf andere Panzerfahrzeuge.

TMM Brückenleger

Visitenkarte

Herkunftsland
UdSSR
Besatzung
3
Gewicht
19.500 kg
Maße
Länge (mit Brücke) 9,3 m
Breite (mit Brücke) 3,2 m
Höhe (mit Brücke) 3,15 m
Reichweite
530 km
Panzerung
keine
Bewaffnung
keine
Motorisierung
ein wassergekühlter 6-Zylinder-Dieselmotor YaMZ M206B mit 205 PS (153 kW)
Leistung
Höchstgeschw. (Straße) 55 km/h; Furttiefe 1 m; Kletterfähigkeit 0,4 m; Grabenüberschreitfähigkeit keine

Die auf dem TMM befestigte vierteilige Fußgängerbrücke wird von der Ladefläche eines 6-x-6-Kr-AZ-214 oder -Kr-AZ-255B-LKWs aufgebaut. Jeder Teil wird senkrecht ausgefahren und durch Stahlseile unterstützt, bis er seine Endposition erreicht hat und die Beine ausgeschwenkt werden. Anschließend entkuppelt der LKW die Brücke und fährt weg, um das nächste Teil aufzuladen. Die Grundeinheit überspannt etwa 40 m, aber es können bei Bedarf noch mehr Teile hinzugefügt werden. Die Errichtung der Brücke dauert 45–60 Minuten. Ein Nachteil des Systems ist, dass es sich auf Stelzen verlässt, die auf gleicher Höhe gehalten werden müssen. Wenn die Tiefe des Wassers unbekannt bleibt, können sich Probleme ergeben. Beim TMM-System gibt es keine hoch entwickelte Technik, sondern es ist kostengünstig, leicht zu bedienen und kann bei Bedarf in Massen produziert werden.

PMP Schwimmende Brücke

Die zuerst auf dem Chassis des Kr-AZ-214-LKW und später auf dem Kr-AZ-255-LKW befestigte PMP-Brücke wurde in der UdSSR in den 60er-Jahren in Dienst gestellt und bald auch von den meisten Armeen des Warschauer Pakts verwendet. Der Lastwagen wurde rückwärts ans Ufer gefahren und die Brücke ins Wasser abgeladen, wo sie sich automatisch entfaltete. Der volle Satz bestand aus 32 Flusspontons, 4 Küstenpontons und 12 Brückenbooten, die zusammen etwa 389 m lang waren. Die Pontons konnten auch zur Bildung einer Fähre verwendet werden, die dann durch Boote ans gegenüberliegende Ufer gebracht wurde. Auch außerhalb des Warschauer Pakts wurde der PMP häufig exportiert. So wurde er etwa von der ägyptischen Armee während des Yom-Kippur-Krieges von 1973 zur Überquerung des Suezkanals verwendet. Die Daten rechts beziehen sich auf die Pontonbrücke.

Visitenkarte

Herkunftsland
UdSSR
Besatzung
3
Gewicht
0.070 kg
Maße
Länge (offen) 6,75 m
Breite (offen) 7,10 m
Tiefe (offen) 0,92 m
Reichweite
–
Panzerung
keine
Bewaffnung
keine
Motorisierung
–
Leistung
–

Skorpion

Der Skorpion ist ein Minenwurfpanzer und kann automatisiert Sperren aus Panzerabwehrminen errichten. Das Standardfahrgestell stammt vom US-M548-Transportpanzer, und trägt beim Skorpion ein Minenverlegesystem. Jede der sechs Minenwerfer-Einheiten besteht aus fünf Rohren mit jeweils 20 Minen. Sie können mit Antipersonenminen bestückt werden, meist sind es aber AT-2-Panzerabwehrminen, die mit Hilfe der Minenwerfer, welche sich auf beiden Seiten des Fahrzeugs befinden, verteilt werden. Mit dem Skorpion kann in fünf Minuten ein Minenfeld von 1500 x 50 m gelegt werden. Die Minen werden erst nach einer gewissen Zeit aktiviert, sodass sich die Besatzung rechtzeitig zurückziehen kann.

Visitenkarte

Herkunftsland
BR Deutschland
Besatzung
2
Gewicht
12.000 kg
Maße
Länge 5,85 m
Breite 2,87 m
Höhe 3,17 m
Reichweite
600 km
Panzerung
k. A.
Bewaffnung
ein Minenverlegesystem; ein 7,62-mm-MG
Motorisierung
ein 6-Zylinder-Dieselmotor Detroit 6V-53N mit 202 PS (151 kW)
Leistung
Höchstgeschwindigkeit (Straße): 40 km/h

Bergepanzer Greif A1

Visitenkarte

Herkunftsland
Österreich
Besatzung
4
Gewicht
19.800 kg
Maße
Länge 6,27 m
Breite 2,5 m
Höhe 2,38 m
Reichweite
590 km
Panzerung
geschweißter Stahl
Bewaffnung
Nebelwurfanlage auf Drehringlafette, ein 12,7-mm-MG
Motorisierung
ein flüssig gekühlter 6-Zylinder-Einspritz-Turbodieselmotor 7FA mit 320 PS (235 kW)
Leistung
Höchstgeschw. (Straße) 63 km/h; Furttiefe 1 m; Kletterfähigkeit 0,8 m; Grabenüberschreitfähigkeit 2,1 m

Der Bergepanzer Greif stellt wie der Pionierpanzer einen Abkömmling der österreichischen Panzerfamilie dar. Seine Ausrüstung und deren Leistungen sind für das Bergen bzw. die Instandsetzung im Feld von Kürassier und Saurer-Schützenpanzer konzipiert. Die Panzerung besteht wie beim Kürassier aus geschweißten Stahlplatten. Der Besatzungsraum ist nur von der linken Seite und von oben zugänglich. Auf der Ladefläche kann ein 7FA-Motor mitgeführt werden. Mittlerweile wurde auch der Bergepanzer einer Umrüstung unterzogen. Daraus resultieren Kettenschürzen ähnlich des Kürassiers und bessere Leistungen der Winde, welche jetzt eine Zugkraft von 200 kN aufweist. Ein Automatikgetriebe und Feuerlöschanlagen für den Motor und Windenraum wurden ebenfalls eingebaut. Der Bergekran kann nun auch ferngesteuert betrieben werden. Im Bereich der Bewaffnung kann entweder ein M2- oder ein MG 74-Maschinengewehr mitgeführt werden.

IMR

Visitenkarte

Herkunftsland
UdSSR
Besatzung
2
Gewicht
34.000 kg
Maße
Länge 10,6 m
Breite 3,48 m
Höhe 2,48 m
Reichweite
400 km
Panzerung
bis zu 203 mm
Bewaffnung
keine
Motorisierung
ein Dieselmotor Modell V-55 V-12 mit 580 PS (432,5 kW)
Leistung
Höchstgeschw. (Straße) 48 km/h; Furttiefe 1,4 m; Kletterfähigkeit 0,8 m; Grabenüberschreitfähigkeit 2,7 m

Der IMR wurde in den 70er-Jahren von der Roten Armee in Dienst gestellt. Im Grunde genommen handelte es sich um einen T-55-Panzer, bei dem der Turm durch einen Kran und eine gepanzerte Kuppel ersetzt wurde. Die Standardversion hatte zum Entfernen von Bäumen eine Zange und vorn einen Planierschild. Bei Steckenbleiben des Fahrzeugs konnte zur Verbesserung der Bodenhaftung ein mitgeführter Balken unter die Ketten gelegt werden (diese Idee wurde im 1. Weltkrieg erstmals von den Briten umgesetzt). Wie die Fahrzeuge mit dem T-55-Chassis konnte auch der IMR eine eigene Rauchwolke erzeugen. Nach westlichen Standards war das Fahrzeug sehr beschränkt, weil es keine Granat- oder Minenlegausrüstung besaß. Die Sowjets hatten jedoch andere Fahrzeuge zur Erledigung dieser Aufgaben. Der IMR wurde von vielen Staaten des Warschauer Pakts und vom ehemaligen Jugoslawien eingesetzt.

Centurion AVRE

Der Centurion Mk V (AVRE) ersetzte in den 60er-Jahren den alten, aus dem 2. Weltkrieg stammenden Churchill AVRE als hauptsächliches Pionierkampffahrzeug der britischen Armee. Der auf dem schweren Kampfpanzer Centurion basierende AVRE hat einen schweren Granatwerfer und ein Planierschild zum Entfernen von Hindernissen. Fahrzeuge mit Rädern können zur Bewältigung von schlammigem Untergrund Ketten auslegen und auch eine Mattenschicht transportieren, um mit Panzerabwehrschlammgruben zurechtzukommen. Spätere Modelle waren vorn mit einer Pflugschar ausgerüstet, um den Boden aufzugraben und so die Minen an die Seite zu drücken. Zudem kann der Panzer einen Hänger mit zwei Rädern ziehen, worauf das Minenräumsystem Giant Viper befestigt ist. Ein System zum Tiefwaten wurde auch entwickelt, jedoch nicht verwendet.

Visitenkarte

Herkunftsland
Großbritannien

Besatzung
5

Gewicht
51.800 kg

Maße
Länge 8,69 m
Breite 3,96 m
Höhe 3 m

Reichweite
177 km

Panzerung
17–118 mm

Bewaffnung
ein 165-mm-Granatwerfer, ein koaxiales 7,62-mm-MG, ein 7,62-mm-Fla-MG

Motorisierung
ein 12-Zylinder-Benzinmotor Rolls-Royce Meteor Mk IVB mit 650 PS (485 kW)

Leistung
Höchstgeschw. (Straße) 34,6 km/h; Furttiefe 1,45 m; Kletterfähigkeit 0,94 m; Grabenüberschreitfähigkeit 3,35 m

Combat Engineer Tractor

Der Kampfpionierschlepper (Combat Engineer Tractor = CET) wurde von der britischen Armee entworfen, um eine Forderung der Pioniere nach einem Fahrzeug zu erfüllen, das Elemente eines Panzerfahrzeugs und eines Radladers kombinierte. Zwischen 1978 und 1981 wurden insgesamt 181 Fahrzeuge gebaut, die vielfältige Rollen, wie Fahrzeugbergung, Hindernisbeseitigung und Ufervorbereitung für Flussüberquerungen übernahmen. Auf dem Dach befindet sich ein von einer Rakete angetriebener Anker, den man bei Festsitzen des Fahrzeugs in die Erde schoss, sodass sich das Fahrzeug mit der Winde herausarbeiten konnte. Der CET ist voll amphibisch und wird im Wasser von zwei Wasserdüsen angetrieben. Die Hülle besteht aus einer von Alcan gelieferten voll verschweißten Aluminiumpanzerung. Das Fahrzeug wurde im Falklandkrieg 1982 häufig eingesetzt und nach Indien exportiert.

Visitenkarte

Herkunftsland
Großbritannien

Besatzung
2

Gewicht
18.000 kg

Maße
Länge 7,54 m
Breite 2,9 m
Höhe 2,67 m

Reichweite
322 km

Panzerung
geheim

Bewaffnung
ein 7,62-mm-MG

Motorisierung
ein 6-Zylinder-Inline-Dieselmotor Rolls-Royce C6TFR mit 320 PS (238,6 kW)

Leistung
Höchstgeschw. (Straße) 56 km/h; Furttiefe 1,83 m; Kletterfähigkeit 0,61 m; Grabenüberschreitfähigkeit 2,06 m

Visitenkarte

Herkunftsland
Großbritannien
Besatzung
3
Gewicht
51.809 kg
Maße
Länge 7,52 m
Breite 3,66 m
Höhe 2,89 m
Reichweite
500 km
Panzerung
geheim
Bewaffnung
ein 7,62-mm-MG, 2 x 6 Nebelwerfer (vorn), 2 x 4 Nebelwerfer (hinten)
Motorisierung
ein 12-Zylinder-Dieselmotor Leyland L60 (No.4 Mk 8) mit 750 PS (559 kW)
Leistung
Höchstgeschw. (Straße) 48 km/h; Furttiefe 1,07 m; Kletterfähigkeit 0,9 m; Grabenüberschreitfähigkeit 3,15 m

Chieftain AVRE

Inzwischen ersetzt der Chieftain AVRE den Centurion Mk 5 AVRE, der seit den 60er-Jahren von der britischen Armee verwendet wurde. Er ist dem normalen schweren Kampfpanzer Chieftain MK 5 in Bezug auf Chassis und Motor ähnlich. Der Hauptunterschied ist der besonders gepanzerte Geschützturm, worin sich oben die Kommandantenkuppel befindet. Das Fahrzeug hat drei große Behälter zum Aufbewahren von Ausrüstungsgegenständen und ein Planierschild oder einen Minenpflug vorn. Zudem verfügt das Fahrzeug über einen Kran, der bis zu 3,5 t heben kann. Hinten am Fahrzeug ist eine Winde mit einer Zugkraft von bis zu 10 t angebracht. Etwa 50 dieser Fahrzeuge befinden sich gegenwärtig im Dienst der britischen Armee. Die Abbildung oben zeigt den für Maxirohrmatten und Kettenfahrbahnen angepassten AVRE.

Visitenkarte

Herkunftsland
BR Deutschland
Besatzung
3
Gewicht
43.000 kg
Maße
Länge 9,01 m
Breite 3,25 m
Höhe 2,57 m
Reichweite
650 km
Panzerung
k. A.
Bewaffnung
ein 7,62-mm-MG
Motorisierung
ein 10-Zylinder-Dieselmotor MTU MB838 CaM500 mit 818 PS (610 kW)
Leistung
Höchstgeschw. (Straße): 62 km/h

Pionierpanzer Dachs 2

Der Pionierpanzer Dachs 2 ist nichts anderes als ein modernisierter Dachs 1. Anstatt des Spiralbohrers des Vorgängermodells bekam der Dachs 2 einen Teleskoparmbagger mit Tieflöffel. Der Dachs 2 wurde in Deutschland hauptsächlich für die deutsche Bundeswehr entwickelt, wurde aber auch exportiert und ist derzeit in Belgien, den Niederlanden, Italien und Kanada im Einsatz. Der Dachs beruht auf einem Leopard-1-Fahrgestell, der Teleskoparm liegt während der Fahrt auf der rechten Seite des Rumpfes. Der Planierschild an der Vorderseite kann auch zum Räumen von Minen eingesetzt werden. Zu den Besonderheiten des Dachs 2 gehören die Fernsteuerung des Baggers und Geräte für Zerteilung und Abbruch von Beton- und Stahlträgern.

Pionierpanzer

Der Pionierpanzer ist ähnlich dem Bergepanzer aufgebaut, auch hier ist der Zugang ins Innere des Panzers nur von der linken Fahrzeugseite möglich. Zu seiner Ausstattung gehören ein Tieflöffel, eine Winde, ein Erdbohrer mit 350 mm Durchmesser und ein Räumschild. Der 450 mm breite Tieflöffel besitzt einen horizontalen Schwenkbereich von 234° und ermöglicht es bis zu 2,20 m tiefe Gräben zu erstellen. Weiters besitzt der Tieflöffel eine Abbauhöhe von 4,40 m. Die Bewaffnung besteht aus einem M2-Maschinengewehr, welches am Dach lafettiert ist. Vier Nebelwerfer sind entgegengesetzt der Feuerrichtung des MG an der Drehringlafette montiert. Der Panzer besitzt eine Gesamtbreite von 2.500 mm, die Höchstbreite der österreichischen Straßenverkehrsordnung, allerdings müssen zuvor die zwei Endteile des Räumschildes eingeklappt werden. Zur Zeit werden heeresintern die vorhandenen Panzer auf die Version A1 umgerüstet. Die Umrüstung wird wohl einen ähnlichen Umfang haben wie beim Bergepanzer Greif.

Visitenkarte

Herkunftsland
Österreich
Besatzung
4
Gewicht
22.300 kg
Maße
Länge 7,49 m
Breite 2,5 m
Höhe 3,15 m
Reichweite
590 km
Panzerung
geschweißter Stahl
Bewaffnung
Nebelwurfanlage auf Drehringlafette, ein 12,7-mm-MG
Motorisierung
ein flüssig gekühlter 6-Zylinder-Einspritz-Turbodieselmotor 7FA mit 320 PS (235 kW)
Leistung
Höchstgeschw. (Straße) 65 km/h; Furttiefe 1 m; Kletterfähigkeit 0,8 m; Grabenüberschreitfähigkeit 2,1 m

Wirbelwind

Als 1944 die Alliierten immer mehr die Vorherrschaft in der Luft übernahmen, wurde der Wirbelwind entwickelt, um die mobile Feuerkraft der deutschen Panzer an der Front zu verstärken. So wurden neuneckige Geschütztürme mit vier 20-mm-Flak 38 L/112.5 auf im Krieg beschädigte Panzer-IV-Fahrgestelle montiert. Der Wirbelwind war sehr erfolgreich im Einsatz gegen Tiefflieger, wurde aber dann durch den Flakpanzer IV Ostwind ersetzt. Jener war zwar nur mit einer Kanone, der 37-mm-Flak 43 L/89, ausgestattet, welche sich aber als durchschlagskräftiger erwies. Weitere Pläne, den Wirbelwind aufzurüsten, wurden durch den Zusammenbruch der deutschen Industrie gegen Ende des Krieges nicht mehr verwirklicht.

Visitenkarte

Herkunftsland
Deutschland
Besatzung
3
Gewicht
22.000 kg
Maße
Länge 5,92 m
Breite 2,9 m
Höhe 2,7 m
Reichweite
200 km
Panzerung
60 mm
Bewaffnung
vier 20-mm-Flak 38L/112.5
Motorisierung
ein 12-Zylinder-Benzinmotor HL 120 Maybach mit 268 PS (200 kW)
Leistung
Höchstgeschw. (Straße) 38 km/h; Furttiefe 1 m; Steigfähigkeit 60 %; Kletterfähigkeit 0,6 m; Grabenüberschreitfähigkeit 2,2 m

Visitenkarte

Herkunftsland
Deutschland
Besatzung
5
Gewicht
9.800 kg
Maße
Länge 4,61 m
Breite 2,13 m
Höhe 2,25 m
Reichweite
210 km
Panzerung
10-50 mm
Bewaffnung
eine 20-mm-Flak 38
Motorisierung
ein 6-Zylinder-Benzinmotor Praga AC mit 147 PS (110 kW)
Leistung
Höchstgeschw. (Straße) 42 km/h

Flakpanzer 38(t)

Der Flakpanzer 38(t) wurde 1943 auf Basis des tschechischen Fahrgestells LT-38 produziert, kam aber erst 1944 zum Einsatz. Indem der Motor im vorderen Bereich des Fahrgestells untergebracht wurde, war im hinteren Bereich Platz für eine 20-mm-Flak 38 zur Tieffliegerabwehr. Der unzureichend bewaffnete und nicht besonders wendige Flakpanzer 38(t) konnte allerdings seine Aufgabe nur schlecht erfüllen und daher wurden während des Zweiten Weltkriegs nur 160 Stück hergestellt. Die meisten kamen an der russischen Front zur Unterstützung von Infanterieeinheiten im Bodenkampf zum Einsatz. Die Kanone konnte bei der feindlichen Infanterie und vor allem bei nur leicht gepanzerten Fahrzeugen verheerenden Schaden anrichten.

Visitenkarte

Herkunftsland
USA
Besatzung
6
Gewicht
22.452 kg
Maße
Länge 6,36 m
Breite 3,23 m
Höhe 2,85 m
Reichweite
161 km
Panzerung
12–38 mm
Bewaffnung
40-mm-Zwillings-Flugabwehrkanonen, ein 7,62-mm-MG
Motorisierung
ein luftgekühlter 6-Zylinder-Benzinmotor Continental AOS-895-3 mit 500 PS (373 kW)
Leistung
Höchstgeschw. (Straße) 72,4 km/h; Furttiefe 1,3 m; Kletterfähigkeit 1,71 m; Grabenüberschreitfähigkeit 1,83 m

M42

Das Flugabwehrsystem M42, das allgemein als »Duster« (Staubtuch) bekannt war, basierte auf dem Panzer M41 Bulldogg und war Teil einer nach dem Ende des 2. Weltkriegs entwickelten Fahrzeugfamilie. Zwischen 1951 und 1956 wurden etwa 3.700 Stück hauptsächlich durch Cadillac gebaut. Der Hauptnachteil des Fahrzeugs war sein Benzinmotor, der seine operative Reichweite einschränkte, und das fehlende Radarfeuerkontrollsystem, wodurch der Schütze gezwungen war, sich auf optische Sichtgeräte zu verlassen. Zudem gab der oben offene Turm der Besatzung nur wenig Schutz. Dennoch wurde es häufig in Vietnam eingesetzt, wenn auch eher zur Bodenunterstützung als zur Flugabwehr. Es war bis in die 80er-Jahre im Dienst der National Guard. Sein durch einen Motor gedrehter Zwillingsturm war der gleiche wie der beim im 2. Weltkrieg eingesetzten selbst angetriebenen Flak-System M19.

M48 Chapparal

Der M48 Chapparal ging in den späten 60er-Jahren in Produktion und wurde mit MIM-72C-Kurzstrecken-Boden-Luft-Raketen für die Tieffliegerabwehr bestückt. Die selbst zielsuchenden Raketen wurden durch ein Infrarotsystem gelenkt, später wurden sie mit RSS (Rosette Scan Seeker) ausgestattet, um feindlichem ECM (Electronic Counter Measures, auf deutsch »Elektronische Gegenmaßnahmen«) entgegenwirken zu können. Zum M48 Chapparal gehörte ein Raketenwerfer für vier Raketen auf dem M-730A2-Raketentransporter, der wiederum auf dem M113-APC-Truppentransporter basierte und zusätzlich acht Raketen mitführen konnte. Es gab auch eine Amphibien-Variante des Panzers. Zur Warnung vor feindlichen Flugzeugen diente ein FAAR (Forward Area Alerting Radar) mit Puls-Doppler-Radar. 1997 wurden alle noch bestehenden Chapparal-Panzer außer Betrieb genommen.

Visitenkarte

Herkunftsland
USA
Besatzung
5
Gewicht
11.500 kg
Maße
Länge 6,06 m
Breite 2,69 m
Höhe 2,68 m
Reichweite
489 km
Panzerung
k. A.
Bewaffnung
12 MIM-72C-Boden-Luft-Raketen
Motorisierung
ein 6-Zylinder-Dieselmotor Detroit 6V53 mit 214 PS (160 kW)
Leistung
Höchstgeschw. (Straße): 61 km/h; Furttiefe 1m; Steigfähigkeit 60 %; Kletterfähigkeit 0,61 m; Grabenüberschreitfähigkeit 1,68 m

Roland

Die Entwicklung des Flugabwehrraketensystems Roland begann in den 60er-Jahren als Zusammenarbeit der französischen Firma Aérospatiale und der deutschen Firma Messerschmitt-Bölkow-Blohm. Die beiden Firmen traten unter dem Namen Euromissile auf und entwarfen eine schönwettertaugliche (Roland 1) und eine allwettertaugliche Variante (Roland 2) der Rakete. Für den oben abgebildeten Panzer der deutschen Bundeswehr mit Raketenwerfer und Radar wurde das Fahrgestell des Marder MICV, für die französische Variante das Chassis des Kampfpanzers AMX-30 verwendet. Beide Versionen führen zwei abschussbereite Raketen beiderseits des mit Puls-Doppler-Radar ausgestatteten Geschützturms und weitere acht Raketen mit. Das Radarsystem ist mit einem Computer zur Freund-Feind-Kennung (IFF) ausgestattet und kann bei der Marder-Version bis zu 18 km entfernte Ziele erkennen.

Visitenkarte

Herkunftsland
Frankreich/
BR Deutschland
Besatzung
3
Gewicht
34.800 kg
Maße
Länge 6,92 m
Breite 3,24 m
Höhe 2,92 m
Reichweite
600 km
Panzerung
geheim
Bewaffnung
zwei + acht Boden-Luft-Raketen Roland
Motorisierung
ein 6-Zylinder-Dieselmotor MTU mB 833Ea-500 mit 590 PS (440 kW)
Leistung
Höchstgeschw. (Straße) 60 km/h; Furttiefe 1,5 m; Steigfähigkeit 60 %; Kletterfähigkeit 1 m; Grabenüberschreitfähigkeit 2,5 m

Visitenkarte

Herkunftsland
China
Besatzung
6
Gewicht
32.000 kg
Maße
Länge 6,43 m
Breite 2,99 m
Höhe 3 m
Reichweite
300 km
Panzerung
18–45 mm
Bewaffnung
37-mm-Zwillings-Flugabwehrkanonen
Motorisierung
ein wassergekühlter Dieselmotor V-12 mit 500 PS (373 kW)
Leistung
Höchstgeschw. (Straße) 55 km/h; Furttiefe 1,32 m; Kletterfähigkeit 0,73 m; Grabenüberschreitfähigkeit 2,5 m

Typ 63

Um den Bedarf an selbst angetriebenen Flugabwehrwaffen zu decken, nahmen die Chinesen das Chassis des sowjetischen Panzers T-34, der ihnen vor Abbruch der Beziehungen zwischen den zwei Ländern in großer Zahl geliefert wurde, und fügten einen oben offenen Turm mit Zwillings-Flugabwehrkanonen hinzu. Das Fahrzeug war sehr beschränkt, weil es nicht für Radarkontrolle ausgerüstet war. Man musste daher mit den Augen schauen und manuell die Waffe einstellen, was ein großer Nachteil bei schnellen tief fliegenden Flugzeugen war. Zudem musste die Kanone von Hand mit Magazinen mit nur fünf Schuss geladen werden. Der Typ 63 wurde zwar während des Vietnamkriegs an den Vietkong geliefert, sonst aber nur in größerer Zahl von der Volksbefreiungsarmee verwendet. Trotz seiner mittelmäßigen Qualitäten wurde der Typ 63 von den Chinesen bis in die späten 80er-Jahre eingesetzt.

Visitenkarte

Herkunftsland
UdSSR
Besatzung
6
Gewicht
28.100 kg
Maße
Länge 8,48 m
Breite 3,27 m
Höhe 2,75 m
Reichweite
420 km
Panzerung
15 mm
Bewaffnung
57-mm-Zwillings-Flugabwehrkanone
Motorisierung
ein Dieselmotor Modell V-54 V-12 mit 520 PS (388 kW)
Leistung
Höchstgeschw. (Straße) 50 km/h; Furttiefe 1,4 m; Kletterfähigkeit 0,8 m; Grabenüberschreitfähigkeit 2,7 m

ZSU-57-2

Der ZSU-57-2 war die erste sowjetische selbst angetriebene Flugabwehrwaffe, die nach dem 2. Weltkrieg in bedeutender Zahl eingesetzt wurde. Das Chassis war eine leichtere, mit dünnerer Panzerung versehene Version des schweren Kampfpanzers T-54, von dem der ZSU sich durch den großen, oben offenen Turm unterschied. Dies schuf ein besseres Leistungsgewicht als beim T-54 und sorgte, zusammen mit zusätzlichen Kraftstofftanks, für gute Beweglichkeit und große Reichweite. Die praktische Feuerrate betrug 70 Schuss pro Minute, wobei die leeren Patronenhülsen durch ein Förderband nach hinten in einen Drahtkorb befördert wurden. Das Fahrzeug wurde häufig in andere Länder des Warschauer Pakts, nach Nordafrika und in den Nahen Osten exportiert, wo es von den Syrern 1982 während der Kämpfe im Libanon häufig gegen die Israelis eingesetzt wurde.

ZSU-23-4

Der ZSU-23-4 wurde in den 60er-Jahren als Ersatz für den ZSU-57-2 entwickelt. Obwohl seine Schussweite geringer war, machten eine Radarfeuerkontrolle und eine gesteigerte Feuerrate die Waffe sehr viel wirksamer. Das Chassis war dem des SA-6-Boden-Luft-Raketensystems (SAM) ähnlich und verwendete Bauteile des Panzers PT-76. Das bei den Sowjets als »Schilka« bekannte Fahrzeug kann einen unpassierbaren Wall von Flugabwehrfeuer über einen Winkel von 180° schaffen. Der häufig exportierte ZSU-23-4 kam während des Yom-Kippur-Kriegs von 1973 auf ägyptischer Seite gegen die Israelis zum Einsatz. Ebenso ausgiebig wurde es von Nordvietnam im Vietnamkrieg eingesetzt, wo es zahllose amerikanische Flugzeuge abschoss.

Visitenkarte

Herkunftsland
UdSSR
Besatzung
4
Gewicht
19.000 kg
Maße
Länge 6,54 m
Breite 2,95 m
Höhe (ohne Radar) 2,25 m
Reichweite
260 km
Panzerung
10–15 mm
Bewaffnung
vier 23-mm-Fla-Kanonen AZP-23
Motorisierung
ein Dieselmotor V-6R mit 280 PS (210 kW)
Leistung
Höchstgeschw. (Straße) 44 km/h; Furttiefe 1,4 m; Kletterfähigkeit 1,1 m; Grabenüberschreitfähigkeit 2,8 m

Gepard

Der Flugabwehrkanonenpanzer Gepard wurde ausdrücklich für den Schutz von Panzerformationen entworfen. Das System verwendet die Hülle des schweren Kampfpanzers Leopard 1 zur Befestigung eines Schweißstahlturms, der sich mit einem Motor um 360° drehen lässt, und des Waffensystems. Beide 35-mm-Kanonen sind außen angebracht, um das Problem des Waffengases im Innenraum zu beheben. Beide Waffen haben ein zyklisches Feuertempo von je 550 Schuss pro Minute, obwohl normalerweise nur zwischen 20 und 40 Schuss möglich sind. Verwendete Munitionsarten sind HE, HEAT, TP-T, APDS-T und FAPS. Das Feuerkontrollsystem basiert auf einem mit Zieldaten von zwei Radaren, der Such- und der Zielfolgeeinheit, belieferten Computer. Andere Merkmale sind optische Sichtgeräte und ein Navigationssystem.

Visitenkarte

Herkunftsland
BR Deutschland
Besatzung
4
Gewicht
47.300 kg
Maße
Länge 7,68 m
Breite 3,27 m
Höhe 3,01 m
Reichweite
550 km
Panzerung
40 mm
Bewaffnung
zwei 35-mm-Kanonen, acht Nebelwerfer
Motorisierung
ein 10-Zylinder-Mehrstoffmotor MTU MB 838 Ca. M500 mit 830 PS (619 kW)
Leistung
Höchstgeschw. (Straße) 65 km/h; Furttiefe 2,5 m; Kletterfähigkeit 1,15 m; Grabenüberschreitfähigkeit 3 m

Visitenkarte

Herkunftsland
USA
Besatzung
4
Gewicht
12.310 kg
Maße
Länge 4,86 m
Breite 2,85 m
Höhe 2,74 m
Reichweite
83 km
Panzerung
38 mm
Bewaffnung
eine 6-läufige Kanone 20 mm Serie M61
Motorisierung
ein 6-Zylinder-Dieselmotor Detroit 6V-53 mit 215 PS (160 kW)
Leistung
Höchstgeschw. (Straße) 67 km/h; Furttiefe – (amphibisch); Kletterfähigkeit 1,61 m; Grabenüberschreitfähigkeit 1,68 m

M163 Vulcan

In den frühen 60er-Jahren entwickelte Rock Island Arsenal ein auf dem Chassis des gepanzerten Mannschaftstransporters M113 basierendes, selbst angetriebenes Luftverteidigungssystem. GEC produzierte, und das Fahrzeug wurde schon bald nach Vietnam verlegt, wo es von amerikanischen und südvietnamesischen Truppen häufig zur Bodenunterstützung eingesetzt wurde. Ein elektrisch gedrehter Turm wurde auf dem Chassis des M113 montiert und mit einer 6-läufigen Kanone versehen. Diese hatte eine veränderbare Feuerrate, je nachdem ob der Vulcan für Bodenangriffe oder Flugabwehrverteidigung benutzt wurde. Es handelte sich dabei um die gleiche Waffe wie die des Kampfflugzeugs F-16. Bei direktem Feuer hat der Vulcan eine Feuerrate von 1.180 Schuss pro Minute. Das Fahrzeug wurde nach Ecuador, Israel, Marokko, in den Nord-Jemen, nach Südkorea und Tunesien exportiert.

Visitenkarte

Herkunftsland
USA
Besatzung
3
Gewicht
54.430 kg
Maße
Länge 7,67 m
Breite 3,63 m
Höhe (mit Radar) 4,61 m
Reichweite
500 km
Panzerung
bis zu 120 mm
Bewaffnung
40-mm-Zwillingskanone L/70 Bofors
Motorisierung
ein Dieselmotor Teledyne Continental AVDS-1790-2D mit 750 PS (559 kW)
Leistung
Höchstgeschw. (Straße) 48 km/h; Furttiefe 1,22 m; Kletterfähigkeit 1,91 m; Grabenüberschreitfähigkeit 2,59 m

Sergeant York

Der Vulcan war für seine kurze Reichweite und relative Ungenauigkeit (wenn auch nicht für eine langsame Feuerrate) bekannt, sodass die US-Streitkräfte 1978 als Ersatz eine auf dem Chassis des schweren Kampfpanzers M48 basierende, selbst angetriebene Flugabwehrwaffe forderten. Die ersten M247 wurden 1983 von FAC gebaut. Das Fahrzeug verfügt über ein umfassendes Feuerkontrollsystem samt Überwachungs- und Verfolgungsradar. Der M247 kann Flugzeuge, Hubschrauber und sogar taktische Raketen (diese Fähigkeit ist auf dem modernen Schlachtfeld besonders wichtig) bekämpfen. Das modifizierte Chassis des M48 verleiht dem Fahrzeug die Mobilität und den Schutz, den es benötigt, um mit dem schweren Kampfpanzer M1 Abrams und dem Infanteriekampffahrzeug M2 Bradley zu operieren, denen wiederum die überlebenswichtige Flugabwehrverteidigung zugute kommt.

AMX-13 DCA

Der AMX-13 DCA, im Grunde genommen das mit einem Wurfstahlturm ausgestattete Chassis des schweren Kampfpanzers AMX-13, wurde ab den späten 60er-Jahren gebaut, um einer französischen Forderung nach einer selbst angetriebenen Flugabwehrwaffe zu entsprechen. Das Fahrzeug wurde von der französischen Armee 1969 in Dienst gestellt. Vor Einstellung der Produktion wurden insgesamt 60 Fahrzeuge geliefert. Bis in die 80er-Jahre hinein blieb der AMX-13 DCA die einzige von der französischen Armee verwendete, selbst angetriebene Flugabwehrwaffe. Zur Unterstützung der Feuerkontrolle ist eine einziehbare Oeil Noir 1-Radarrichtantenne hinten am Turm befestigt. Zum Export nach Saudi-Arabien in den späten 70er- und 80er-Jahren wurde der DCA-Turm auf das verbesserte Chassis des AMX-30 gebaut. Der AMX-13 DCA ist, obwohl schon ziemlich alt, ein adäquates Fahrzeug zur Luftverteidigung.

Visitenkarte

Herkunftsland
Frankreich
Besatzung
3
Gewicht
17.200 kg
Maße
Länge 5,4 m
Breite 2,5 m
Höhe (mit Radar) 3,8 m
Höhe (ohne Radar) 3 m
Reichweite
300 km
Panzerung
25 mm
Bewaffnung
30-mm-Hispano-Zwillingskanone (jetzt Oerlikon)
Motorisierung
ein wassergekühlter 8-Zylinder-Benzinmotor SOFAM Modell 8Gxb mit 250 PS (186 kW)
Leistung
Höchstgeschw. (Straße) 60 km/h; Furttiefe 0,6 m; Kletterfähigkeit 0,65 m; Grabenüberschreitfähigkeit 1,7 m

Wildcat

Als man sich klar wurde, dass die selbst angetriebene Waffe auf Basis des Leopard 1 und der amerikanische Sergeant York M247 für viele Länder zu teuer waren, beschloss Krauss-Maffei, eine neue Familie von Flugabwehrwaffen zum Verkauf im Ausland zu bauen, um in den lukrativen Waffenmarkt außerhalb Europas einzusteigen. Man entschied sich, die Automobilbauteile des 6-x-6-Transportpanzers zu verwenden, der bereits für die Bundeswehr hergestellt wurde. Das voll computerisierte Feuerkontrollsystem mit einem Laser-Entfernungsmesser, einer Radarrichtantenne und automatischer Zielverfolgung macht den Wildcat zu einer wirksamen Waffe gegen Flugzeuge oder Ziele am Boden. Seine Instandhaltung ist relativ preisgünstig, und Ersatzteile sind leicht zu bekommen – zwei Eigenschaften, die das Fahrzeug für Länder mit knappem Verteidigungshaushalt attraktiv machen.

Visitenkarte

Herkunftsland
BR Deutschland
Besatzung
3
Gewicht
18.500 kg
Maße
Länge 6,88 m
Breite 2,98 m
Höhe (ohne Radar) 2,74 m
Reichweite
600 km
Panzerung
geheim
Bewaffnung
30-mm-Zwillingskanone Mauser Mk 30-F mit automatischer Gurtzuführung
Motorisierung
ein 8-Zylinder-Turbodieselmotor Mercedes-Benz mit 320 PS (235 kW)
Leistung
Höchstgeschw. (Straße) 80 km/h; Furttiefe – (amphibisch); Kletterfähigkeit 0,6 m; Grabenüberschreitfähigkeit 1,1 m

GDF-CO3

Visitenkarte

Herkunftsland
Schweiz
Besatzung
3
Gewicht
18.000 kg
Maße
Länge 6,7 m
Breite 2,81 m
Höhe 4 m
Reichweite
480 km
Panzerung
8 mm
Bewaffnung
35-mm-KDF-Zwillingskanone
Motorisierung
ein 6-Zylinder-Dieselmotor GMC 6V-53T mit 215 PS (160 kW)
Leistung
Höchstgeschw. (Straße) 45 km/h; Furttiefe 0,6 m; Kletterfähigkeit 0,61 m; Grabenüberschreitfähigkeit 1,8 m

Die von Oerlikon-Bührle produzierte GDF-Serie wurde als hochmobiles Flugabwehrverteidigungssystem zum Schutz von Zielen im Hinterland – wie Fabriken und Luftbasen – entwickelt. Die Karosserie der Kettenversion stammt von der M113-Serie gepanzerter Fahrzeuge, die Radversion basiert auf dem 4-x-4-HYKA-Querfeldeinfahrzeug. Der GDF-CO3 besitzt ein Tag/Nacht-Feuerkontrollsystem mit Laser-Entfernungsmesser und ein Contraves-Suchradar. Das Fahrzeug kann eine Vielzahl von Munitionstypen verfeuern, einschließlich HEAT-Munition ohne Leuchtspur zum Gebrauch gegen Bodenziele. Sein Aussehen ist insofern ungewöhnlich, als sich das Abteil der Besatzung noch vor den Waffen befindet. Dennoch ist das Fahrzeug als mobile Luftverteidigungseinheit sehr gut geeignet.

M53/59

Visitenkarte

Herkunftsland
Tschechoslowakei
Besatzung
6
Gewicht
10.300 kg
Maße
Länge 6,92 m
Breite 2,35 m
Höhe 2,59 m
Reichweite
500 km
Panzerung
keine (Fahrzeug als Ganzes)
Bewaffnung
30-mm-Zwillingskanone
Motorisierung
ein 6-Zylinder-Dieselmotor Tatra T912-2 mit 110 PS (82 kW)
Leistung
Höchstgeschw. (Straße) 60 km/h; Kletterfähigkeit 0,46 m; Grabenüberschreitfähigkeit 0,69 m

Die Tschechoslowakei entwickelte und produzierte in den 50er-Jahren die selbst angetriebene Flugabwehrwaffe M53/59. Das auf dem Praga-V3S-6x6-Lastwagenchassis basierende, mit einer gepanzerten Kabine ausgestattete Fahrzeug wurde anstelle des sowjetischen ZSU-57-2 verwendet. Das Fahrzeug war im Grunde genommen ein System für klares Wetter, denn es verfügte über keine Infrarot-Nachtsichtausrüstung und kein ABC-Verteidigungssystem. Sowohl HEAT-Brandmunition für Ziele am Boden als auch HE-Brandmunition für Flugzeuge wurden mitgeführt. Der zweite Nachteil neben seiner Abhängigkeit von klarem Wetter war seine mangelhafte Querfeldeinbeweglichkeit, die wirksame Operationen mit Kettenfahrzeugen verhinderte. Neben der tschechoslowakischen Armee wurde der M53/59 auch von dem ehemaligen Jugoslawien und von Libyen eingesetzt.

Stöwer 40

Im Jahr 1934 begannen die Deutschen in Vorbereitung auf den bevorstehenden Krieg in Europa, die Wehrmacht mit einer standardisierten Fahrzeugflotte auszurüsten. Bis dahin basierten Geländefahrzeuge auf kommerziellen Entwicklungen mit vielen Nachteilen bei militärischer Verwendung. Die neue Methode machte es erforderlich, bei der Gestaltung von Fahrzeugen nicht mehr nur technische, sondern auch operative Überlegungen anzustellen. Das ab 1936 produzierte 4-x-4-Kfz 2 basierte auf Komponenten verschiedener Hersteller, u. a. Stöwer, BMW und Hanomag. Es diente häufig als Basis für Funkwagen. Außer der zur Verstärkung des Fahrzeugs zusätzlichen Motorverstrebung, der Radaufhängung und dem Getriebe handelte es sich um ein normales Chassis. Der Stöwer 40 hatte fünf Vorwärtsgänge sowie einen Rückwärtsgang und war ein solides und zuverlässiges Fahrzeug.

Visitenkarte

Herkunftsland
Deutschland

Besatzung
1

Gewicht
1.815 kg

Maße
Länge 3,58 m
Breite 1,57 m
Höhe 1,78 m

Reichweite
500 km

Panzerung
keine

Bewaffnung
keine

Motorisierung
ein 4-Zylinder-Benzinmotor Stöwer AW2 oder R180W mit 50 PS (37,3 kW)

Leistung
Höchstgeschw. (Straße) 100 km/h; Furttiefe 0,6 m

VW Kübel

Der Kübel war eines der berühmtesten Militärfahrzeuge des 2. Weltkriegs und wurde zu einem Markenzeichen der deutschen Truppen im Krieg. Seine Entwicklung begann 1936. Mit der Produktion wurde nach einigen Änderungen zur Berücksichtigung weiterer Erfordernisse 1940 begonnen, als bekannt wurde, dass er der Standard-Mannschaftstransporter werden würde. Die zwei Hauptüberlegungen bei der Entwicklung waren Leichtigkeit und einfache Herstellung. Zudem war das Fahrzeug sehr billig, zuverlässig, mobil und einfach instandzuhalten. Es entsprach damit allen Anforderungen. Bei Produktionseinstellung 1944 waren fast 55.000 Fahrzeuge hergestellt worden. Zu den Varianten gehörte der Typ 92 mit geschlossener Karosserie. Mit der Wüste kam das Fahrzeug schlecht zurecht, aber das wurde in der Version »Tropenfest« behoben, die mit Sandreifen ausgerüstet war.

Visitenkarte

Herkunftsland
Deutschland

Besatzung
1

Gewicht
635 kg

Maße
Länge 3,73 m
Breite 1,6 m
Höhe 1,35 m

Reichweite
600 km

Panzerung
keine

Bewaffnung
keine

Motorisierung
bis März 1943 ein 4-Zylinder-Benzinmotor Volkswagen HIAR 998cc mit 24 PS (17,9 kW), anschließend ein 4-Zylinder-Benzinmotor Volkswagen 1131cc mit 25 PS (18,6 kW)

Leistung
Höchstgeschw. (Straße) 100 km/h; Furttiefe 0,4 m

Visitenkarte

Herkunftsland
Deutschland
Besatzung
1
Gewicht
990 kg
Maße
Länge 4,8 m
Breite 1,8 m
Höhe 1,85 m
Reichweite
136 km
Panzerung
keine
Bewaffnung
keine
Motorisierung
ein 2,98-Liter-Benzinmotor Horch V-8 mit 70 PS (52,2 kW)
Leistung
Höchstgeschw. (Straße) 75 km/h; Furttiefe 0,4 m

Kraftfahrzeug (Kfz) 11

Der Autounion/Horch-Typ 830 war ein für den militärischen Gebrauch umgerüstetes kommerzielles Fahrzeug – vor der Einführung standardisierter Modelle die gängige Methode zur Motorisierung der Wehrmacht (entgegen der allgemeinen Meinung war die Wehrmacht bei Kriegsausbruch 1939 nicht vollständig mechanisiert). Das mit größeren Reifen und einem V8-Motor zur Verbesserung der Geländetauglichkeit versehene, meist oben offene Fahrzeug wurde in den späten 20er- und frühen 30er-Jahren entwickelt. Es diente hauptsächlich (mit angehängten leichten Waffen) zum Transport der Infanterie oder als Fernmeldefahrzeug. Das Kfz 11 hatte zum Gebrauch der Fernmeldetruppen eine geschlossene Karosserie, die anfangs aus Holz und später aus Walzblech hergestellt wurde. Die Produktion des fast überall eingesetzten Fahrzeugs wurde 1937 mit der Standardisierung der Fahrzeugflotte eingestellt.

Visitenkarte

Herkunftsland
Deutschland
Besatzung
1
Gewicht
2.405 kg
Maße
Länge 4,44 m
Breite 1,68 m
Höhe 1,73 m
Reichweite
400 km
Panzerung
keine
Bewaffnung
keine
Motorisierung
ein 6-Zylinder-Benzinmotor Mercedes-Benz mit 90 PS (67,1 kW)
Leistung
Höchstgeschw. (Straße) 88 km/h; Furttiefe 0,6 m

Kraftfahrzeug (Kfz) 15

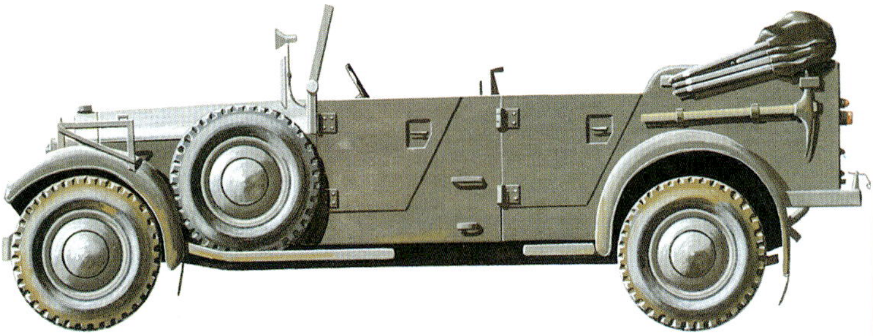

Die Hauptrolle des Kfz 15 war der Einsatz als Fernmeldefahrzeug. Das von einem V8-Motor angetriebene Fahrzeug basierte auf mehreren kommerziellen Chassis, zwischen 1938 und 1940 auf dem des Mercedes-Benz 340. Die Theorie hinter dem Wiederaufbau der Wehrmacht in den frühen 30er-Jahren war, dass sie zum Einsatz in Blitzkriegen speziell gebaute Fahrzeuge besitzen sollte. Dennoch wurden zuerst die Chassis von Nutzfahrzeugen und leichten LKWs verwendet, auf denen oben spezielle Gehäuse aufgebaut wurden. Das Ergebnis war eine ganze Reihe militärischer Fahrzeuge mit niedriger Bodenfreiheit. Auf diese Weise beeinträchtigte auch der lange Radstand dieses Fahrzeugs trotz Allradantriebs die Leistung im Gelände. Selbst nach der Einführung standardisierter Transporter wurden viele als Stabs- und Funkfahrzeuge verwendet.

Daimler-Benz G5

Die G-Serie wurde entwickelt, um einer Forderung der Wehrmacht nach einem voll geländetauglichen Mannschaftstransporter zu entsprechen. Die ersten Bemühungen von Daimler-Benz führten zu mächtigen Fahrzeugen mit Allradantrieb und -lenkung, aber ihre Leistung im Gelände war mangelhaft. Zudem waren sie zu groß und zu teuer. Daimler-Benz setzte jedoch die Entwicklung der nicht als Standardeinheiten zum Mannschaftstransport ausgewählten G-Serie fort. Zwischen 1937 und 1941 wurden 378 G5-Fahrzeuge gebaut, aber nur wenige wurden von der Wehrmacht eingesetzt, einige wurden aber als Fernmeldefahrzeuge von hohen Vertretern der NSDAP und des Generalstabs verwendet. Ein weiteres Problem vieler leichter deutscher Fahrzeuge war, dass sie zu kompliziert waren, um unter erschwerten Bedingungen, wie z. B. in Russland, zuverlässig zu sein.

Visitenkarte

Herkunftsland
Deutschland
Besatzung
1
Gewicht
1.630 kg
Maße
Länge 4,52 m
Breite 1,7 m
Höhe 1,8 m
Reichweite
480 km
Panzerung
keine
Bewaffnung
keine
Motorisierung
ein 6-Zylinder-Benzinmotor Mercedes-Benz mit 90 PS (67 kW)
Leistung
Höchstgeschw. (Straße) 75 km/h; Furttiefe 0,7 m

Car, Heavy Utility, 4-x-2, Ford C 11 ADF

Der Ford 11 ADF basierte auf dem Nutzfahrzeug von 1942, dem Ford Fordor Station Wagon. Das hauptsächlich für die Briten produzierte Fahrzeug – es hatte deshalb die Lenkung rechts –, dessen Kabine vollständig aus Stahl war, wurde auch von der kanadischen Armee verwendet. Es bot Platz für fünf Passagiere und wurde als Stabsfahrzeug häufig in der nordafrikanischen Wüste und in Italien eingesetzt. Der Ford war mit verstärkten Stoßstangen, Gewehrständern im Innenraum, Werkzeugen zum Bauen von Schützengräben, einer Funkentstöranlage, einer vollständigen medizinischen Ausrüstung und einem Landkartenbehälter versehen. Das Fahrzeug war somit als mobile Kommandozentrale für Stabsoffiziere adäquat ausgerüstet. Zudem war es auch robust genug, dem ungünstigen Terrain Nordafrikas standzuhalten. Das Getriebe hatte drei Vorwärtsgänge und einen Rückwärtsgang.

Visitenkarte

Herkunftsland
Kanada
Besatzung
1
Gewicht
1.814 kg
Maße
Länge 4,93 m
Breite 2,01 m
Höhe 1,83 m
Reichweite
500 km
Panzerung
keine
Bewaffnung
keine
Motorisierung
ein 3,91-Liter-Benzinmotor Ford Mercury V-8 mit 95 PS (70,8 kW)
Leistung
Höchstgeschw. (Straße) 90 km/h; Furttiefe 0,4 m

Dodge T215

Visitenkarte

Herkunftsland
USA
Besatzung
1
Gewicht
2.046 kg
Maße
Länge 4,67 m
Breite 1,93 m
Höhe 2,13 m
Reichweite
500 km
Panzerung
keine
Bewaffnung
keine
Motorisierung
ein 6-Zylinder-Benzinmotor Dodge T215 mit 92 PS (68,6 kW)
Leistung
Höchstgeschw. (Straße) 70 km/h; Furttiefe 0,6 m

Dodge versorgte als Einziger die US-Streitkräfte mit 0,5-Tonnen-LKWs. Die Bestellung von 14.000 Exemplaren erfolgte Mitte 1940. Dodge veränderte das Chassis des Nutzfahrzeugs für den militärischen Gebrauch etwas, indem es mit einem Allradantrieb ausgestattet wurde. Es gab die Option einer offenen (beispielsweise für Befehls-, Aufklärungs-, Funk- und Waffenversion) oder geschlossenen Karosserie wie etwa beim Krankenwagen. Der Dodge war ein unerschütterliches, in großer Zahl hergestelltes Fahrzeug, von denen viele unter dem Lend-Lease-Abkommen des 2. Weltkriegs nach Großbritannien und in die UdSSR geliefert wurden. So verwendeten die Russen die Jeeps und LKWs der Briten und Amerikaner noch viele Jahre nach Kriegsende.

Dodge T214

Visitenkarte

Herkunftsland
USA
Besatzung
1
Gewicht
2.449 kg
Maße
Länge 4,24 m
Breite 1,99 m
Höhe 2,07 m
Reichweite
470 km
Panzerung
keine
Bewaffnung
keine
Motorisierung
ein 6-Zylinder-Benzinmotor Dodge T214 mit 92 PS (68,6 kW)
Leistung
Höchstgeschw. (Straße) 110 km/h; Furttiefe 0,5 m

Der 1942 eingeführte Dodge-T214-0,75-Tonnen-LKW war der Nachfolger des T215 und etwas breiter und niedriger, hatte aber größere Räder und eine stärkere Aufhängung. Der als »Beep« (eine Verkürzung aus »Big Jeep«) bezeichnete T214 hatte eine Reihe verschiedener Karosserien für diverse Aufgaben: ein Waffenträger, ein Fahrzeug mit Winde, ein Krankenwagen, ein Funkwagen, ein Kommandosaufklärungsfahrzeug und ein Abschleppwagen. Die Unterschiede bestanden hauptsächlich in der Anzahl der Sitze, in Landkartenbrettern und in der Art des Segeltuchverdecks. Die Tatsache, dass viele Fahrzeuge mit einem Rückwärts- und vier Vorwärtsgängen in der ganzen Welt immer noch verwendet werden, ist ein Tribut an den unerschütterlichen Entwurf dieser Fahrzeuge. Sie konnten viel einstecken und dennoch leicht gewartet werden.

Dodge WC53

Das Dodge-T214-WC53-Befehls- und Aufklärungsfahrzeug wurde sehr ähnlich wie ein typischer Jeep verwendet. Der Wagen war die am meisten verbreitete Variante der T214-Serie und wurde zur Aufklärung und zur Verbindungsaufnahme zwischen den Einheiten eingesetzt oder als Stabsfahrzeug für hochrangige Offiziere. Das Fahrzeug war mit Landkartenbrettern ausgestattet und hatte ein abnehmbares Segeltuchdach und Seitenfenster. Das gute, zuverlässige und mobile Allroundversorgungsfahrzeug war an allen Kriegsschauplätzen aktiv. Eine seiner größten Stärken war der Dodge-6-Zylinder-Benzinmotor, der schlechte Wartung, harte Behandlung und ungünstige Witterung überdauerte. Zudem kam das Chassis mit den unterschiedlichsten Geländeformationen von den feuchten Dschungeln des Pazifiks bis zum eingeschneiten Nordeuropa zurecht.

Visitenkarte

Herkunftsland
USA
Besatzung
1
Gewicht
2.449 kg
Maße
Länge 4,67 m
Breite 1,99 m
Höhe 2,07 m
Reichweite
450 km
Panzerung
keine
Bewaffnung
keine
Motorisierung
ein 6-Zylinder-Benzinmotor Dodge T214 mit 92 PS (68,6 kW)
Leistung
Höchstgeschw. (Straße) 110 km/h;
Furttiefe 0,5 m

4-x-4-Jeep

Im Juni 1940 forderten die US-Streitkräfte ein Allzweckfahrzeug an. Nach anfänglichen Änderungen des Entwurfs begannen Ford und Willys die Produktion des Jeeps und stellten gemeinsam fast 650.000 Fahrzeuge her. Der zur Aufklärung und Verbindungsherstellung bestimmte Jeep war so erfolgreich, dass er bald für andere Aufgaben angepasst wurde, u. a. für Luftlandeeinsätze und als Raketenwerfer. Vom britischen SAS wurde er für Langstrecken-Wüstenüberfälle hauptsächlich dadurch umgearbeitet, dass er seines relativen Komforts beraubt und schwer bewaffnet wurde. Jeeps wurden als Krankenwagen und zum Legen von Telefonleitungen verwendet. Wenn sie mit speziellen Spurkränzen ausgestattet waren, konnten Jeeps sogar auf Bahngleisen fahren. Der an verschiedene klimatische Bedingungen angepasste Jeep diente mit Auszeichnung auf allen Kriegsschauplätzen der Alliierten.

Visitenkarte

Herkunftsland
USA
Besatzung
1
Gewicht
1.247 kg
Maße
Länge 3,33 m
Breite 1,57 m
Höhe 1,14 m
Reichweite
363 km
Panzerung
keine
Bewaffnung
keine (Basismodell)
Motorisierung
ein 4-Zylinder-Benzinmotor Willys 441 oder 442 »Go Devil« mit 60 PS (44,7 kW)
Leistung
Höchstgeschw. (Straße) 88,5 km/h;
Furttiefe 0,5 m

Visitenkarte

Herkunftsland
Großbritannien
Besatzung
1
Gewicht
2.413 kg
Maße
Länge 4,29 m
Breite 1,88 m
Höhe 1,96 m
Reichweite
500 km
Panzerung
keine
Bewaffnung
keine
Motorisierung
ein 6-Zylinder-Benzinmotor Humber 4,08 Liter 1-L-W-F mit 85 PS (63,4 kW)
Leistung
Höchstgeschw. (Straße) 75 km/h; Furttiefe 0,6 m

Humber

Das schwere Versorgungsfahrzeug Humber war der Standardstabs- und -Befehlswagen der britischen Streitkräfte während des 2. Weltkriegs (die Briten hatten die einzige vollständig motorisierte Armee bei Kriegsausbruch im September 1939). Es war auch das einzige von Briten gebaute und eingesetzte 4-x-4-Versorgungsfahrzeug mit Allradantrieb. Die Produktion der »Box« begann im Mai 1941 und endete 1945. Das häufig verwendete Fahrzeug blieb bis in die späten 50er-Jahre im Dienst, was viel über die Qualität seines Entwurfs aussagt. Seine feste Stahlkarosserie hatte sechs Sitze und einen klappbaren Kartentisch. In der Wüste wurde die geschlossene Kabine manchmal durch eine Segeltuchbedeckung ersetzt. Der Humber sah nicht sehr beeindruckend aus, erledigte jedoch, was wichtiger ist, die geforderte Aufgabe an verschiedenen Orten. Er besaß einen Rückwärtsgang und vier Vorwärtsgänge.

Visitenkarte

Herkunftsland
Großbritannien
Besatzung
1
Gewicht
3.402 kg
Maße
Länge 4,49 m
Breite 2,21 m
Höhe 2,26 m
Reichweite
480 km
Panzerung
keine
Bewaffnung
keine
Motorisierung
ein 4-Zylinder-Benzinmotor Morris 3,5 Liter mit 70 PS (52,2 kW)
Leistung
Höchstgeschw. (Straße) 80 km/h; Furttiefe 0,4 m

Morris C8

Der Artillerieschlepper Morris C8 war eines der erfolgreichsten Fahrzeuge, die von Morris für die britische Armee produziert wurden. Das als »Quad« (das Quadrat) bekannte Fahrzeug wurde 1939 eingeführt und zum Schleppen einer 18- oder 25-Pfünder-Kanone verwendet. Es war mit einer Winde ausgestattet, die eine Zugkraft von bis zu 4.000 kg hatte. Im Fahrzeug war ausreichend Platz für die Geschützmannschaft. Der Morris C8 war ein unerschütterliches Fahrzeug mit guter Geländetauglichkeit und adäquatem Munitionsstauraum. Frühe Modelle hatten eine hervorstechende Käferform, aber von 1944 an hatte das Fahrzeug ein offenes Dach. Eine große Anzahl der C8 ging während des Rückzugs des britischen Expeditionskorps von Dünkirchen 1940 verloren, aber das Fahrzeug wurde weiterhin in Nordafrika eingesetzt. Das Getriebe hatte einen Rückwärtsgang und fünf Vorwärtsgänge.

Bedford MWD

Der zur Vergrößerung der Bodenfreiheit auf dem Chassis eines modifizierten 2-Tonnen-Nutzlastwagens basierende Prototyp des Bedford MWD erschien 1937. Das britische Kriegsministerium bestellte im August 1939 2.000 Lastwagen, von denen die ersten Lieferungen speziell dafür konstruiert wurden, die 2-Pfünder-Panzerabwehrkanone zu schleppen. Das Fahrzeug hatte eine flache, sich über die ganze Breite erstreckende Motorhaube, um den vom britischen Kriegsministerium geforderten extragroßen Luftfilter unterzubringen. Ursprünglich war das Fahrzeug mit einem Segeltuchdach und einer zusammenklappbaren Windschutzscheibe ausgestattet, die aber 1943 durch eine geschlossene Kabine ersetzt wurde. Bedford produzierte bis Kriegsende über 200.000 dieser Fahrzeuge mit 4-Gang-Getriebe, die bei der britischen Armee bis in die späten 50er-Jahre verwendet wurden.

Visitenkarte

Herkunftsland
Großbritannien
Besatzung
1
Gewicht
2.132 kg
Maße
Länge 4,38 m
Breite 1,99 m
Höhe (mit GS-Verdeck) 2,29 m
Höhe (ohne GS-Verdeck) 1,93 m
Reichweite
430 km
Panzerung
keine
Bewaffnung
keine
Motorisierung
ein 6-Zylinder-Benzinmotor Bedford 3,5 Liter OHV mit 72 PS (53,7 kW)
Leistung
Höchstgeschw. (Straße) 95 km/h; Furttiefe 0,7 m

GAZ-67B

Der GAZ-67B wurde als ein Geländefahrzeug zum Transport von Truppen und leichter Ausrüstung entwickelt. Das ab 1943 produzierte Fahrzeug wurde in seinem Entwurf stark durch den amerikanischen Bantam Jeep beeinflusst, von dem unter dem Lend-Lease-Abkommen viele Fahrzeuge in die Sowjetunion geliefert worden waren. Seine Leistung war jedoch nicht so gut, besonders seine Beschleunigung war mangelhaft. Unter der äußeren Schlichtheit trat als wesentliche Stärke des Fahrzeugs die hervorragende Geländetauglichkeit hervor. Das Fahrzeug wurde sehr häufig in Korea und Indochina eingesetzt und bildete das Rückgrat der sowjetischen Luftlandedivisionen. Die Produktion wurde 1953 eingestellt. Das Getriebe hatte einen Rückwärtsgang und vier Vorwärtsgänge.

Visitenkarte

Herkunftsland
UdSSR
Besatzung
1
Gewicht
1.220 kg
Maße
Länge 3,34 m
Breite 1,68 m
Höhe 1,7 m
Reichweite
750 km
Panzerung
keine
Bewaffnung
keine
Motorisierung
ein 4-Zylinder-Benzinmotor GAZ-A 3,28 Liter mit 54 PS (40,3 kW)
Leistung
Höchstgeschw. (Straße) 75 km/h; Furttiefe 0,45 m

Fiat 508

Visitenkarte

Herkunftsland
Italien
Besatzung
1
Gewicht
1.065 kg
Maße
Länge 3,35 m
Breite 1,37 m
Höhe 1,57 m
Reichweite
400 km
Panzerung
keine
Bewaffnung
keine
Motorisierung
ein 4-Zylinder-Benzinmotor Fiat 108C mit 32 PS (23,9 kW)
Leistung
Höchstgeschw. (Straße) 80 km/h; Furttiefe 0,45 m

Als größter Hersteller leichter Fahrzeuge für die italienische Armee hatte Fiat vor dem 2. Weltkrieg mehrere Fahrzeuge zum militärischen Gebrauch entwickelt, von denen eines der 508 CM war. Dieser Typ wurde als Kolonialfahrzeug bezeichnet und war speziell für schwieriges Gelände in italienisch kontrollierten Gebieten Nordafrikas entwickelt und angepasst worden, damit er nicht auf weichem Untergrund einsank. Das Fahrzeug entsprach der Anforderung nach einem leichten, preisgünstigen Fahrzeug mit hoher Geschwindigkeit auf der Straße und leidlicher Geländetauglichkeit und basierte auf dem ähnlichen »Balilla«-Zivilmodell. Der 508 CM war das am häufigsten produzierte militärische Fahrzeug der Italiener in den Jahren zwischen 1939 und 1945. Es besaß einen Rückwärtsgang und vier Vorwärtsgänge.

Typ 95 Scout Car

Visitenkarte

Herkunftsland
Japan
Besatzung
1
Gewicht
1.100 kg
Maße
Länge 3,38 m
Breite 1,52 m
Höhe 1,68 m
Reichweite
450 km
Panzerung
keine
Bewaffnung
keine
Motorisierung
ein 2-Zylinder-Viertakt-Benzinmotor V-1-A-F mit 33 PS (24,6 kW)
Leistung
Höchstgeschw. (Straße) 75 km/h; Furttiefe 0,5 m

Der Panzerspähwagen Typ 95, auch bekannt als »schwarze Medaille«, wurde nach den japanischen Kriegserfahrungen in der Mandschurei entwickelt. Etwa 4.800 Fahrzeuge wurden von Kurogane gebaut. Dies war das einzige selbst hergestellte Fahrzeug diesen Typs, das von der japanischen Armee vor und während des 2. Weltkriegs verwendet wurde. Andere Fahrzeuge dieser Art waren meist amerikanischen Ursprungs oder hatten ein amerikanisches Muster. Das als geschlossenes, als offenes oder als LKW gebaute, dreigängige Fahrzeug erwies sich als ideal für Operationen in Nordchina und der Mandschurei, da es gut mit niedrigen Temperaturen zurechtkam und sein luftgekühlter Motor nicht auf das wenige saubere Wasser in der Region angewiesen war. Zur Bewältigung schwierigen Terrains kamen spezielle Reifen mit schwerem Gummiprofil hinzu.

M37

Der M37 ersetzte den aus dem 2. Weltkrieg stammenden Dodge T214 »Beep«. Dodge baute zwischen 1950 und 1970 über 125.000 M37 sowohl für die US Army als auch den Export. Das Grundmodell des M37 wurde zur Frachtbeförderung auf der Straße oder im Gelände entworfen und war im Aussehen einem Standard-Pick-up-Truck ähnlich. Oft besaß der M37 eine Winde für Bergungen. Das Fahrzeug konnte zum Tiefwaten ausgerüstet werden. Als Varianten existierten ein Krankenwagen mit geschlossener Karosserie, ein Befehlsfahrzeug und noch weitere, spezialisiertere Typen wie das Telefonreparaturfahrzeug. Eine von Toyota gebaute japanische Variante des M37 wurde von den US-Truppen während des Vietnamkriegs eingesetzt. Der robuste und zuverlässige M37 leistete den amerikanischen Streitkräften auch unmittelbar nach dem 2. Weltkrieg gute Dienste.

Visitenkarte

Herkunftsland
USA
Besatzung
1 + 2 (plus 6 oder 8 hinten)
Gewicht
3.493 kg
Maße
Länge 4,81 m
Breite 1,78 m
Höhe 2,28 m
Reichweite
362 km
Panzerung
keine
Bewaffnung
keine
Motorisierung
ein 6-Zylinder-Benzinmotor Dodge T245 mit 78 PS (58 kW)
Leistung
Höchstgeschw. (Straße) 88,5 km/h; Furttiefe 1,07 m

M151

Der M151 wurde auf eine Forderung von 1950 nach einem 0,25-Tonnen-Fahrzeug entwickelt, das den M38 ersetzen sollte. Die Produktion begann 1960. Von diesem Zeitpunkt an wurde der M151 zu einem der am häufigsten eingesetzten Militärfahrzeuge der Welt. Er wurde neben seiner häufigen Verwendung als Standard-Leichtfahrzeug der US-Streitkräfte in Vietnam auch noch weltweit von etwa 100 Armeen eingesetzt. Seit Mitte der 80er-Jahre wurde der M151 nur noch für den Export gebaut, da er in US-Diensten durch den Hummer ersetzt wurde. Das Fahrzeug wurde zur Aufklärung und für leichte Transportaufgaben verwendet. Unter den vielen Varianten gab es Krankenwagen, Fernmeldefahrzeuge und mehrere bewaffnete Versionen, die ein 7,62-mm-MG, ein 12,7-mm-MG, ein rückstoßfreies Gewehr oder das Hughes-Panzerabwehrwaffensystem TOW besaßen.

Visitenkarte

Herkunftsland
USA
Besatzung
1 + 1 (plus 2 hinten)
Gewicht
1.575 kg
Maße
Länge 3,35 m
Breite 1,58 m
Höhe 1,8 m
Reichweite
483 km
Panzerung
keine
Bewaffnung
keine (Basisversion), andere Versionen verfügten über Waffen
Motorisierung
ein 4-Zylinder-Benzinmotor mit 72 PS (53,69 kW)
Leistung
Höchstgeschw. (Straße) 106 km/h; Furttiefe 0,53 m

Visitenkarte

Herkunftsland
Großbritannien
Besatzung
1 + 1 (plus 8 hinten)
Gewicht
3.120 kg
Maße
Länge 4,13 m
Breite 1,84 m
Höhe 2,14 m
Reichweite
560 km
Panzerung
keine
Bewaffnung
keine
Motorisierung
ein Benzinmotor Rover V-8 mit 128 PS (95,5 kW)
Leistung
Höchstgeschw. (Straße) 120 km/h; Furttiefe 1,1 m

Land Rover One-Ton

Der Land Rover One-Ton wurde Mitte der 60er-Jahre entwickelt, als man merkte, dass der ursprüngliche Land Rover nicht in der Lage war, die schwereren Waffensysteme der ferneren und unmittelbaren Zukunft zu schleppen. Die ersten produzierten Modelle des ausdrücklich zu militärischem Gebrauch bestimmten Fahrzeugs erschienen 1975 (der Vorgänger war auch als landwirtschaftliches und industrielles Mehrzweckfahrzeug produziert worden). Daher wurden von dieser Version weniger gebaut als von seinem berühmteren Vorgänger. Zu den typische Rollen für das Fahrzeug gehörte das Schleppen der leichten 105-mm-Kanone und des Rapier-Boden-Luft-Raketensystems. Zu den Varianten gehörten Krankenwagen, Fernmeldefahrzeuge und Fahrzeuge zur elektronischen Kriegsführung. Wie alle Land Rover war auch dieser LKW robust und zuverlässig.

Visitenkarte

Herkunftsland
Großbritannien
Besatzung
1
Gewicht
3.050 kg
Maße
Länge 4,67 m
Breite 1,79 m
Höhe 2,03 m
Reichweite
748 km
Panzerung
keine
Bewaffnung
zwei 7,62-mm-MGs
Motorisierung
ein wassergekühlter V-8-Benzinmotor mit 134 PS (100 kW)
Leistung
Höchstgeschw. (Straße) 105 km/h; Furttiefe 0,5 m

SAS Land Rover

Der britische Special Air Service (SAS) hatte gute Verwendung für den Land Rover mit langem Radstand, der speziell auf die Verwendung in weniger intensiven Kriegsphasen angelegt war. Das zur Tarnung für Wüstenoperationen pink gestrichene Fahrzeug (seine Farbe passt damit zu der des Wüstenhorizonts), das auch als »rosaroter Panther« bekannt wurde, verwendet ein ähnliches Chassis wie der gewöhnliche Land Rover der britischen Armee. Es wurde häufig im Persischen Golf eingesetzt und dazu mit Metallschienen zur Überquerung von Sandlöchern, mit Nebelwerfern und mit MGs ausgerüstet. Zudem verfügten die Fahrzeuge über eine spezielle Navigationsausrüstung und externe Laderaumgestelle, damit sie weit reichende Wüstenaufklärungsmissionen hinter den feindlichen Linien ausführen konnten.

Land Rover 4 x 4

Seit Produktionsbeginn 1948 ist der Land Rover zu einem der bekanntesten leichten Fahrzeuge im Armeedienst geworden. Im Jahr 1976 waren bereits über eine Million Fahrzeuge produziert worden. Das von Rover für den heimischen Markt und für den Export entwickelte Fahrzeug sollte anfangs auf landwirtschaftliche und industrielle Kunden abzielen. Stetige Verbesserungen des Designs offenbarten das Potenzial des Fahrzeugs, das 1956 von der britischen Armee als Standard-Militärfahrzeug seiner Klasse ausgewählt wurde. Der sehr flexible Land Rover, der von der britischen Armee (z. B. mit spezieller Panzerung als Streifenfahrzeug in Nordirland) und zahllosen anderen Armeen in der ganzen Welt als Krankenwagen, Artillerieschlepper oder Aufklärungsfahrzeug eingesetzt wurde, besitzt eine Handschaltung mit einem Rückwärtsgang und vier Vorwärtsgängen.

Visitenkarte

Herkunftsland
Großbritannien

Besatzung
1

Gewicht
2.120 kg

Maße
Länge 3,65 m
Breite 1,68 m
Höhe 1,97 m

Reichweite
560 km

Panzerung
keine

Bewaffnung
keine

Motorisierung
ein 4-Zylinder-OHV-Dieselmotor mit 51 PS (30 kW)

Leistung
Höchstgeschw. (Straße) 105 km/h; Furttiefe 0,5 m

GAZ-69

Der GAZ-69 war das sowjetische Äquivalent zum allgegenwärtigen amerikanischen Jeep. Das Fahrzeug wurde von 1952 bis weit in die 60er-Jahre gebaut. Zusätzlich zur Aufklärung und den allgemeinen Verbindungsaufgaben wurde das Chassis des Fahrzeugs für eine Reihe verschiedener Aufgaben verwendet. Eine davon erfüllte das Panzerabwehrfahrzeug GAZ-69 als Abschussrampe für AT-1-»Snapper«-Raketen, das häufig in den zahlreichen arabisch-israelischen Kriegen eingesetzt wurde. Ein Amphibienfahrzeug wurde zur Auffindung von Furtstellen in Flüssen entworfen. Ebenso kam eine Minenräumversion heraus, welche die Sensorenausrüstung auf dem Dach beförderte und die beim Einsatz nach vorn über das Fahrzeug ausschwenkte. Das Fahrzeug blieb automatisch stehen, wenn Alarm ausgelöst wurde.

Visitenkarte

Herkunftsland
UdSSR

Besatzung
1 +1 (plus 4 hinten)

Gewicht
1.525 kg

Maße
Länge 3,85 m
Breite 1,85 m
Höhe 2,03 m

Reichweite
530 km

Panzerung
keine

Bewaffnung
keine

Motorisierung
ein 4-Zylinder-Benzinmotor M-20 mit 52 PS (39 kW)

Leistung
Höchstgeschw. (Straße) 90 km/h; Furttiefe 0,55 m

Visitenkarte

Herkunftsland
Niederlande
Besatzung
1 + 1 (plus 8 hinten)
Gewicht
3.230 kg
Maße
Länge 4,55 m
Breite 2,1 m
Höhe 2,2 m
Reichweite
330 km
Panzerung
keine
Bewaffnung
keine
Motorisierung
ein 6-Zylinder-Benzinmotor Hercules JXC mit 102 PS (76 kW)
Leistung
Höchstgeschw. (Straße) 84 km/h; Furttiefe 0,76 m

DAF YA 126

Der YA 126 war Teil einer kompletten Fahrzeugfamilie, die durch die heutige Firma DAF-LKW für die niederländische Armee unmittelbar nach Ende des 2. Weltkriegs zwischen 1952 und 1960 produziert wurde. Viele der YA 126, die neben ihren übrigen Aufgaben bis zu acht Soldaten transportieren konnten, waren zur Bergung stecken gebliebener Fahrzeuge und zur Selbstbergung mit einer Winde ausgestattet. Ein ungewöhnliches Merkmal war, dass auf jeder Seite des Fahrzeugs Ersatzräder drehbar montiert waren, sodass sie dem Fahrzeug zusätzlich bei der Überwindung von Hindernissen halfen. Zu den Varianten gehörte eine mobile Werkstatt, ein (geschlossener) Krankenwagen und ein Befehls-/Funkfahrzeug. Dieses Fahrzeug war der Vorgänger einer ganzen Reihe von DAF-LKWs, die für die niederländische Armee gebaut wurden und dort immer noch ihren Dienst leisten.

Visitenkarte

Herkunftsland
USA
Besatzung
1 + 3
Gewicht
3.870 kg
Maße
Länge 4,46 m
Breite 2,15 m
Höhe 1,75 m
Reichweite
563 km
Panzerung
keine
Bewaffnung
unterschiedlich, einschließlich MGs, Granatwerfern und Boden-Luft-Raketenwerfern
Motorisierung
ein luftgekühlter Dieselmotor V-8 6.21 mit 135 PS (101 kW)
Leistung
Höchstgeschw. (Straße) 105 km/h; Furttiefe 0,76 m; Kletterfähigkeit 0,56 m

M998

Der Prototyp des High Mobility Multi-Purpose Wheele Vehicle (HMMWV) – kurz »Hummer« – erschien im August 1980. Im März 1983 wurde AM General Motors vertraglich verpflichtet, 54.973 Fahrzeuge zu bauen, von denen 39.000 für die US Army bestimmt waren. Die Besatzung von vier Mann sitzt auf beiden Seiten der Antriebskette, wodurch ein niedriger Schwerpunkt des Fahrzeugs ermöglicht wird. Der Rahmen ist stark genug, um als Überrollbügel und zur Befestigung verschiedener Ausrüstungssets zu dienen. Der Hummer kann mit einer Vielzahl von Waffen ausgestattet werden, z. B. mit dem TOW-Panzerabwehrsystem, mit 7,62-mm- und 12,7-mm-MGs, Mk-19-40-mm-Granatwerfern und sogar mit Stinger-Boden-Luft-Raketen (SAMs). Das Fahrzeug hat ein voll synchronisiertes Getriebe mit 16 Vorwärts- und acht Rückwärtsgängen. Der M998 wurde in den Nahen Osten und nach Asien exportiert.

Chevrolet WA

Als sich die Briten im 2. Weltkrieg außerstande sahen, ihren eigenen Bedarf an Fahrzeugen zu decken, wandten sie sich mit der Bitte um Hilfe an Kanada. Die Kanadier hatten bereits seit 1937 an einem auf dem Chassis des Ford V-8 basierenden Standard-LKW gearbeitet. Dieses Musterchassis sollte die Basis vieler leichter und mittlerer LKWs bilden, die an die Alliierten geliefert wurden. Das von Ford und Chevrolet produzierte 4-x-4-Fahrzeug bildete während der Kriegsjahre die Hauptstütze der kanadischer Produktion. Die Chevrolets wurden entweder mit Holz- oder Stahlkarosserien produziert und in vielen Rollen vom Krankenwagen bis zur mobilen Lafette verwendet. Viele wurden zum Gebrauch von Spezialeinheiten wie der Wüstentruppen in Nordafrika angepasst. Bis 1945 wurden über 900.000 Exemplare aller Typen produziert.

Visitenkarte

Herkunftsland
Kanada

Besatzung
1

Gewicht
3.048 kg

Maße
Länge 6,58 m
Breite 2,49 m
Höhe 3 m

Reichweite
274 km

Panzerung
keine

Bewaffnung
zwei MGs, verschiedene Kaliber

Motorisierung
ein Benzinmotor Ford V-8 mit 95 PS (71 kW)

Leistung
Höchstgeschw. (Straße) 80 km/h; Furttiefe 0,5 m

Chevrolet C60L

Der Chevrolet C60L war einer der zahlreichsten von Kanada während des 2. Weltkriegs gebauten LKWs, mit denen die britischen und andere Commonwealth-Streitkräfte versorgt wurden. Der 4-x-4-3-Tonner war ein sehr zuverlässiges, unerschütterliches und doch einfaches Fahrzeug, das eine rasche Produktion ermöglichte. Eine große Zahl verschiedener Modelle wurde produziert, u. a. Tankfahrzeuge, Krankenwagen und Abschleppwagen. Wie es im Laufe der Produktion verschiedene Chassis gab, so waren auch die Führerhäuser unterschiedlich. So stellte z. B. das Führerhaus 13 eine vollständige Umgestaltung dar, um mehr Innenraum zu schaffen und die Pedale besser zu positionieren. Bei anderen Versionen wurde die geschlossene Stahlkabine durch ein Segeltuchdach ersetzt. Die Vielseitigkeit des Fahrzeugs war bemerkenswert und zeigte sich in der Zahl der verwendeten Exemplare.

Visitenkarte

Herkunftsland
Kanada

Besatzung
1

Gewicht
2.100 kg

Maße
Länge 6,2 m
Breite 2,29 m
Höhe 3,05 m

Reichweite
270 km

Panzerung
keine

Bewaffnung
keine

Motorisierung
ein Benzinmotor Ford V-8 mit 95 PS (71 kW)

Leistung
Höchstgeschw. (Straße) 80 km/h; Furttiefe 0,5 m

Visitenkarte

Herkunftsland
Deutschland
Besatzung
1
Gewicht
2.600 kg
Maße
Länge 4,95 m
Breite 1,95 m
Höhe 2,30 m
Reichweite
300 km
Panzerung
keine
Bewaffnung
keine
Motorisierung
ein 4-Zylinder-Motor Krupp-M304 mit 52 PS (38,8 kW)
Leistung
Höchstgeschw. (Straße) 70 km/h; Furttiefe 0,4 m

Krupp Kfz 81

Das Kfz 81 gehörte zu den deutschen leichten LKWs, die in den frühen Phasen des 2. Weltkriegs am häufigsten eingesetzt wurden. Dabei wurde das Kfz 81 als Artillerieschlepper gebraucht – die 20-mm-Flak wurde meistens durch dieses Fahrzeug gezogen – und ersetzte damit das speziell für diesen Gebrauch gebaute Kfz 69. Das Kfz 81 war allgemein als »Krupp Boxer« bekannt und besaß eine unabhängige Allround-Radaufhängung, die dem Fahrzeug eine gute Geländetauglichkeit verschaffte. Es war damaligen, britischen leichten 3-Achser-LKWs in vielerlei Hinsicht ähnlich. Zusätzlich zu den eigenen leichten LKWs nutzten die Deutschen vielfach erobertes Material wie den tschechoslowakischen Tatra T92. Frühe deutsche Fahrzeuge hatten in der Mitte Kurzachsen zur Beförderung der Ersatzräder, obwohl es davon nicht einmal genug für die Elitedivisionen gab.

Visitenkarte

Herkunftsland
Deutschland
Besatzung
1
Gewicht
3.290 kg
Maße
Länge 6,02 m
Breite 2,27 m
Höhe 2,18 m
Reichweite
410 km
Panzerung
keine
Bewaffnung
keine
Motorisierung
ein 6-Zylinder-Benzinmotor Opel mit 73,5 PS (54,8 kW)
Leistung
Höchstgeschw. (Straße) 80 km/h; Furttiefe 0,5 m

Opel Blitz

Der Opel Blitz war eines der erfolgreichsten Produkte beim Versuch der Deutschen, ihre Fahrzeugflotte zu standardisieren – in den späten 30er-Jahren waren 100 verschiedene Fahrzeuge in Dienst, was zu massiven logistischen Schwierigkeiten führte. Der Opel Blitz hatte eine Stahlkabine sowie einen hölzernen Aufbau und wurde in vielen Rollen, z. B. als Krankenwagen, mobile Werkstatt und Befehlsfahrzeug, eingesetzt. Zur Verbesserung der Geländetauglichkeit wurde das Fahrzeug mit einem Allradantrieb ausgerüstet. Die Opel wurden auf allen Kriegsschauplätzen eingesetzt, wobei spätere Modelle aus Presskarton gebaut wurden, um Stahl zu sparen. Die Produktion lief bis 1944, als die Bombenangriffe und Bodengewinne der Alliierten die Fabriken lahm legten. Der Blitz war ein gutes Fahrzeug, litt jedoch darunter, dass er zu kompliziert war, um unter schwierigen Bedingungen zuverlässig zu sein.

Büssing-Nag

Bei schweren LKWs verließ sich Deutschland auf modifizierte Zivilfahrzeuge. Eines dieser Fahrzeuge war der Büssing-Nag-454-4-x-4-LKW, der als Panzertransporter dienen sollte. Nur eine kleine Zahl wurde jemals gebaut, da man den 6-x-4-Faun für diese Aufgabe in den meisten Fällen bevorzugte. Doch selbst dieses Fahrzeug wurde als Panzertransporter nur beschränkt eingesetzt, da sich die deutsche Logistik im 2. Weltkrieg bei allgemeinen Versorgungsaufgaben hauptsächlich auf die Eisenbahn verließ. Mittlere LKWs übernahmen dann die Aufgabe, die Ausrüstung zum Einsatzort zu befördern. Schwere Lastwagen wurden meist für spezielle Aufgaben wie den Transport mobiler Funkstationen, die der Kontrolle der Panzerkräfte dienten, eingesetzt.

Visitenkarte

Herkunftsland
Deutschland

Besatzung
1

Gewicht
9.200 kg

Maße
Länge 10,4 m
Breite 2,5 m
Höhe 2,6 m

Reichweite
270 km

Panzerung
keine

Bewaffnung
keine

Motorisierung
ein 6-Zylinder-Dieselmotor Deutz F6M517 mit 150 PS (111,8 kW)

Leistung
Höchstgeschw. (Straße) 65 km/h; Furttiefe 0,4 m

Bedford Three-Ton

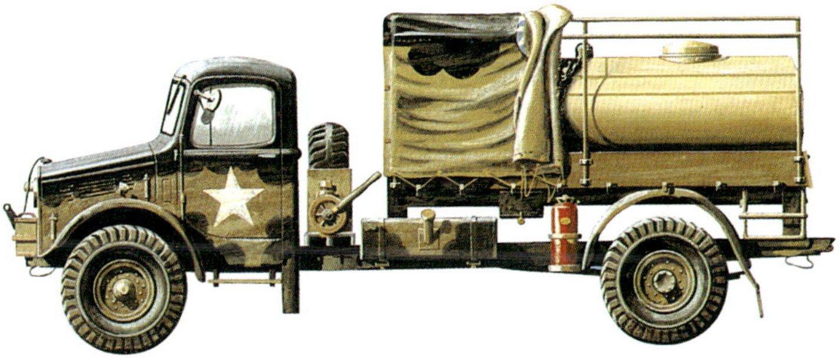

Der Bedford-3-Tonner war das britische Äquivalent des amerikanischen 2,5-Tonners. Es handelte sich dabei um das größte Frachtfahrzeug, das in großen Zahlen produziert werden konnte. Nachdem die britische Armee bei Dünkirchen 1940 riesige Verluste an Ausrüstung zu verzeichnen hatte, konnte sie sich nicht auf die Entwicklung neuer Fahrzeuge konzentrieren, und verließ sich stattdessen auf gängige Modelle und amerikanische Importe. Als sich die Krise abschwächte, d. h. die drohende deutsche Invasion abgewendet war, konnte die Entwicklung neuer LKWs beginnen. Der 3-Tonner-Bedford war eines der bedeutendsten neuen Fahrzeuge. Zusätzlich zum allgemeinen Frachttransport konnte das Fahrzeug nach einem Umbau mittels eines abnehmbaren Aufbaus auch als Treibstoff- und Wassertankfahrzeug eingesetzt werden (wie hier gezeigt).

Visitenkarte

Herkunftsland
Großbritannien

Besatzung
1

Gewicht
7.490 kg

Maße
Länge 6,7 m
Breite 2,3 m
Höhe 3 m

Reichweite
300 km

Panzerung
keine

Bewaffnung
keine

Motorisierung
ein 6-Zylinder-Benzinmotor Austin mit 72 PS (54 kW)

Leistung
Höchstgeschw. (Straße) 80 km/h; Furttiefe 0,6 m

Visitenkarte

Herkunftsland
USA
Besatzung
1
Gewicht
11.500 kg
Maße
Länge 8,4 m
Breite 2,4 m
Höhe 3,2 m
Reichweite
480 km
Panzerung
keine
Bewaffnung
keine (Basisversion)
Motorisierung
ein 6-Zylinder-Inline-Dieselmotor LDT-456-1C mit 140 PS (104 kW)
Leistung
Höchstgeschw. (Straße) 90 km/h; Furttiefe 0,76 m

M36

Der M36 ist eine Version des M35 mit langem Radstand. Die Basisversion für den Frachttransport ist konventionell ausgestattet: der Motor ist vorn, eine zweitürige Kabine mit einer auf den Motor klappbaren Windschutzscheibe und Segeltuchdach befinden sich in der Mitte. Der Frachtbereich hinten hat eine Ladeklappe, entfernbare Bögen, Planenbedeckung und unten an beiden Seiten Sitze für Soldaten. Viele LKWs sind vorn oder hinten mit einer Winde ausgestattet, deren Stahlseil eine Zugkraft von 4.536 kg aufweist. Der LKW hat eine Handschaltung mit einem Rückwärtsgang und fünf Vorwärtsgängen. Eine Vielzahl verschiedener Ausrüstungen ist für dieses Fahrzeug erhältlich, einschließlich eines Ringuntersatzes für ein MG über der Kabine, einer festen Kabinendecke und Sitzen für die Soldaten hinten.

Visitenkarte

Herkunftsland
Großbritannien
Besatzung
1
Gewicht
12.727 kg
Maße
Länge 5,99 m
Breite 2,26 m
Höhe 3 m
Reichweite
370 km
Panzerung
keine
Bewaffnung
keine
Motorisierung
ein 6-Zylinder-Benzinmotor Bedford mit 72 PS (53,7 kW)
Leistung
Höchstgeschw. (Straße) 61 km/h; Furttiefe 0,4 m

Bedford QLD

Bei Ausbruch des 2. Weltkriegs wurde Bedford vom britischen Kriegsministerium vertraglich verpflichtet, einen 3-Tonner-4-x-4-LKW für allgemeine Aufgaben zu produzieren. Der Bedford QLD wurde rasch entwickelt, und die ersten produzierten Fahrzeuge wurden 1941 ausgeliefert. Trotz der Schnelligkeit der Entwicklung gab es kaum Anfangsprobleme bei dem Fahrzeug. Es gab einige Varianten des Grundentwurfs: den allgemein als »Drooper« bekannten QLT-Truppentransporter mit Raum für 29 Soldaten und Ausrüstung; den QLR-Funkstreifen-LKW; ein Fahrzeug, das speziell für den Transport und Betrieb einer 6-Pfünder-Pak ausgerüstet war; ein Feuerwehrfahrzeug. Die Royal Air Force verwendete den Bedford QLD häufig als Treibstofftankfahrzeug. Eine amphibische Version namens »Giraffe« wurde entwickelt, kam jedoch nie über das Stadium des Prototyps hinaus.

Fiat/Spa

Die italienische Armee war im 2. Weltkrieg abhängig von altmodisch gestalteten LKWs. Vor dem 2. Weltkrieg war jedoch mit Fiat als Hauptlieferant ein gewisses Maß an Standardisierung erreicht worden. Der LKW besaß eine adäquate Geländetauglichkeit und war eines der vielen Fahrzeuge von Fiat und anderen Herstellern, die sehr häufig, besonders in Nordafrika, eingesetzt wurden. Die Tatsache, dass die meisten mit einer Handkurbel gestartet werden mussten, ließ ihre gute Leistung verblassen. Die Deutschen eigneten sich eine große Zahl italienischer LKWs an, die überall eingesetzt wurden. Britische Truppen schätzten eroberte italienische Lastwagen, weil die Fahrzeuge nicht von einem Vergaser abhängig waren, der in der staubigen Wüste leicht verstopfte.

Visitenkarte

Herkunftsland
Italien
Besatzung
1
Gewicht
1.615 kg
Maße
Länge 3,8 m
Breite 1,3 m
Höhe 2,15 m
Reichweite
250 km
Panzerung
keine
Bewaffnung
keine
Motorisierung
ein 4-Zylinder-Benzinmotor OM Autocarretta 32 mit 21 PS (15,7 kW)
Leistung
Höchstgeschw. (Straße) 63 km/h; Furttiefe 0,5 m

GMC 6 x 6

Der GMC 6 x 6 wurde für die US Army als Teil des 1939 begonnenen Standardisierungsprogramms gebaut, das nur zwei verschiedene Fahrzeuge in jeder Klasse vorsah und (wenn möglich) auf gemeinsamen Ersatzteilen und Zubehör fußte. Die als »Jimmies« bekannten Fahrzeuge wurden noch vor dem Kriegseintritt Amerikas unter dem Lend-Lease-Abkommen nach Großbritannien geliefert. Die LKWs bewährten sich an allen Einsatzorten, einschließlich der Sowjetunion, die auch bedeutende Mengen der Fahrzeuge erhielt. Der »Jimmy« hatte einen gewaltigen Anteil am Sieg der Alliierten nach den D-Day-Landungen, da er eine zuverlässige und sichere Transportmethode zu den Fronteinheiten darstellte, die alle im LKW durch ganz Frankreich transportiert werden mussten, bis schließlich die Häfen in größerer Nähe zu Deutschland erobert wurden.

Visitenkarte

Herkunftsland
USA
Besatzung
1
Gewicht
11.939 kg
Maße
Länge 6,82 m
Breite 2,44 m
Höhe 3,01 m
Reichweite
255 km
Panzerung
keine
Bewaffnung
keine
Motorisierung
ein 6-Zylinder-Benzinmotor Hercules RXC mit 106 PS (79 kW)
Leistung
Höchstgeschw. (Straße) 64 km/h; Furttiefe 0,75 m

Mack 6 x 6

Visitenkarte

Herkunftsland
USA
Besatzung
1
Gewicht
19.813 kg
Maße
Länge 7,54 m
Breite 2,62 m
Höhe 3,15 m
Reichweite
340 km
Panzerung
keine
Bewaffnung
keine
Motorisierung
ein 6-Zylinder-Benzinmotor Mack EY mit 159 PS (118,6 kW)
Leistung
Höchstgeschw. (Straße) 84 km/h; Furttiefe 0,76 m

Mack war vor dem 2. Weltkrieg ein bewährter Lastwagenhersteller und daher gut geeignet, den Bedarf an Transportfahrzeugen der US Army zu stillen. Das vielleicht durch seine Größe und Stärke bekannteste Modell war der 7,5-Tonner NO 6 x 6. Er wurde hauptsächlich von britischen und amerikanischen Streitkräften eingesetzt, um schwere Artillerie wie z. B. die 155-mm-Haubitze »Long Tom« zu schleppen. Die Kanadier verwendeten den LKW ebenfalls häufig für eine Vielzahl von Aufgaben. Erstmals eingesetzt wurde der Lastwagen in Italien. Trotz ihrer Größe bewältigten die Macks das schwierige, gebirgige Terrain und waren so beim Vormarsch dabei. Die übliche Ausstattung des 6 x 6 sah so aus: der Motor war vorn, in der Mitte befand sich die zweitürige Kabine mit einer nach vorn klappbaren Windschutzscheibe, und hinten war der Frachtbereich.

ACMAT VLRA

Visitenkarte

Herkunftsland
Frankreich
Besatzung
1 + 2
Gewicht
6.800 kg
Maße
Länge 6 m
Breite 2,07 m
Höhe 1,83 m
Reichweite
1.600 km
Panzerung
keine
Bewaffnung
keine (Basisversion), optional: 7,62-mm-MG, Milan-PaL, 60-mm-Mörser, 20-mm-Zwillings-Fla-Kanone
Motorisierung
ein Dieselmotor Perkins Modell 6.354.4 mit 120 PS (89,5 kW)
Leistung
Höchstgeschw. (Straße) 100 km/h; Furttiefe 0,9 m

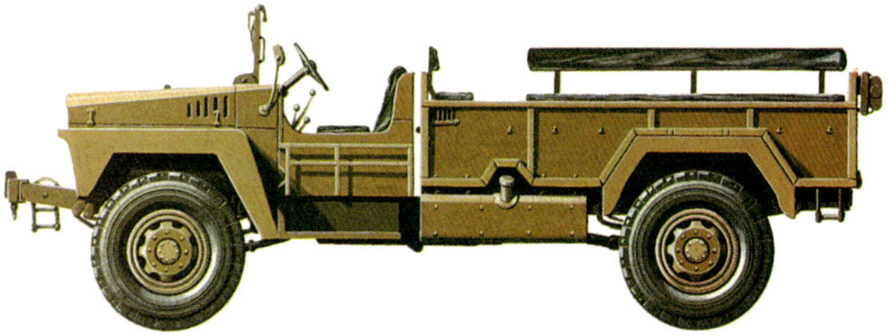

Der Fahrzeugentwurf von ACMAT beruht auf der Prämisse, dass ein militärischer LKW alle an ihn gestellten Anforderungen erfüllen und dabei so einfach wie möglich sein muss, um wirklich zuverlässig zu sein. Jedes Fahrzeug der VLRA-LKW-Familie verwendet die gleichen Reifen, Achsen und Räder. Dadurch wird der Transport von zu vielen verschiedenen Ersatzteilen vermieden. Alle Fahrzeuge haben Langstreckentanks und Metallschienen zur Überquerung von Sandlöchern bei Wüstenoperationen. Die LKWs können mit Waffen wie MGs, Mörser oder Milan-PaLs ausgestattet werden. Die Befehls- und Kontrollversion, der TPK 4.20 VCT, ist mit umfassender Fernmeldeausrüstung ausgestattet. Zu den vielen anderen Varianten gehören ein Feuerwehrfahrzeug und ein gepanzerter Mannschaftstransporter. Der zuverlässige und haltbare ACMAT VLRA steht bei mehr als 30 Ländern weltweit in Dienst.

DAF YA 4440

Auf die Anfangsbestellung der niederländischen Armee hin produzierte DAF zwischen 1977 und 1980 etwa 4.000 (und seither einige Tausend mehr) Exemplare des zum militärischen Gebrauch modifizierten Zivil-LKWs YA 4440. So bekam die Stahlkabine ein verstärktes Dach, um darauf ein MG zur Flugabwehr befestigen zu können. Die Radaufhängung besteht zur Unterstützung bei Geländefahrten aus doppelt wirksamen hydraulischen Stoßdämpfern. Der Motor befindet sich vorn. Seine Kraft wird über das 5-Gang-Synchrongetriebe an den 2-Gang-Transferkasten übertragen. Zur Zusatzausstattung gehören ein Handkran und ein hydraulischer Kran. Ausfahrbare Stützen zur Stabilisierung bei Verwendung des Krans befinden sich an den Seiten.

Visitenkarte

Herkunftsland
Niederlande
Besatzung
1 + 1
Gewicht
10.900 kg
Maße
Länge 7,19 m
Breite 2,44 m
Höhe (Plane) 3,42 m
Reichweite
500 km
Panzerung
keine
Bewaffnung
(optional) ein 7,62-mm-MG
Motorisierung
ein 6-Zylinder-Turbodieselmotor DAF DT615 mit 153 PS (114,1 kW)
Leistung
Höchstgeschw. (Straße) 80 km/h; Furttiefe 0,9 m

Sisu A-45

Sisu Auto AB wurde ausgewählt, um für die finnischen Streitkräfte einen robusten LKW zu bauen, der beträchtliche Lasten im Gelände befördern konnte. Die Herstellerfirma hatte sich darauf spezialisiert, Fahrzeuge zu bauen, die dem lokalen Klima und Terrain angepasst waren. Das Fahrzeug ist insofern ungewöhlich, dass die Kabine unten aus Stahl und oben aus Fiberglas besteht. Das ist praktisch zur schnellen (De-)Montage bei Luftlandeoperationen. Der Frachtbereich ist zur größeren Flexibilität und geringeren Abnutzung mit Gummiaufhängungen am Chassis befestigt. Zur Bergung anderer oder des eigenen Fahrzeugs kann das Fahrzeug, das eine starke Heizung gegen die große Kälte der finnischen Winter hat, mit einer Winde ausgestattet werden. Der Frachtbereich kann, wenn gewünscht, mit Bögen und einer Plane versehen werden.

Visitenkarte

Herkunftsland
Finnland
Besatzung
1 + 2
Gewicht
9.000 kg
Maße
Länge 6 m
Breite 2,3 m
Höhe (Kabine) 2,6 m
Reichweite
700 km
Panzerung
keine
Bewaffnung
keine
Motorisierung
ein 6-Zylinder-Dieselmotor mit 130 PS (96,9 kW) oder ein Turbodiesel mit 160 PS (119,3 kW)
Leistung
Höchstgeschw. (Straße) 100 km/h; Furttiefe 1 m

M813

Visitenkarte

Herkunftsland
USA
Besatzung
1 + 2
Gewicht
14.294 kg
Maße
Länge 7,65 m
Breite 2,46 m
Höhe 2,95 m
Reichweite
563 km
Panzerung
keine
Bewaffnung
(optional) ein 12,7-mm-Fla-MG
Motorisierung
ein 6-Zylinder-Dieselmotor NHC-250 mit 240 PS (179 kW)
Leistung
Höchstgeschw. (Straße) 85 km/h; Furttiefe 0,76 m

Der M813 war Teil der auf einem Standardchassis basierenden M809-Fahrzeugfamilie, deren Produktion 1970 begann. Diese wiederum war eine Fortentwicklung der Serie M54, der ersten nach dem 2. Weltkrieg für die US Army produzierten LKW-Produktreihe. Das im Gelände zum Transport von 4,5 Tonnen Fracht und zum Schleppen einer beträchtlich größeren Last gedachte Fahrzeug bewies sich als sehr belastbar. Es war das Standardfahrzeug seiner Klasse bei den US-Streitkräften, bis es in den 80er-Jahren durch das M939 ersetzt wurde, und wies zur Beförderung von bis zu 26 Soldaten hinten Klappsitze auf. Die Zusatzausstattung umfasste eine Tiefwatausrüstung zum Einsatz bei amphibischen Operationen der US Marines, eine Winde und spezielle Kaltwetter-Ausrüstung. Neben einer Verwendung als Frachttransporter wurde das Fahrzeug zum Schleppen verschiedener Waffen eingesetzt.

M35

Visitenkarte

Herkunftsland
USA
Besatzung
1 + 2
Gewicht
8.168 kg
Maße
Länge 6,71 m
Breite 2,39 m
Höhe 2,9 m
Reichweite
483 km
Panzerung
keine
Bewaffnung
keine
Motorisierung
ein 6-Zylinder-Dieselmotor LDT-465-IC mit 140 PS (104,4 kW)
Leistung
Höchstgeschw. (Straße) 90 km/h; Furttiefe 0,76 m

Der nach dem 2. Weltkrieg entwickelte und als »Eager Beaver« bekannte M35 wurde zum Standard-6-x-6-LKW der US Army und war der am häufigsten gebrauchte Militär-LKW des Westens, von dem allein die US Army mehr als 65.000 in Dienst hatte. Bis ins Frühjahr 1980 hatte AM General über 150.000 6-x-6-LKWs der M35/44-Serie produziert. Spätere Versionen des ursprünglich mit einem Benzinmotor ausgestatteten Fahrzeugs bekamen Mehrstoff- und Dieselmotoren, um sie sparsamer zu machen. Weitere Verbesserungen waren die umgestaltete Radaufhängung, andere Bremsen und Lenkung sowie eine nach vorn kippbare Haube. Zur Zusatzausstattung gehörten eine Winde, eine starke Heizung für Kaltwettereinsätze, eine Tiefwatausrüstung und mittige Sitze zum Mannschaftstransport. Als Varianten des M35 gab es u. a. den M48-Schlepper, das M50-Wassertankfahrzeug und den M59-Kipper.

Ural-375D

Die Produktion der LKW-Serie Ural-375, von der der Ural-375D das am häufigsten gebaute Fahrzeug war, begann 1961. Das Fahrzeug hatte – eine Verbesserung gegenüber dem ursprünglichen Entwurf des 375 – eine geschlossene Stahlkabine und wie die meisten sowjetischen Fahrzeuge eine Motorvorwärmanlage zur Bewältigung des kalten russischen Klimas. Ein Reifendruckregulierungssystem ermöglichte dem LKW den Transport beträchtlicher Lasten im Gelände. Unter den Varianten war ein Bergefahrzeug, ein Treibstofftankfahrzeug und ein speziell für den Einsatz in den Tropen angepasster LKW. Bei dem TMS-65 handelte es sich um ein Dekontaminationsfahrzeug, dessen Ladefläche durch einen modifizierten Düsenmotor und durch mit Dekontaminationsflüssigkeit gefüllte Tanks ersetzt worden waren. Die Dekontamination erfolgte durch langsames Vorbeifahren mit laufendem Düsenmotor.

Visitenkarte

Herkunftsland
UdSSR
Besatzung
1 + 2
Gewicht
12.400 kg
Maße
Länge 7,35 m
Breite 2,96 m
Höhe 2,68 m
Reichweite
650 km
Panzerung
keine
Bewaffnung
keine
Motorisierung
ein V-8-Benzinmotor ZIL-375 mit 180 PS (134,2 kW)
Leistung
Höchstgeschw. (Straße) 75 km/h; Furttiefe 1 m

ZIL-131

Die Produktion des ZIL-131, des Ersatzes für den ZIL-157, begann 1966. Das Fahrzeug, das im Gelände bis zu 3,4 Tonnen transportieren und schleppen konnte, war standardmäßig mit einem Reifendruckregulierungssystem und einer Winde mit einer Zugkraft von 4,5 Tonnen ausgestattet. Die mit einer Standheizung versehene Kabine war vollständig geschlossen. Der Frachtbereich hinten hatte nach unten klappbare Seiten- und Rückwände. Neben der Frachtbeförderung wurde der LKW häufig zum Schleppen von 122-mm-Kanonen verwendet. Das Chassis wurde auch zum Aufbau von Mehrfachraketenwerfern wie dem 122-mm-BM-21 eingesetzt. Zu den Varianten gehörte ein Müllwagen, ein Treibstofftankfahrzeug (wie das MA-41-Tankfahrzeug, das Diesel, Wasser, Öl und Benzin in beheizten Tanks transportierte, um Fahrzeuge sogar bei kältesten Temperaturen auftanken zu können) und ein Dekontaminationsfahrzeug.

Visitenkarte

Herkunftsland
UdSSR
Besatzung
1 + 2
Gewicht
10.425 kg
Maße
Länge 7,04 m
Breite 2,5 m
Höhe (Kabine) 2,48 m
Reichweite
525 km
Panzerung
keine
Bewaffnung
keine
Motorisierung
ein V-8-Benzinmotor ZIL-131 mit 150 PS (111,9 kW)
Leistung
Höchstgeschw. (Straße) 80 km/h; Furttiefe 1,4 m

Bedford MK

Visitenkarte

Herkunftsland
Großbritannien
Besatzung
1 + 1
Gewicht
9.650 kg
Maße
Länge 6,58 m
Breite 2,49 m
Höhe (Kabibe) 3,4 m
Reichweite
560 km
Panzerung
keine
Bewaffnung
keine
Motorisierung
ein 6-Zylinder-Dieselmotor Bedford mit 103 PS (76,8 kW)
Leistung
Höchstgeschw. (Straße) 77 km/h;
Furttiefe 0,76 m

Nach einer in den 60er-Jahren erfolgten Ausschreibung für den Nachfolger des bis in die 80er-Jahre eingesetzten Bedford RL wurde Vauxhall ausgewählt, den auf dem zivilen LKW 4-x-2 TK aufbauenden Bedford MK herzustellen. Unter den Änderungen für die Militärversion waren ein neuer Motor, Allradantrieb und größere Räder. Das Fahrzeug besaß eine geschlossene Stahlkabine mit einer Befestigung für ein Fla-MG. Das Chassis ist leiterförmig und hat sechs Kreuz- und zwei V-Glieder. Als Zusatzausstattung waren eine Winde, eine Doppelachse hinten und Sitze für die Ladefläche zum Transport von Soldaten erhältlich. Die Fahrzeuge wurden zum Transport spezieller Reparaturwerkstätten, tragbarer Schienen und allgemeiner Frachten sowie als Abschleppwagen verwendet.

Mercedes-Benz U 1300

Visitenkarte

Herkunftsland
BR Deutschland
Besatzung
1 + 2
Gewicht
7.500 kg
Maße
Länge 5,54 m
Breite 2,3 m
Höhe (einschließlich Plane) 2,83 m
Reichweite
900 km
Panzerung
keine
Bewaffnung
keine
Motorisierung
ein 6-Zylinder-Dieselmotor Mercedes-Benz OM-352 mit 96 PS (71,6 kW)
Leistung
Höchstgeschw. (Straße) 80 km/h;
Furttiefe 1,2 m

Der Mercedes-Benz Unimog wurde nach dem 2. Weltkrieg für industrielle und landwirtschaftliche Zwecke entworfen. Man wählte den Unimog, der seither stark verändert worden war, in der Version U 1300L aus, um den Bedarf der Bundeswehr an 17.000 Militärfahrzeugen, die zwischen 1978 und 1980 geliefert werden sollten, zu decken. Der vielseitige 1300L wurde als Krankenwagen, Müllwagen und zum Aufstellen von Masten verwendet. Viele Fahrzeuge sind mit Winden ausgestattet. Das Fahrzeug, dessen Chassis als Basis für den gepanzerten Mannschaftstransporter UR 416 verwendet wurde, wird von den Armeen Australiens und Neuseelands eingesetzt und von der britischen Luftwaffe verwendet, um die Senkrechtstarter Harrier auf das Rollfeld zu schleppen. Bei normalem Straßenbetrieb wird das Fahrzeug nur mit Hinterantrieb gefahren, im Gelände kommen die Vorderräder hinzu.

Stalwart

Der Stalwart High Mobility Load Carrier entstammt derselben Fahrzeugfamilie wie der gepanzerte Mannschaftstransporter Saracen sowie der Panzerwagen Saladin und verwendet zahlreiche gleiche Bauteile. Der Stalwart ist vollständig amphibisch und bietet eine ausgezeichnete Querfeldeinleistung. Im Wasser wird er von zwei Düsen angetrieben. Er kann Fracht bis zu 0,5 Tonnen befördern. Seine Hauptrolle ist die Belieferung der übrigen Kampfgruppe mit Treibstoff und Munition. Der Stalwart kann jedoch auch so umgearbeitet werden, dass er bis zu 30 voll ausgerüstete Soldaten befördern kann. Der Motor befindet sich unter dem Frachtbereich. Der Antrieb wird über eine trockene Zwillingsplattenkupplung und die 5-Gang-Schaltung an den Übertragungskasten mit seinem Differenzial übertragen. Der Fahrer sitzt in der Mitte der Kabine und hat auf jeder Seite einen Platz neben sich frei.

Visitenkarte

Herkunftsland
Großbritannien

Besatzung
1

Gewicht
14.480 kg

Maße
Länge 6,36 m
Breite 2,6 m
Höhe 2,64 m

Reichweite
515 km

Panzerung
keine

Bewaffnung
keine (Basisversion)

Motorisierung
ein wassergekühlter 8-Zylinder-Benzinmotor Rolls-Royce B-81 Mk 8B mit 220 PS (164 kW)

Leistung
Höchstgeschw. (Straße) 63 km/h; Furttiefe – (amphibisch)

Pegaso 3055

Die spanische Armee wählte 1982 den Pegaso 3055 als Nachfolger des 3050 zum Standardmilitärfahrzeug seiner Klasse aus. Die Kabine ist mit abnehmbarer Segeltuchplane (auch ein Metalldach ist erhältlich) abgedeckt und hat eine klappbare Windschutzscheibe, was den Lufttransport erleichtert. Der Pegaso 3055 kann im Gelände 6 Tonnen (auf der Straße fast die doppelte Menge) Fracht transportieren. Unter den vielen Varianten sind Schlepper, Bergefahrzeuge, Treibstofftanklastwagen, Müllfahrzeuge und Feuerwehrautos. Das Fahrzeug wird auch zum Schleppen von Feldartillerie verwendet. Wenn der Pegaso 3055 als Mannschaftstransporter eingesetzt wird, bietet er Platz für bis zu 30 voll ausgerüsteten Soldaten. Die gegenwärtige Version 7323 hat einen längeren Radstand und wird von einem Pegaso-Dieselmotor angetrieben.

Visitenkarte

Herkunftsland
Spanien

Besatzung
1 + 1

Gewicht
15.000 kg

Maße
Länge 6,96 m
Breite 2,41 m
Höhe 2,77 m

Reichweite
550 km

Panzerung
keine

Bewaffnung
keine

Motorisierung
ein 6-Zylinder-Dieselmotor Pegaso Modell 10 mit 220 PS (164 kW)

Leistung
Höchstgeschw. (Straße) 80 km/h; Furttiefe 1 m

Oshkosh M911

Visitenkarte

Herkunftsland
USA
Besatzung
1 + 2
Gewicht
39.917 kg
Maße
Länge 9,38 m
Breite 2,89 m
Höhe 3,66 m
Reichweite
990 km
Panzerung
keine
Bewaffnung
keine
Motorisierung
ein Detroit-Dieselmotor Modell 8V-92TA-90 V-8 mit 450 PS (335 kW)
Leistung
Höchstgeschw. (Straße) 71 km/h; Furttiefe 1,07 m

Als man erkannte, dass die Kombination des Fahrzeugs M746 mit dem Sattelschlepper M747 zum Panzertransport unnötig kompliziert und teuer war, forderte die US Army 1976 ein einfacheres, billigeres Fahrzeug an. Man wählte den zivilen LKW Oshkosh F2365 und nannte ihn M911. Insgesamt 747 Fahrzeuge wurden der US Army schließlich geliefert. Eine geringe Anzahl ging auch nach Thailand. Die Panzer werden von zwei hinten an der Kabine befestigten Winden aufgeladen. Der M911 ist ungewöhnlich in der Hinsicht, dass er ein 8-x-6-Fahrzeug ist, das die vorletzte Achse herabsenkt, wenn schwere Lasten befördert werden. Zur Standardausrüstung für die Kabine gehören ein anpassbarer Fahrersitz, Heizung und Entfroster. Die Bremsen haben ein zweifaches Luftversorgungssystem, eines für die Vorderachse und eines für die Hinterachsen.

Berliet GBU 15

Visitenkarte

Herkunftsland
Frankreich
Besatzung
1 + 3
Gewicht
20.500 kg
Maße
Länge 7,97 m
Breite 2,5 m
Höhe (Kabine) 3 m
Reichweite
800 km
Panzerung
keine
Bewaffnung
keine
Motorisierung
ein 6-Zylinder-Mehrstoffmotor Berliet mit 214 PS (159,6 kW)
Leistung
Höchstgeschw. (Straße) 75 km/h; Furttiefe 1 m

Fast ein Vierteljahrhundert lang war der Berliet GBU 15 bis Mitte der 80er-Jahre der schwere Standard-6-x-6-LKW der französischen Armee. Er konnte im Gelände Fracht mit einem Gewicht bis zu 6 Tonnen befördern und Lasten bis zu 15 Tonnen schleppen. Der Motor befand sich unter der ungewöhnlichen viertürigen Kabine mit abnehmbarem Dach und Windschutzscheibe. Das Fahrzeug konnte im niederen Kraftbereich mit verschiedenen Treibstoffen wie Benzin, Paraffin, JP4, Gasöl, leichtem Treibstoff und Mineral- oder sogar Pflanzenöl fahren. Zur Standardausrüstung gehörte eine Winde mit einer Zugkraft von bis zu 8.000 kg. Neben den üblichen Frachttransporten wurde der GBU 15 auch als Schlepper der 155-mm-Haubitze Modell 1950 eingesetzt. Zu den Varianten gehörten Artillerieschlepper, Treibstofftanklastwagen und Abschleppwagen.

Fiat 6605

Der Fiat 6605 wurde in den 60er-Jahren in Italien als mittelschwerer Artillerieschlepper entwickelt. Anschließend wurde der 6-x-6-Fiat 6605 von der italienischen Armee zum Schlepper schwerer Artillerie wie der 155-mm-Haubitze angepasst. Das als TM69 bekannte Fahrzeug hatte eine sehr lange Kabine, die sich bis zum Zentrum des Chassis erstreckte und sowohl die Mannschaft als auch die Waffenbedienung transportierte. Ladungen, Geschosse und allgemeiner Bedarf wurden aus Sicherheitsgründen in separaten Fächern im Frachtraum befördert. Eine Winde gehörte zur Standardausrüstung. Unter den Varianten waren Frachttransporter mit einem hinten an der Kabine befestigten Kran und Abschleppwagen mit einem Teleskopkran und Stabilisatoren. Neben seinem Einsatz bei der italienischen Armee wurde die Fiat-6605-Serie nach Libyen und Somalia exportiert.

Visitenkarte

Herkunftsland
Italien
Besatzung
1 + 11
Gewicht
17.000 kg
Maße
Länge 7,33 m
Breite 2,5 m
Höhe (Kabine) 2,92 m
Reichweite
700 km
Panzerung
keine
Bewaffnung
keine
Motorisierung
ein 6-Zylinder-Dieselmotor Fiat Modell 8212.02.500 mit 219 PS (163 kW)
Leistung
Höchstgeschw. (Straße) 78 km/h;
Furttiefe 1,5 m

Oshkosh HEMTT

Oshkosh wurde ausgewählt, um eine Anforderung der US Army nach einem Schwertransporter durch Lieferung von etwa 5.000 Fahrzeugen innerhalb von fünf Jahren zu erfüllen. Die ersten Fahrzeuge dieses Heavy Expanded Mobility Tactical Truck wurden 1982 ausgeliefert, hatten aber aufgrund fehlender Tests noch einige Probleme, die jedoch bald überwunden wurden. Der LKW wurde von den US-Streitkräften in Deutschland, in Südkorea und auch in den USA selbst eingesetzt. Zur Senkung der Produktionskosten wurden viele Standardkomponenten kommerzieller Fahrzeuge verwendet. Das Grundmodell war mit einer Winde und einem Frachtkran ausgestattet. Als Varianten gab es Treibstofftanklastwagen, Schlepper und Abschleppwagen mit einer Frachtfläche für Ersatzteile zwischen der zweiten und dritten Achse. Bisher wurden 4.536 Fahrzeuge geliefert.

Visitenkarte

Herkunftsland
USA
Besatzung
1 + 1
Gewicht
28.123 kg
Maße
Länge 10,16 m
Breite 2,39 m
Höhe (Kabine) 2,57 m
Reichweite
483 km
Panzerung
keine
Bewaffnung
keine
Motorisierung
ein Detroit-Dieselmotor Modell 8V-92TA V-8 mit 445 PS (332 kW)
Leistung
Höchstgeschw. (Straße) 88 km/h;
Furttiefe 1,52 m

Visitenkarte

Herkunftsland
USA
Besatzung
1 + 1
Gewicht
18.500 kg
Maße
Länge 9,75 m
Breite 2,74 m
Höhe 3,4 m
Reichweite
660 km
Panzerung
keine
Bewaffnung
keine
Motorisierung
ein 6-Zylinder-Turbodieselmotor Caterpillar D333 mit 213 PS (159 kW)
Leistung
Höchstgeschw. (Straße) 48 km/h; Furttiefe – (amphibisch)

M520 GOER

Der GOER basierte auf Fahrzeugen aus den 50er-Jahren für die zivile Bauwirtschaft. Die Pläne zogen das Interesse der Armee auf sich und wurden an die Erfordernisse des Schlachtfelds angepasst. Die ersten GOER-Fahrzeuge wurden 1964 ausgeliefert und bald in Südvietnam eingesetzt, wo ihre ausgezeichnete Geländetauglichkeit besonders in der Regenzeit, in der normale 6 x 6 Probleme hatten, die US Army veranlasste, ihre Verwendung auszudehnen. Das Fahrzeug war, obwohl es sich um den schwersten von der US Army verwendeten LKW handelte, vollständig amphibisch. Ungewöhnlicherweise hatte das Fahrzeug keine Radaufhängung. Es verließ sich vielmehr auf seine riesigen Reifen zur Schockabsorbtion. Das Fahrzeug besaß eine klappbare Windschutzscheibe und ein auswechselbares Segeltuchdach mit Seitenvorhängen. Als Varianten gab es Tankfahrzeuge und Abschleppwagen.

Visitenkarte

Herkunftsland
Großbritannien
Besatzung
1 + 2
Gewicht
27.000 kg
Maße
Länge 10,29 m
Breite 2,49 m
Höhe 3,33 m
Reichweite
499 km
Panzerung
keine
Bewaffnung
keine
Motorisierung
ein 6-Zylinder-Dieselmotor Rolls-Royce 220 Mk 111 mit 220 PS (164 kW)
Leistung
Höchstgeschw. (Straße) 76 km/h; Furttiefe 0,92 m

Foden 8 x 4

Der Foden ist ein schwer beweglicher LKW. Der zivile Entwurf wurde dabei nur gering modifiziert, um an militärische Erfordernisse angepasst zu werden – besonders wichtig war dabei die einfache Wartung. Das Fahrzeug wurde meist zum Befördern schwerer Fracht über große Entfernungen verwendet. Nahe am Einsatzort wurde die Fracht dann auf wendigere Fahrzeuge verteilt. Vor der Wiedervereinigung Deutschlands wurden sie z. B. oft dafür verwendet, Fracht von den Häfen am Ärmelkanal zu Stützpunkten in Westdeutschland zu transportieren. Normalerweise beförderte der LKW Lasten bis zu 6 Tonnen. Zu den Varianten gehörten zwei Typen von Treibstofftanklastwagen und ein Kipper für die Pioniertruppen. Zudem wurden einige Grundmodelle mit dem französischen Ampliroll-System ausgestattet, wodurch sie schnell für verschiedene Aufgaben, wie z. B. Tanklastwagen, angepasst werden konnten.

Bedford TM

Der TM 4-4 wurde auf eine Anforderung der britischen Armee nach einem auf einem bewährten kommerziellen Chassis aufgebauten 4-x-4-LKW mittlerer Beweglichkeit entwickelt. Das erste von über 2.000 Fahrzeugen lieferte Bedford 1981 aus, wobei Marshall den Laderaum lieferte. Es gab vier Basismodelle: das normale Frachtfahrzeug, das normale Frachtfahrzeug mit Winde, das normale Frachtfahrzeug mit einem hydraulischen Atlas-Kran und einen Kipper mit kürzerem Radstand. Militärische Änderungen umfassten den Einbau einer Beobachtungsluke im Dach und eines Fla-MGs auf der Kabine. Neben seiner Einführung in die britische Armee wurde das Fahrzeug auch in mehrere Länder exportiert, zu denen Oman, Abu Dhabi und Bahrain gehörten. Wie alle Bedford-Fahrzeuge ist auch dieser LKW robust und kann unter verschiedenen klimatischen und Geländebedingungen operieren.

Visitenkarte

Herkunftsland
Großbritannien

Besatzung
1 + 1

Gewicht
16.300 kg

Maße
Länge 6,63 m
Breite 2,49 m
Höhe (Kabine) 3 m

Reichweite
500 km

Panzerung
keine

Bewaffnung
(optional) ein 7,62-mm-MG

Motorisierung
ein Bedford-Turbodieselmotor mit 206 PS (153,6 kW)

Leistung
Höchstgeschw. (Straße) 93 km/h; Furttiefe 0,76 m

Tatra T813

Die in den 60er-Jahren entwickelte Tatra-Fahrzeugreihe T813 umfasste Frachtlastwagen und Zugfahrzeuge für Artilleriesysteme. Das Basismodell des Frachtlastwagens hatte ungewöhnlicherweise eine viertürige, vollständig geschlossene Kabine, die über ein ABC-Verteidigungssystem verfügte. Zur Standardausrüstung gehörten vier Räder mit Servolenkung und eine Reifendruckregulierung, was zu einer beeindruckenden Querfeldeinbeweglichkeit führte. Alle Fahrzeuge waren zur Bergung anderer oder des eigenen Fahrzeugs mit einer Winde ausgestattet, einige hatten auch vorn einen Planierschild. Neben dem Frachttransport und dem Schleppen von Artilleriesystemen wurde das Fahrzeug auch als Basis für den 122-mm-Mehrfachraketenwerfer M1972 verwendet. Das Fahrzeug wurde nicht nur in der damaligen CSFR eingeführt, sondern auch in die ehemalige DDR und nach Libyen exportiert.

Visitenkarte

Herkunftsland
Tschechoslowakei

Besatzung
1 + 6

Gewicht
22.000 kg

Maße
Länge 8,75 m
Breite 2,5 m
Höhe 2,69 m

Reichweite
1.000 km

Panzerung
keine

Bewaffnung
keine

Motorisierung
ein 12-Zyliner-Dieselmotor Tatra T-930-3 mit 250 PS (186 kW)

Leistung
Höchstgeschw. (Straße) 80 km/h; Furttiefe 1,4 m

Visitenkarte

Herkunftsland
UdSSR
Besatzung
1 + 2
Gewicht
19.450 kg
Maße
Länge 8,65 m
Breite 2,75 m
Höhe (Kabine) 2,94 m
Reichweite
650 km
Panzerung
keine
Bewaffnung
keine
Motorisierung
ein V-8-Dieselmotor YaMZ-238 mit 240 PS (179 kW)
Leistung
Höchstgeschw. (Straße) 71 km/h; Furttiefe 0,85 m

KrAZ-255B

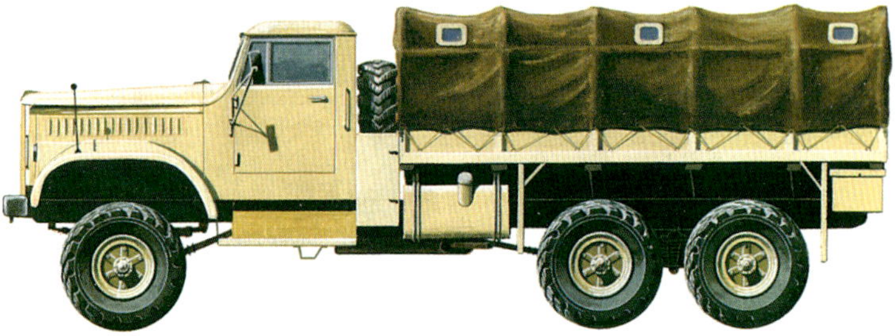

Der KrAZ-255B war der Ersatz für einen der Standard-LKWs der sowjetischen Armee, den KrAZ-214, dessen Produktion 1967 eingestellt wurde. Die Hauptverbesserungen gegenüber dem Vorgänger waren die gesteigerte Nutzlast, ein stärkerer Motor und der Einbau einer Reifendruckregulierung zur Verbesserung der Beweglichkeit. Der 255B wurde für verschiedene Spezialrollen, wie z. B. als Transporter für die Kräne der Pioniere, als Ausleger der TMM-Fußgängerbrücke und zum Aussetzen des schweren schwimmenden Pontonbrücke PMP, eingesetzt. Weitere Pionierversionen waren Baggerlastwagen, Treibstofftanklastwagen, Schlepper und ein USM-Stapeltransporter für Brückenkonstruktionen. Die typische Ausstattung des Fahrzeugs hatte den Motor vorn, eine geschlossene Kabine mit zwei Türen in der Mitte und hinten den Frachtbereich, der durch eine Plane bedeckt werden konnte.

Visitenkarte

Herkunftsland:
Österreich
Besatzung
2 plus 8 bis 12 (variabel)
Gewicht
4x4 – 3.850 kg
6x6 – 5.000 kg
Maße:
4x4 – Länge 4,528 m
6x6 – Länge 5,308 m
Breite 1,8 m
Höhe 2,045 m
Reichweite
800 km (Straße)
Nutzlast
4x4 – 1400 kg
6x6 – 2400 kg, höchstzulässige Belastung 5000 kg
Motorisierung
ein flüssigkeitsgekühlter 5-Zylinder-Turbodiesel (mit Ladeluftkühler) mit 105 PS (77 kW)
Leistung
Höchstgeschw. (Straße) 120 km/h; Furttiefe 0,7 m; Bodenfreiheit 36 cm

Pinzgauer

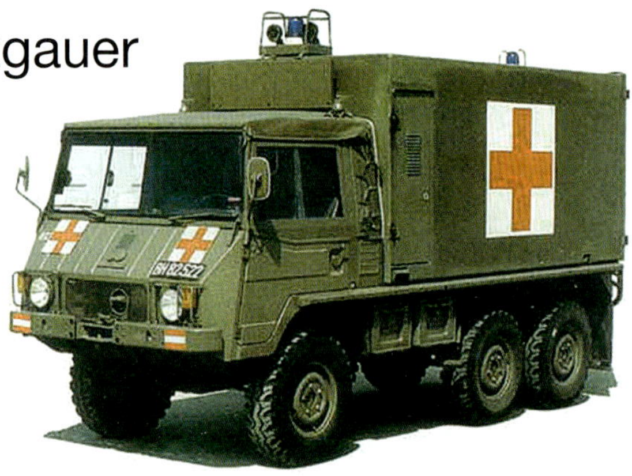

Der Pinzgauer ist ein in Österreich von der Firma Steyr-Daimler-Puch entwickeltes Geländefahrzeug und bildet mit der Version 4x4 das Kernstück der Schweizer Armee sowie auch anderer Armeen. Die ersten Modelle liefen 1971 vom Band und stellten eine Weiterentwicklung des kleineren Haflingers dar, der seit 1960 eingesetzt wurde. Die gängigsten Modelle sind der Pinzgauer 4x4 716 und der Pinzgauer 6x6 718, die den Typen 710 und 712 folgten. Die neuesten Modelle sind noch leistungsstärker als ihre Vorgänger, wenngleich das einzigartige Fahrgestell und das Getriebe weitestgehend unverändert blieben. Auch die Geländegängigkeit der neuen Fahrzeuge gilt als herausragend. Unter den verschiedenen Modellen gibt es auch eine gepanzerte 6x6-Variante, die den von der NATO geforderten Sicherheitsstandards entspricht. Des weiteren gehören u. a. Sanitätskraftwagen, Gefechtsfahrzeuge und Lastkraftwagen zu dieser Reihe.

Puch G

In Zusammenarbeit mit Mercedes entwickelte das Unternehmen Steyr-Daimler-Puch die G-Serie (»G« für Geländewagen) mit Vierradantrieb, die Ende der 70er-Jahre in Graz (Österreich) in Produktion ging. Die ersten Modelle wurden dann für die westdeutsche Grenzwache eingesetzt bzw. nach Argentinien exportiert. Die deutsche Bundeswehr entschied sich zuerst für das deutlich kostengünstigere VW-Modell Iltis, doch das Interesse anderer Armeen und Länder machte diesen Verlust wieder wett. Über 40.000 Stück des G 300 wurden hergestellt und in die ganze Welt exportiert. Das Geländefahrzeug besteht aus Stahlblech und verfügt über einen starken Allradantrieb. Die G-300-Reihe umfasst mehrere Typen, zu denen u. a. Sanitätsfahrzeuge, Lastkraftwagen, Aufklärungsfahrzeuge, Gefechtsfahrzeuge und ABC-Spürfahrzeuge gehören. Mehrere Modelle werden in Frankreich und Griechenland in Lizenz hergestellt.

Visitenkarte

Herkunftsland
Österreich/Deutschland

Besatzung
1 plus 7 (variabel)

Gewicht
2.950 kg

Maße
Länge 4,6 m
Breite 1,7 m
Höhe 2,0 m

Reichweite
470 km (Straße/Gelände)

Nutzlast
875 kg

Motorisierung
ein flüssigkeitsgekühlter 5-Zylinder-Turbodiesel (mit Ladeluftkühler) mit 88 PS (65 kW)

Leistung
Höchstgeschw. (Straße) 130 km/h; Bodenfreiheit 23 cm

M4 High-Speed Tractor

Der M4 wurde 1941 auf eine Anforderung der Feldartillerie der US Army nach einem neuen mittelschweren Schlepper entwickelt, der auf denselben Fahrzeugkomponenten wie der Panzer M2A1 basierte. Das Fahrzeug erhielt im August 1943 die Standardbezeichnung M4. Es wurden zwei Versionen gebaut: ein Flak-Schlepper und ein Haubitzenschlepper. Daneben beförderten die Fahrzeuge noch die Waffenbesatzung und die gesamte Ausrüstung. Der Haubitzenschlepper hatte einen Kran zum Laden der schweren Projektile. Der M4 wurde nach dem 2. Weltkrieg unter dem Hilfsprogramm zur wechselseitigen Verteidigung in verschiedene Länder wie Japan, Brasilien, Jugoslawien und Pakistan geliefert. Der M4 war der erste einer langen Reihe von Schleppern im Dienst der US Army, die eine Vielzahl von Rollen vom Munitionsversorgungsfahrzeug bis zum Schleppen schwerer Lasten erfüllen können.

Visitenkarte

Herkunftsland
USA

Besatzung
1 + 11

Gewicht
14.288 kg

Maße
Länge 5,23 m
Breite 2,46 m
Höhe 2,52 m

Reichweite
290 km

Panzerung
keine

Bewaffnung
ein 12,7-mm-Fla-MG

Motorisierung
ein 6-Zylinder-Inline-Benzinmotor Waukesha 145GZ mit 210 PS (156 kW)

Leistung
Höchstgeschw. (Straße) 53 km/h; Furttiefe 1,04 m; Kletterfähigkeit 0,7 m; Grabenüberschreitfähigkeit 1,5 m

Visitenkarte

Herkunftsland
USA
Besatzung
1 + 10
Gewicht
13.791 kg
Maße
Länge 5,03 m
Breite 2,54 m
Höhe 2,69 m
Reichweite
241 km
Panzerung
keine
Bewaffnung
ein 12,7-mm-Browning-Fla-MG
Motorisierung
ein 6-Zylinder-Dieselmotor Continental R6572 mit 207 PS (154 kW)
Leistung
Höchstgeschw. (Straße) 48 km/h; Furttiefe 1,3 m; Kletterfähigkeit 0,7 m; Grabenüberschreitfähigkeit 1,7 m

M5 High-Speed Tractor

Die Geschichte des späteren M5 begann 1941, als unter Verwendung der Ketten und der Radaufhängung des Panzers M3 der T20 und der T21 entwickelt wurden. Im Oktober 1942 erhielt der zum Schleppen von 105-mm- und 155-mm-Haubitzen samt Mannschaft und Ausrüstung bestimmte T21 die Standardbezeichnung M5. Insgesamt wurden fünf verschiedene Modelle produziert, die sich hauptsächlich in der Art der Ketten und der Radaufhängung unterschieden. Die Produktion des Fahrzeugs übernahm die Firma International Harvester im Jahr 1942. Zur Standardausrüstung gehörte eine Winde. Eine Rolle unter der Winde machte es möglich, Fahrzeuge zur Vorder- oder zur Rückseite zu ziehen. Das Fahrzeug blieb nach dem 2. Weltkrieg nicht lange in Diensten der US Army, wurde jedoch von den Streitkräften Österreichs, Japans, Jugoslawiens und Pakistans noch viele Jahre nach 1945 eingesetzt.

Visitenkarte

Herkunftsland
USA
Besatzung
1 + 1
Gewicht
24.948 kg
Maße
Länge 6,73 m
Breite 3,33 m
Höhe 3,05 m
Reichweite
290 km
Panzerung
keine
Bewaffnung
ein 12,7-mm-Fla-MG
Motorisierung
ein luftgekühlter 6-Zylinder-Benzinmotor Continental AOS-895-3 mit 863 PS (644 kW)
Leistung
Höchstgeschw. (Straße) 64 km/h; Furttiefe 1,06 m; Kletterfähigkeit 0,46 m; Grabenüberschreitfähigkeit 2,13 m

M8 High-Speed Tractor

Der M8 wurde während des 2. Weltkriegs nach dem Versagen des Frachttransporters T33 entwickelt. Das neue Fahrzeug, das auf dem leichten Panzer M41 Walker Bulldog basierte, erhielt nach dem Krieg die Standardbezeichnung M8 und wurde von 1950 bis 1955 produziert. Neben dem Schleppen von Fracht zog der M8 viele verschiedene Waffen, wie z. B. die 75-mm-Flak und die M59-Kanone »Long Tom«. Der Frachtbereich der Grundversion konnte schnell für den Transport von Projektilen und Geschossen umgebaut werden. Im Gegensatz zu vielen anderen Schleppern befand sich der Motor des M8 vorne. Einige M8 wurden zum Räumen von Schlachtfeldhindernissen mit einem hydraulischen Planierschild ausgerüstet und besaßen somit nützliche Pionierfähigkeiten.

M548 Lance Raketenwerfer

Der M548 wurde auf eine Anforderung des US Army Signal Corps nach einem Kettenfahrzeug zum Transport von Spezialausrüstung entwickelt. Das Fahrzeug, das viele Bauteile des gepanzerten Mannschaftstransporters M113 verwendete, war zur Beförderung von Fracht im Gelände oder zum Schleppen von Anhängern und Waffen bestimmt. Der M548 war voll amphibisch und wurde im Wasser von den Ketten angetrieben. Er wurde auch mit Infrarot-Nachtsichtgeräten ausgerüstet. Der M548 wurde für viele Spezialfahrzeuge verwendet, u. a. die folgenden: den (oben gezeigten) Vought-Lance-Raketenwerfer; ein Radarfahrzeug zur elektronischen Kriegsführung; einen Minenleger; für eine selbst angetriebene 35-mm-Flak sowie für ein Minenräum- und Bergefahrzeug. Mehr als ein Dutzend Länder setzen auf dem M548-Chassis basierende Varianten ein, u. a. Deutschland, Spanien und Italien.

Visitenkarte

Herkunftsland
USA

Besatzung
1 + 3

Gewicht
12.882 kg

Maße
Länge 5,89 m
Breite 2,69 m
Höhe 2,82 m

Reichweite
483 km

Panzerung
44 mm

Bewaffnung
ein 7,62-mm- oder 12,7-mm-Fla-MG

Motorisierung
ein flüssiggekühlter 6-Zylinder-Dieselmotor Detroit Modell 6V-53 mit 215 PS (160 kW)

Leistung
Höchstgeschw. (Straße) 64 km/h; Furttiefe – (amphibisch); Kletterfähigkeit 0,61 m; Grabenüberschreitfähigkeit 1,68 m

AT-S

Der AT-S wurde in den 40er-Jahren entwickelt und von der sowjetischen Armee in den frühen 50er-Jahren in Dienst gestellt. Die vollständig geschlossene Kabine bot Raum für sechs Passagiere wie z. B. die Geschützmannschaft beim Schleppen von Artillerie. Der oben offene Frachtraum wurde manchmal gegen eine geschlossene Hülle ausgewechselt, wenn Spezialausrüstung wie Fernmeldegeräte und Radar befördert wurden. Der AT-S wurde als Basis für den BM-24T-Raketenwerfer und den Sbkh verwendet, der zum Transport bei Schnee eingesetzt wurde. Der OTS war ein zum Räumen von Hindernissen mit einem Planierschild ausgestatteter AT-S. Der AT-S wurde häufig exportiert und wurde von beinahe allen Staaten des Warschauer Pakts verwendet, aber auch in Ländern wie Syrien, Ägypten, Jugoslawien, Finnland und China verkauft. Es gibt auch eine polnische Version dieses Fahrzeugs.

Visitenkarte

Herkunftsland
UdSSR

Besatzung
1 + 6

Gewicht
15.000 kg

Maße
Länge 5,87 m
Breite 2,57 m
Höhe 2,54 m

Reichweite
350 km

Panzerung
keine

Bewaffnung
keine

Motorisierung
ein wassergekühlter Dieselmotor V-54-T V-12 mit 250 PS (186 kW)

Leistung
Höchstgeschw. (Straße) 35 km/h; Furttiefe 1 m; Kletterfähigkeit 0,6 m; Grabenüberschreitfähigkeit 1,45 m

Visitenkarte

Herkunftsland
Japan
Besatzung
1 + 11
Gewicht
19.800 kg
Maße
Länge 6,13 m
Breite 2,95 m
Höhe 2,3 m
Reichweite
300 km
Panzerung
keine
Bewaffnung
ein 12,7-mm-Fla-MG
Motorisierung
ein luftgekühlter 6-Zylinder-Dieselmotor Mitsubishi ZF6 mit 400 PS (298 kW)
Leistung
Höchstgeschw. (Straße) 45 km/h; Furttiefe 1 m; Kletterfähigkeit 0,6 m; Grabenüberschreitfähigkeit 2 m

Typ 73

Die japanischen Bodenstreitkräfte nutzten seit den 50er-Jahren verstärkt amerikanische Ausrüstung. In den frühen 70er-Jahren wollten die Japaner jedoch einen eigenen Artillerieschlepper entwickeln, der die amerikanischen Fahrzeuge M4 und M8 ersetzen sollte. Das von Hitachi gebaute Fahrzeug wurde erstmals 1974 ausgeliefert, aber nie in großen Zahlen produziert, da der Schwerpunkt inzwischen auf Selbstfahrlafetten gelegt wurde. Der Typ 73 hatte eine geschlossene Stahlkabine und ein ähnlich konstruiertes Abteil zum Transport der Geschützmannschaft. Die Munition wurde hinten in einem abgetrennten Bereich befördert. Das Fahrzeug wurde zum Schleppen von Waffen wie dem »Long Tom« und der 203-mm-M115-Haubitze verwendet und war zum Räumen von Hindernissen und zur Vorbereitung von Feuerpositionen manchmal mit einem Planierschild ausgestattet.

Index